Inhaltsverzeichnis

Prolog 7

1   Die Professorin 9
2   Erste Begegnungen mit Armut 14
3   Die Zabbalin 29
4   Karriere 37
5   Erste Anfänge und Hausbesuche 50
6   Erstes Camp 61
7   Im Schatten der Gewalt 77
8   Es ist nicht alles Gold, was glänzt 89
9   Meine Eltern können auch nicht lesen 100
10 Samira und ihr Kindergarten 119
11 Umm Banat – Mutter von Töchtern 130
12 Die Träumerin 152
13 Wer teilen kann, ist reich 164
14 Mokattam – zwischen Hoffnung und Enttäuschung .. 181
15 Die große Schlachtung 192
16 Revolution 200
17 „15.-Mai"-Slum 220
18 Auf dem Weg mit den Armen 237

Epilog 246

Nachwort von Volker Kauder 248

Prolog

„In die Müllstadt Mokattam zu gehen, ist, wie in eine riesige Mülltonne zu steigen. Eine riesige Mülltonne, in der sich vergammeltes Essen mit Medizinabfällen, Dosen, Plastiktüten und Babywindeln mischt.

Kleine Kinder spielen mit dem Müll zwischen Ratten und Ungeziefer in den Ausdünstungen des Kairoer Großstadtabfalls. Überall sind dicke schwarze Fliegen, die sich im Unrat nähren und auf den Gesichtern der Babys krabbeln.

Als ich zum ersten Mal hier war, wurde mir von dem üblen Geruch süßlicher Verwesung und Fäkalien flau und schwindelig. Obwohl ich ein Tuch schützend vor mein Gesicht hielt, drang der Gestank in meine Nase, selbst meine Kleidung und meine Haare saugten ihn auf.

Seit meiner Kindheit bin ich den Duft von Desinfektionsmitteln gewöhnt. In einer Arztfamilie aufgewachsen, lebte ich in einer Welt der Sauberkeit und Ordnung. Bevor ich mit meiner Puppe spielte, musste ich mir die Hände waschen. Danach natürlich auch.

Hier in Mokattam suchte ich vergeblich nach etwas, das sauber war. Ich weigerte mich, irgendetwas anzufassen, und hielt mich von den Menschen fern.

Ich war geschockt. Wie kann man nur so leben?

Doch der Gestank war nicht das Schlimmste. Schlimmer als aller Ekel, den ich empfand, war das unendliche Elend der Kinder, die im Müll aufwachsen und hier sterben. Das hässliche Hamsterrad der Armut, das nicht aufhört, sich über Generationen weiterzudrehen.

Ich fragte Gott: ‚Warum lässt du das zu, dieses Leiden, diesen Schmerz, diesen Hunger?' Und ich bekam eine Antwort. Aber eine andere, als ich erwartet hatte."

1
Die Professorin

Verschwende nicht dein Leben damit, andere beeindrucken zu wollen. Dein Leben sollte nicht voll Arbeit, sondern deine Arbeit voller Leben sein.

Maggie Gobran

Kurz vor acht fährt Maggie Gobran mit ihrem schwarzen Mercedes SL vor die Amerikanische Schule in Kairo. Gerade noch rechtzeitig. Ruckartig kommt der Wagen zum Stehen. „Beeil dich!", ruft sie ihrer Tochter Ann zu, die auf dem Rücksitz ihre Stifte zusammensucht. Dann öffnet Maggie Gobran schwungvoll die Fahrertür. Zwei schwarze Lederpumps auf hohen Trichterabsätzen, gefolgt von schlanken Beinen, die in einem engen schwarz-weißen Pepitarock stecken, schieben sich auf den Bordstein.

Egal, wo Maggie Gobran hinkommt, zieht sie die Blicke auf sich. Die achtjährige Ann ist stolz auf ihre charmante, modebewusste Mutter, die mit ihrer Kleidung ganz im Trend der 80er-Jahre liegt. „Bitte bring mich zur Schule", hat sie deshalb morgens gebettelt, und ihre Mutter ließ sich tatsächlich überreden, obwohl sie vor Weihnachten genug zu tun hat. Maggie öffnet den Kofferraum und drückt Ann ihre Schultasche in die Hand.

„Ist das deine Mama?", fragt Anns Klassenkameradin Zain, die ihr auf dem Weg ins Schulgebäude entgegenkommt. „Die sieht ja schön aus!" Ann nickt triumphierend. Nicht nur Zain ist sichtlich von ihrer Mutter beeindruckt, sondern auch die Jungen aus der Klasse über ihr. Sie stehen vor dem Schuleingang, bewundern den Mercedes und die Frau, die sich gerade wieder ans Steuer setzt. Ann schaut ihrer Mutter gedankenverloren hinterher.

Jetzt gongt es zum zweiten Mal. Mit schnellen Schritten geht Ann zur Schultür. Zain folgt ihr und fragt: „Willst du heute neben mir sitzen?" Ann schaut sie erstaunt an. Bisher hat ihre Klassenkameradin sie kaum beachtet. Zain gehört zu den beliebten Mädchen in der Klasse. Ann ist schüchtern und fällt normalerweise nicht besonders auf.

Die älteren Jungen stehen immer noch an der Schultür. Freiwillig treten sie einen Schritt zur Seite, als Ann sich ihnen nähert. Gestern haben sie sich ihr in den Weg gestellt und gelacht, als sie sich deshalb an ihnen vorbeidrücken musste. Kerzengerade und betont langsam geht Ann jetzt an ihnen vorbei. Ihr Plan ist aufgegangen. Der Auftritt ihrer Mutter hat gewirkt.

Der Verkehr auf der Qasr-al-Aini-Straße ist wie jeden Morgen chaotisch. Ein Eselskarren kommt Maggie Gobran entgegen. Sie hupt. Beinahe stößt sie mit dem Karren zusammen, auf dem sich meterhoch Müllsäcke stapeln. „Warum ist der so spät überhaupt noch unterwegs?", denkt sie genervt. Wahrscheinlich wird sie wieder nicht pünktlich zu ihren Studenten kommen.

Im Zentrum der Stadt fährt sie am „Platz der Befreiung", dem Tahrirplatz, vorbei. Die Amerikanische Universität liegt mitten im Herzen von Kairo. Mit einem Einzugsgebiet von über

20 Millionen Einwohnern ist die Megametropole eine der drei größten Städte Afrikas und des Nahen Ostens. Jeder, der etwas auf sich hält und die Mittel hat, studiert hier. Selbst die Präsidentengattin Suzan Mubarak ist Absolventin dieser Universität. Maggie Gobrans Vater bezahlte damals viel Geld, damit seine Tochter an der Eliteuniversität studieren konnte. Die Investition hat sich gelohnt: Mittlerweile arbeitet sie dort als Informatikprofessorin.

Tastaturgeklapper und Modefragen

Außer Tastaturgeklapper und leisem Murmeln ist im Computerraum der Universität nichts zu hören. 14 Studenten sitzen an klobigen Computern, starren auf grüne Zahlen und Buchstaben, die auf den kleinen Bildschirmen zu sehen sind. Die jungen Frauen und Männer kommen aus den besten Häusern Ägyptens. Dies zeigen ihre Markenklamotten, ihre Nachnamen und ihre Umgangsformen. Und die Beschäftigung mit dem Gerät vor ihnen: Nur wohlhabende Studenten können sich Mitte der 80er-Jahre einen eigenen Heimcomputer leisten.

„Habt ihr eure Programme auf Diskette gespeichert?" Maggie Gobran schaut von ihrem Lehrbuch auf und blickt in den Raum. „Am Anfang ist der Heimcomputer etwas verwirrend, aber ihr werdet euch schnell daran gewöhnen", sagt sie auf Englisch mit ihrer charakteristischen, ruhigen, aber ausdrucksstarken Stimme. Sie weiß, dass die meisten ihrer Schüler bislang nur mit einer Schreibmaschine gearbeitet haben und dies alles Neuland für sie ist.

Die 1,60 Meter große Frau streicht durch ihre schulterlangen, aschblond gefärbten Haare. Dezentes Make-up betont ihre dunklen Augen. An den Ohren hängen große, kreisrunde weiße

Ohrclips. Seit etwa vier Jahren lehrt die 36-Jährige das Fach Informatik an der Amerikanischen Universität.

Nach einem Blick auf ihre goldene Armbanduhr klappt sie das Lehrbuch zu. „So, uns bleiben noch fünf Minuten. Gibt es Fragen?"

Eine junge Frau hebt den Finger.

„Ja, bitte, Rania", sagt Maggie Gobran und erteilt ihr das Wort.

„Ich habe keine Frage zum Thema, aber ich wollte fragen, woher Sie Ihr neues Kostüm haben."

Maggie spricht gerne mit den Studentinnen über die neuesten internationalen Modetrends, denn sie liebt es, schick und teuer einzukaufen, und trägt Designerstücke aus aller Welt. Bei den männlichen Studenten punktet sie mit ihren Kontakten zu prominenten ägyptischen Sportlern, Künstlern und Managern, die sie durch ihren früheren Job besitzt. Wann immer jemand das Gespräch mit ihr sucht, nimmt sie sich Zeit, hört zu und gibt Ratschläge – fachlich und persönlich. Sie pflegt bewusst einen guten und engen Kontakt mit den Studenten. Jetzt erzählt Maggie Gobran also, dass sie ihr neues Kostüm vor einigen Wochen aus London mitgebracht hat.

Ein schlaksiger junger Mann unterbricht sie: „Ich reise nächste Woche auch dorthin", sagt er. „Wissen Sie, wie diese Straße heißt, wo die Juweliere ihre Läden haben? Ich möchte meiner Freundin ein Collier schenken." Seine Kommilitoninnen sehen ihn bewundernd an: Luxusgeschenke! Von so einem Mann träumt hier jede! Seine Haare sind mit Gel nach hinten gekämmt. Der Kragen an seinem Poloshirt ist hochgeklappt. Mit seinem neuen BMW fährt er jeden Tag zum Campus, damit alle wissen, dass er zu einer der reichsten Familien im Land gehört. Damit gibt er gern an.

Die anderen Studenten stört das nicht. Ihr Ziel ist es, später selbst so viel Geld zu verdienen und sich jeden Luxus leisten zu können. Während Maggie die Studenten untereinander reden lässt, fällt ihr auf, wie sehr sie alle nach Geld, Erfolg und Status streben. Sie kann ihre Studenten verstehen. Auch für sie ist das wichtig. Doch sie zweifelt, ob Glück allein davon abhängt.

Was macht ihr Leben eigentlich glücklich? Eine Frage, die sie sich schon oft gestellt hat, aber auf die sie, wenn sie ehrlich ist, für sich noch keine letztendliche Antwort gefunden hat. In Gedanken versunken, schaut sie auf die Uhr und unterbricht die Unterhaltungen: „Wir machen Schluss für heute. Allen, die Weihnachten feiern, wünsche ich ein frohes Fest."

2
Erste Begegnungen mit Armut

Wer teilt, dessen Herz fängt zu singen an.
Schwester Emmanuelle, 1908–2008

Gegen Nachmittag fahren Maggie und Ann zurück nach Heliopolis, einem wohlhabenden Stadtteil in Kairo. Dort leben Maggies Eltern, ihre Tante und ihre eigene Familie in einem Mehrfamilienhaus. Ann stürmt die Treppen im Flur hinauf und klingelt Sturm bei ihrer Großtante Matilda, die ein Stockwerk über ihnen wohnt. Maggie folgt ihr, so schnell es auf ihren hohen Pumps möglich ist.

„Ahlan wa sahlan – schön, dass ihr kommt", begrüßt sie Tante Matilda, die von allen nur kurz Tedda genannt wird. Sie küsst Ann und Maggie rechts und links auf ihre Wangen.

Im Wohnzimmer sitzen zwei einfach gekleidete Frauen am Tisch und trinken schai ahmar, roten Tee. Tedda hat fast jeden Tag Gäste. Es ist ihre größte Freude, armen und einsamen Menschen ein Zuhause zu geben. Sie kocht für sie und betet mit ihnen. Zwischen den beiden Frauen, die heute bei ihr sind, hat es sich Maggies neunjähriger Sohn Amir bequem gemacht und bedient sich von den Keksen, die auf dem Tisch in einem ovalen Porzellanteller liegen.

Tante Tedda ist für Maggie wie eine zweite Mutter. Fast jeden Tag war Maggie als Kind bei ihr, weil sie auch damals schon im selben Haus gewohnt haben. Tedda konnte wunderbar Geschichten erzählen, am liebsten aus der Bibel. Inzwischen ist die Tante über 80 Jahre alt, und jetzt lieben es Amir und Ann, ihren Geschichten zu lauschen. Sie betet auch mit den Kindern – genauso, wie sie mit Maggie früher gebetet hat. Zusammen knieten sie täglich auf dem Boden vor dem Sofa im Wohnzimmer. „Mit Gott kannst du ganz unbefangen sprechen. Sag ihm, was du gerade denkst, was du dir wünschst oder was dich traurig macht", hat Tedda Maggie und ihren Geschwistern erklärt.

Tedda ist ihr in vielem ein Vorbild. Gerade jetzt, vor Weihnachten, wenn Maggie selbst viele Geschenke für ihre Familie kauft, hat sie das Gefühl, sie sollte sich auch um Bedürftige kümmern.

Auch sie engagiert sich und bittet deshalb ihre Tante, morgen zusammen mit ihrer Mutter auf ihre Kinder aufzupassen. „Ich möchte einige Weihnachtsgeschenke an arme Menschen verteilen." Wie erwartet, ist ihre Tante gern dazu bereit.

Das Mädchen ohne Schuhe

Am nächsten Tag zieht Maggie ihren dicken Mantel und die schwarzen Lederstiefel an. Die wird sie heute brauchen können, denkt sie sich, während sie die Haustür hinter sich zuzieht und den Müll vor die Tür stellt. Dieser Tag im Januar kurz vor dem koptischen Weihnachtsfest ist außergewöhnlich kalt. Nur selten fallen die Temperaturen im subtropischen Kairo auf zwei, drei Grad Celsius.

Ein weißer Mitsubishi-Bus hält vor ihrem Haus. Maggie steigt zu fünf anderen Frauen in den Wagen und fährt mit ihnen in das Stadtviertel Shubra el Kheima, einem Industriegebiet, an dessen Rand die Armen des Viertels leben.

Vor Kurzem hörte Maggie von den fünf Frauen, die aus verschiedenen Kirchengemeinden kommen und sich zusammengetan haben, um an Weihnachten und zu Ostern Lebensmittel an Arme zu verteilen. Heute schließt sich Maggie ihnen zum ersten Mal an. Sie sieht darin eine schöne Möglichkeit, wenigstens ein paarmal im Jahr etwas Gutes zu tun. In der Familie Gobran gilt es als selbstverständlich, dass man sich um Menschen sorgt, die weniger haben.

Die Zeit in Shubra el Kheima vergeht wie im Flug: In der Eingangshalle einer katholischen Kirche warten Mütter, Kinder und ältere Menschen. Der Priester hat ihnen angekündigt, dass sie hier zu Weihnachten Lebensmittel bekommen. Schnell sind die Essenspakete und Geschenke für die Kinder verteilt. Als alle Kisten leer sind, geht Maggie los, um den Fahrer zu suchen, der mit dem Auto irgendwo in den Straßen nahe der Kirche wartet.

An der Hauptstraße fällt ihr Blick auf eine Frau, die auf dem schmalen Streifen zwischen den Fahrbahnen sitzt. Der chaotische Verkehr zieht an ihr vorbei. Teilnahmslos blickt sie den Autos und Mopeds hinterher. Nur bekleidet mit einem einfachen Hemd, das ihr bis zu den Füßen reicht, reibt sie ihre Handflächen aneinander. Trotz der Kälte ist sie barfuß. Auch einen Mantel hat sie nicht. Sie zittert. Das kleine Feuer vor ihr reicht nicht, um sie zu wärmen.

Vor ihr liegen kleine Stücke Kohle, die sie für wenig Geld verkauft. Maggie überquert die Fahrbahn und geht zu ihr.

Schweigend bleibt sie neben ihr stehen. Sie sucht nach Worten, überlegt eine Weile und fragt die Frau plötzlich und direkt: „Masah el-kheir, anti kwayesa?"

Irritiert sieht sie die Kohleverkäuferin an, deutet auf die Kohlen, wartend, dass Maggie ihr sagt, wie viel sie kaufen möchte.

Doch Maggie fragt erneut: „Guten Abend, geht es Ihnen gut?"

Die Frau schaut ihr in die Augen. Sie überlegt einen Moment, dann platzt es aus ihr heraus: „Seit dem Tod meines Mannes vor vier Jahren hat mich niemand mehr gefragt, wie es mir geht. Weder meine Verwandten noch meine Nachbarn haben sich darum gekümmert, was ich und meine vier Kinder machen."

Sie erzählt, dass sie täglich auf der Straße sitzt, Kohle verkauft und hofft, dass das Geld abends reicht, um den Kindern wenigstens eine Mahlzeit am Tag zu geben. Sie weint. Wahrscheinlich, weil ihr jetzt noch bewusster wird, wie mühsam und bitter es für sie war, in den letzten Jahren allein um das Überleben ihrer Familie kämpfen zu müssen. Auch Maggie ist sehr bewegt und nimmt die Frau in den Arm.

Es ist kurz vor sieben Uhr abends. Die älteste Tochter der Witwe kommt gerade von der Schule. Weil die staatlichen Schulen in den ärmeren Vierteln der Stadt mit der Schüleranzahl überlastet sind, bieten sie dreimal am Tag je drei Stunden Unterricht an. Das achtjährige Mädchen geht immer erst von 15 bis um 18 Uhr zur Schule. Statt sich danach an die Hausaufgaben zu setzen oder mit ihren Freundinnen zu spielen, läuft das Mädchen direkt zu seiner Mutter. Es löst sie ab und verkauft bis in die späten Abendstunden die Kohle, damit die Mutter die Geschwister ins Bett bringen kann.

Während die Kohleverkäuferin schnell nach Hause geht, bleibt Maggie bei dem Mädchen, das sich barfuß auf den Boden zu den Kohlen setzt. Es drückt seine dünnen, angewinkelten Beine an den Oberkörper, doch die Kälte frisst sich in Windeseile durch ihren gesamten Körper.

„Wie heißt du?", fragt Maggie und versucht, ein Gespräch zu beginnen.

„Sherine."

„Warum hast du denn mitten im Winter keine Schuhe an, Sherine?"

Das Mädchen sagt nichts. Maggie ahnt: Es besitzt einfach keine Schuhe.

Spontan sagt sie: „Komm, wir kaufen dir jetzt warme Schuhe."

Sherine nickt, löscht das Feuer, scharrt die Kohle zusammen und steckt sie in einen dreckigen Plastiksack. Schüchtern folgt sie Maggie in das nächste Schuhgeschäft ein paar Meter weiter an der Hauptstraße.

„Such dir aus, was dir am besten gefällt", fordert Maggie sie auf.

Sherine braucht nicht lange, bis sie ein passendes Paar schöner Lederschuhe in den Händen hält.

Als Maggie die Schuhe bezahlen möchte, fragt das Mädchen leise: „Kann ich diese Schuhe auch in einer anderen Größe nehmen? Ich brauche sie ein paar Nummern größer."

Maggie fragt verwundert: „Warum? Diese Größe passt dir wie angegossen!"

Sherine schüttelt den Kopf. „Nein, ich brauche sie nicht für mich." Sie macht eine Pause und flüstert, damit die anderen im Laden es nicht hören: „Meine Mutter hat auch keine Schuhe. Sie braucht sie dringender als ich, denn sie schämt sich so sehr, barfuß gehen zu müssen."

Maggie kann nicht glauben, was sie hört. Sie hätte mit vielem gerechnet: Dass das Mädchen vor Freude durch den Laden tanzt, dass es sich nicht entscheiden kann – wie manchmal ihre Tochter Ann – oder dass sie ganz viele Schuhe auf einmal haben will. Sherine reagiert völlig anders. Ihre Füße müssen Eisklötze sein. Selbst Maggie friert in ihren dicken Socken, die in gefütterten Stiefeln stecken. Wie sehr muss dann das Mädchen frieren? Doch sie denkt nicht an ihre Not, sondern an ihre Mutter. Wo hat sie diese Großzügigkeit gelernt? Maggie ist sprachlos: Was für eine Selbstlosigkeit!

Sie bezahlt zwei Paar Schuhe. Ein Paar für Sherine und eines, ein paar Nummern größer, für die Mutter. Das Mädchen strahlt vor Freude.

Maggie bringt Sherine nach Hause. Als die Mutter die neuen Schuhe für sich sieht, erzählt Maggie, dass ihre Tochter darauf bestanden hat, ein Paar Schuhe für sie zu kaufen. Die Mutter weiß nicht, was sie sagen soll. Weder sie noch irgendjemand anderer hatte dem Kind seit Jahren etwas gekauft oder geschenkt. Und jetzt, als es das erste Mal etwas geschenkt bekommt, denkt es nicht an sich, sondern zuerst an sie, seine Mutter.

Es ist später Abend, als Maggie die Tür zu ihrer Wohnung aufschließt. Sie zieht ihre Lederstiefel aus und stellt sie in ihren großen Schrank, den sie kaum noch schließen kann, so viele Schuhe stehen darin: High Heels, Sandalen, Stiefeletten … Für jedes Wetter und jede Jahreszeit ist Maggie ausgestattet. Zum ersten Mal fällt ihr auf, wie viele Schuhe sie besitzt. Die Witwe und ihre Tochter hatten nicht ein einziges Paar.

Maggie geht in die Zimmer ihrer Kinder und drückt beiden einen Kuss auf die Wange. Sie blickt auf die selig schlafende Ann. „Wie gut du es hast im Vergleich zu Sherine", denkt sie.

Im Wohnzimmer läuft der Fernseher. Ihr Ehemann Ibrahim ist noch wach. Von der Witwe und ihrer Tochter ohne Schuhe wird sie ihm erst morgen erzählen, beschließt sie und geht ins Badezimmer. Sie braucht zuerst Zeit für sich, um das Erlebte zu verarbeiten. Die Begegnung mit der Witwe lässt sie nicht los. Maggie sieht ihr Gesicht im Badezimmerspiegel, während sie sich abschminkt. Die Kohleverkäuferin ist wahrscheinlich genauso alt wie sie, denkt Maggie. „Ich hätte an ihrer Stelle sein können – und Ann wäre das Mädchen, das keine Schuhe hat."

Dass es arme Menschen gibt, war für Maggie nie ein Geheimnis – obwohl ihre Familie zur wohlhabenden Mittelschicht Ägyptens gehört. Sie denkt an ihren Vater, George Gobran, den alle nur bei seinem Nachnamen nennen und der in Nag Hammadi in Oberägypten eine Arztpraxis hatte. Dort wohnte ihre Familie, bevor sie nach Kairo zog. Wann immer jemand in den Dörfern ringsum in Not war, setzte ihr Vater sich ins Auto und half. Wer sich keine Behandlung leisten konnte, den versorgte er umsonst. In der gesamten Region war Gobran als Arzt bekannt und geschätzt. Maggie bewundert ihn für seine Leidenschaft, anderen zu helfen. Auch seine Schwester, Tante Tedda, hat dieses große Herz für Menschen in Not.

Nach der Begegnung mit der Witwe und ihrer Tochter fällt Maggie auf, dass sie sich bisher selten länger mit den Gästen ihrer Tante unterhalten hat. So viel Aufmerksamkeit wie jetzt der Frau am Straßenrand hat sie den Armen bislang nie geschenkt.

Kleine Jungen, große Träume

Die Weihnachtstage, die die Familie Gobran zusammen feiert, gehen schnell vorbei, und sofort nimmt der Alltag Maggie wieder gefangen. Doch Sherine und ihre Mutter hat sie nicht vergessen. Wie es ihnen wohl geht? Manchmal fährt Maggie durch die Hauptstraße in Shubra el Kheima, an der sie die beiden getroffen hat. Sie sieht sie nicht mehr wieder. In Maggie bleibt das Gefühl der Ungerechtigkeit: Warum müssen die beiden zittern und hungern, während es ihr mehr als gut geht? Diese Familie hat eine solche Armut nicht verdient. Und ihr fällt auch kein Grund ein, womit sie den Überfluss, in dem sie lebt, verdient haben sollte.

Kurz vor Ostern 1986 fährt Maggie wieder in dem weißen Bus mit ihren Freundinnen nach Shubra el Kheima zur katholischen Kirche, in der sie zu Weihnachten bereits waren. Sie werden schon erwartet, als sie in die Eingangshalle der Kirche kommen. Etwa ein Dutzend Jungen schreien durcheinander und rennen um die Mütter und die älteren Frauen herum, die dort auf Plastikstühlen sitzen.

„Maggie, wie wäre es, wenn du dich um diese Jungen kümmerst, während wir das Essen verteilen?", schlägt eine ihrer Freundinnen vor.

Maggie schart die Lautesten um sich und erzählt ihnen die biblischen Geschichten, die sie von ihrer Tante Tedda kennt. Die Kinder sitzen vor ihr und hören aufmerksam zu. Was diese fremde Frau erzählt, ist neu für sie. Ihre Füße, Hände und Gesichter sind staubig, die Haare ungekämmt und ihre Kleidung zerrissen und so dreckig, als wäre sie noch nie gewaschen worden. Maggie fragt die Jungen nach ihren Namen und sofort reden alle durcheinander: wie sie heißen, wie ihre Geschwister heißen und wo genau sie wohnen.

Der eine erzählt, dass er neben einem Kiosk wohnt, wo es Chips und Cola gibt. Ein anderer stellt sich vor Maggie, ruft „Weißt du was?", und zieht dabei an ihrem T-Shirt, damit sie nur noch ihm zuhört: „Ich werde mal einen Kiosk aufmachen, da, wo ich wohne."

Maggie lacht ihn an: „Ist das ein Traum von dir?" Er nickt heftig.

Ein anderer Junge ruft aufgeregt dazwischen: „Und ich will ein Fahrrad haben." Voller Begeisterung erzählen die Jungen immer weiter, was sie sich wünschen und wovon sie träumen. Noch nie hat ein fremder Erwachsener sich für sie interessiert. Maggie genießt es, den Kindern zuzuhören, die anscheinend sonst so wenig Aufmerksamkeit bekommen. Die Zeit verfliegt, ohne dass sie es merkt.

„Los, Maggie, kommst du? Wir müssen gehen!" Eine der Frauen tippt ihr auf die Schulter. „Der Fahrer ist schon da."

„Nein, bitte geh nicht, Mrs Maggie!", sagen die Jungen und schauen sie flehend an. „Verlass uns nicht!"

Mit ihren Armen klammern sie sich an Maggie. Es fällt ihr schwer, sich von den Jungen zu verabschieden. Sie sehnen sich so sehr nach Aufmerksamkeit.

„Ich werde wiederkommen", verspricht sie.

Maggie sitzt in dem weißen Bus, der über eine unbefestigte Straße holpert. Das Bild der Jungen, die sie mit bettelnden Augen ansehen, hat sich in ihr Gedächtnis eingebrannt.

Der leere Keksteller

In Teddas Zimmer sieht es fast so aus wie immer. Nur eine Kleinigkeit ist anders seit dem 17. März 1987. Der ovale Porzellanteller, der auf dem dunkelbraunen Holztisch steht, ist leer. Vor Teddas Tod haben sich dort Baklawa und Dattelkekse gestapelt. Jederzeit war sie auf Besuch vorbereitet, und niemand, der kam, ging hungrig. Maggie vermisst das fröhliche Geplauder in der Wohnung ihrer Tante. Die Stille fühlt sich fremd, ja, falsch an diesem Ort an. Der Verlust ist für Maggie schwer zu ertragen.

Tedda war wie eine zweite Mutter für sie. „Nach ihrem Tod fragte ich mich oft, wer den Armen, denen sie immer zur Seite stand, jetzt wohl helfen würde", erinnert sich Maggie.

Immer wieder zieht es sie neben ihrer Arbeit an der Universität, dem Reisen, der Familie und diversen Nebenjobs zu den Armen. Weiterhin begleitet sie ihre Freundinnen aus der Gemeinde zu den Menschen im Slum von Shubra el Kheima. „Wir verteilten unsere Geschenke, gingen nach Hause und vergaßen die Armen im Alltag bald wieder", sagt Maggie im Rückblick.

Doch je öfter sie bei ihnen ist, desto weniger kann sie sich ihnen und den Bildern in ihrem Kopf entziehen. Als es Winter wird und die Temperaturen sinken, denkt sie an die Familien, die nur mit Lumpen bekleidet in ihren Hütten frieren. Es lässt ihr keine Ruhe, dass diese Menschen keine Heizung und kein dichtes Dach über dem Kopf haben. Deshalb geht sie los und organisiert Decken und warme Kleidung, um sie den Familien zu geben.

Bei einem Empfang im Jahr 1987 lernen Maggie und ihr Mann einen Arzt kennen. Der Mediziner mit den schwarzen, dichten Locken und dem sympathischen Lächeln stellt sich als Dr. Adel vor. Er erzählt, dass er vor wenigen Jahren seine Stelle als Assistenzarzt in der Klinik in Heliopolis aufgegeben hat, um den Menschen in den Müllslums zu helfen. Die französisch-belgische Schwester Emmanuelle des katholischen Ordens „Notre Dame de Sion" hätte ihn dazu gebracht. Seit 16 Jahren lebt die fast 80-jährige Schwester im Elendsviertel Ezbet el-Nakhl bei den Menschen mitten im Müll, sagt er. Die nach ihr benannte Hilfsorganisation „Association Soeur Emmanuelle" betreibt dort Sozialzentren, zu denen auch Krankenstationen und Schulen gehören. Dort arbeitet der 38-Jährige als Arzt in einer Ambulanz.

Vor sechs Jahren hat Schwester Emmanuelle damit begonnen, auch in der größten Müllstadt Kairos, in Mokattam, den Menschen zu helfen. Dort gibt es noch so viel zu tun, betont Dr. Adel. Maggie hört ihm aufmerksam zu und fragt dann spontan, ob er sie einmal nach Mokattam mitnehmen kann, um ihr Schwester Emmanuelle vorzustellen, von der sie zuvor noch nie etwas gehört hatte. Der Mediziner stimmt sofort zu und holt sie tatsächlich eine Woche später mit einem Kleinbus zu Hause ab. Gemeinsam fahren sie in den Slum Mokattam. Die fein gekleidete Maggie ahnt noch nicht, was dort auf sie zukommt.

Menschen im Müll

Durch die engen, labyrinthartigen Gassen schieben sich Eselsfuhrwerke und klapprige, verrostete Kleinlaster mit meterhoch aufgeschichteten Müllsäcken. Die einen bringen den Müll unsortiert in ihre Häuser, die anderen fahren ihn aus der Müllstadt hinaus – sortiert nach Plastik, Pappe und Metall. Das ist das Geschäft der Zabbalin, die hier in Mokattam leben – ein Geschäft, um zu überleben, nicht, um zu leben. Die meisten Familien hier verdienen mit dem Müll umgerechnet zwei bis vier Euro am Tag. Damit muss eine durchschnittlich achtköpfige Familie auskommen. Jungen hieven auf ihren gekrümmten Rücken große Bündel mit Altpapier oder weiße, riesige Plastiksäcke durch die Straßen.

Maggie will aus dem Bus steigen, doch sie zögert. Sie hat einfache Sandalen an. Wenn sie mit ihren Füßen auf den Boden der Straße tritt, muss sie durch eine Pfütze mit braunem, stinkendem Matsch waten. Sie rutscht auf der Sitzbank des Autos zur anderen Seite, macht dort die andere Schiebetür auf – und zögert wieder.

Wenige Meter vor ihr wühlen Frauen und Kinder in riesigen Müllbergen. Sie suchen vor ihren Häusern zwischen Essensresten, Tierkadavern und Klinikabfall nach Rohstoffen. Im Müll wuseln Ratten von der Größe eines Kaninchens oder einer Katze.

Maggie entweicht ein stummer Schrei. Sofort schließt sie angewidert ihren Mund. Es riecht penetrant nach Müll, Fäkalien, Abgasen und verbranntem Plastik. „Der Gestank machte mich krank und ich ekelte mich vor allem. Krampfhaft versuchte ich, nichts zu berühren", erinnert sie sich noch Jahre später.

Als Maggie sich schließlich doch dazu überwunden hat, aus dem Wagen zu steigen, folgt sie Dr. Adel in eine kleine Hütte, die aus zusammengenagelten Kanistern und Wellblech besteht. Darin erwartet sie Schwester Emmanuelle. Die Frau, die eine große runde Brille trägt und ein Kopftuch, das am Hinterkopf zusammengebunden ist, lächelt übers ganze Gesicht. Sie bietet der sichtlich bleichen Maggie ein Glas Wasser an und erzählt ihr von dem Tag, an dem sie das erste Mal in das Müllviertel Ezbet el-Nakhl kam, das etwa 15 Kilometer von Mokattam entfernt liegt. „Damals", so sagt sie zu Maggie, „war ich ähnlich blass und sprachlos wie Sie jetzt."

Sechzehn Jahre sind vergangen, seit Schwester Emmanuelle, die Tochter eines Unternehmers, in einen Ziegenstall zu den Müllsammlern gezogen ist. Für die Theologin und Philosophin, die zuvor fast vierzig Jahre in Frankreich, der Türkei, in Tunesien und Ägypten Töchter aus besserem Hause und Diplomatenkinder unterrichtet hatte, war das neue Leben bei den Außenseitern der Gesellschaft anfangs sehr herausfordernd. Sie hatte einen Ruhestand gewählt, der mit Ruhe nichts zu tun hatte. Es gab so viel zu tun an diesen Orten bitterer Armut.

Schwester Emmanuelle scheint Maggies Gedanken lesen zu können. Sie erinnert sich, welche Fragen ihr damals durch den

Kopf schossen, als sie mitten in den Müllbergen die vielen armseligen Wellblechhüten ohne Strom- und Wasserversorgung sah: Wie können die Menschen hier leben? Wie können sie kochen? Wie sich waschen? Wie können hier Kinder geboren werden und überleben? Wie kann man hier nachts schlafen?

Die Ordensschwester in dem blauen Nylonkittel erzählt von ihrer Arbeit. Die Not ist groß, die Hilfe noch zu wenig. Dr. Adel nickt schweigend. Maggie kann sich kaum auf das Gespräch konzentrieren, weil sie in der Nachbarhütte ein Baby weinen hört. Das Schreien klingt nicht trotzig, sondern erschöpft und wimmernd. Es ist das Schreien eines Babys, das schon stundenlang nichts mehr zu essen bekommen hat. Schwester Emmanuelle ist vorsichtig, ja, weise genug, Maggie noch nicht zu erzählen, dass hier jedes Kind hungrig ins Bett geht und sich nicht nur die Kleinsten vor Bauchschmerzen in den Schlaf weinen. Maggie hat für heute genug gesehen, gehört und gerochen. Nach einer knappen Stunde fährt Dr. Adel sie nach Hause zurück. Sie schweigen während der Fahrt, noch findet Maggie keine Worte für das, was sie umtreibt.

Schlaflos

Der Geruch von Mokattam sitzt Maggie noch viele Stunden, bis weit nach Mitternacht, in der Nase. Ihre Haare riechen ebenfalls danach – trotz des Shampoos, das sie beim Waschen großzügig einmassiert hat. Etwas auf ihrem Kopf juckt. „Hoffentlich keine Läuse", denkt Maggie. Sie hustet. Der Rauch des brennenden Mülls liegt auf ihren Bronchien. Sie dreht sich von einer Bettseite zur anderen. Ruhe findet sie nicht. Immer wieder sieht Maggie diesen Müllhaufen vor sich, der sich bewegte. Zuerst glaubte sie, ein Tier würde nach Essensresten suchen, doch dann entdeckte sie zwei Kinderaugen. Ein kleiner Junge lag nahezu verschüttet im Müll, vergessen und schutzlos. Sie denkt auch an das Mädchen, das apathisch an einer braunen Bananenschale kaute. Ob es heute hungrig ins Bett gehen muss? Auch jetzt, Stunden nach ihrem ersten Besuch in Mokattam, scheint ihr das Erlebte wie ein Albtraum, der unmöglich wahr sein kann.

Während Maggie schlaflos an die Zimmerdecke starrt, hört sie in der schwindenden Nacht durch das offene Fenster das Klappern eines Eselskarrens. Das wird Rohani mit seinem Vater sein. Seit zwei Jahren kommen sie zusammen nach Heliopolis, um nachts den Müll der wohlhabenden Leute einzusammeln. Maggie trifft den Jungen höchstens ein Mal im Monat, um ihm das Geld für die Müllabholung zu geben. Nur umrissartig hat sie sein Gesicht vor Augen. So genau hat sie ihn nie wahrgenommen. Wie etwas, das so selbstverständlich zum Alltag gehört, dass es erst wieder auffällt, wenn es fehlt.

Kaum jemand der Hausbewohner kennt die Müllsammler persönlich, die „Zabbalin" genannt werden. Sie sammeln täglich etwa ein Drittel des Mülls der Stadt ein. Der Begriff „Zabbalin" – „Müllmenschen" – stammt von dem ägyptischen Dialektwort für Müll, „zebala". Akzeptiert werden die Zabbalin lediglich, weil sie nützlich sind. Wie ein Objekt, eine Maschine, die den Dreck der Reichen frisst.

Während Maggie hört, wie Rohani am Portier vorbei durch das Treppenhaus stapft, wundert sie sich über sich selbst. Noch nie hat sie über ihn und sein Schicksal nachgedacht, nie überlegt, wer er eigentlich ist. Ist er auch einer der Müllsammler, die sie heute in Mokattam getroffen hat? Einer derer, die im und vom Müll der anderen leben, dem Müll, dessen Gestank sie nicht einmal einen Nachmittag aushält? Wie alt Rohani wohl ist, vielleicht 16 oder 18 Jahre? Wann immer sie ihn getroffen hat, war er höflich, grüßte und hielt doch schüchtern Abstand, als ob er wusste, dass seine verfilzten Haare und seine abgetragene Kleidung bei den Reicheren keinen guten Eindruck hinterlassen.

3
Die Zabbalin

Wenn du weinen möchtest, besuche die Armen,
und lebe einen Tag bei ihnen.
Maggie Gobran

Für Rohani ist diese Nacht wie jede andere. Mit seinem Vater sammelt er in drei Straßen den Müll ein. Die Bewohner stellen am Abend ihre Abfalltüten vor die Wohnungstür ins Treppenhaus. Rohani läuft Stufe für Stufe, Etage für Etage die Häuser ab und befördert die Müllbeutel in den Bastkorb auf seinem Rücken. Mit vollem Korb und nach vorn gebeugtem Rücken schwankt er auf seinen Vater zu, der die Säcke auf den Karren lädt.

Am Ende der Nacht ist die gesamte Ladefläche voll, meterhoch ein Sack über den anderen gestapelt. Wenn der Morgen graut, machen sich Vater und Sohn auf den Rückweg. Um vier, fünf Uhr in der Früh sind die Straßen frei. Die Stadt schläft noch – bis auf die Müllleute und einige Muslime, die zum Morgengebet in die Moschee gehen. Je näher Rohani und sein Vater dem Stadtteil Mokattam kommen, desto mehr Pick-ups und Eselskarren treffen sie, alle beladen mit unsortiertem Müll –

aus Privathaushalten, Krankenhäusern, Schulen und vereinzelt auch Firmen.

Sobald der Berufsverkehr beginnt, sind die Müllsammler von der Bildfläche verschwunden. Die Regierung duldet ihren Anblick nicht, mit ihren Eselskarren passen sie nicht in das sich ständig modernisierende Stadtbild. Das Müllgeschäft der Zabbalin ist illegal, doch zugleich alternativlos. Weder für die Abfuhr noch für die Entsorgung hat die Stadt ein funktionierendes System. Ohne die geschätzt Zehntausenden Zabbalin würde die Metropole Kairo in ihren Abfällen ersticken.

Zurück im Müllviertel, entladen Rohani und sein Vater die Beute der Nacht. Entweder bringen sie alles in das Erdgeschoss ihres unfertigen Backsteinhauses, oder sie stapeln die Säcke, wenn im Haus kein Platz ist, direkt davor. Dann beginnt das aufwendige Sortieren. Täglich sitzt Rohanis Mutter mit den beiden kleineren Schwestern zwischen acht und zwölf Stunden im Müll. Stundenlang machen sie immer dieselben Bewegungen. Die Sehnen ihrer Hände und ihre Schultern schmerzen von der einseitigen Arbeit.

Die Frauen klauben den Abfall aus den gesammelten Tüten und trennen Rohstoffe vom Restabfall. Wertvolle Materialien wie Papier, Kunststoff, Aluminium oder Glas nehmen sie genau unter die Lupe: Sie begutachten die Stärke, Farbe, Form, Beschaffenheit und Qualität und werfen die Materialien auf unterschiedliche Haufen. Rohanis Mutter kann nahezu blind sagen, was welchen Wert hat. Mit Fingerspitzengefühl wird Plastik unterschieden zwischen hart und weich und jeder Zwischenform, fest oder elastisch. Ob Verpackung, Wasserflaschen, Müllsack oder Cremetube – Rohanis Mutter weiß genau, wie sie den Müll sortieren muss, um ihn anschließend für ein paar ägyptische Pfund verkaufen zu können.

Rohanis Schwestern schneiden von den Coladosen den Deckel ab. Der Aluminium-Körper sowie andere Metalle werden zusammengepresst und anschließend auch ins Ausland, zum Beispiel nach China, verkauft. Die leeren Müllsäcke schrubben Rohanis Schwestern mit Seife und waschen auch alte Kleidung und Stoffreste mit Wasser, das sie mit Kanistern herbeigeschleppt haben. Anschließend hängen sie alles auf eine Wäscheleine, damit es trocknet.

Dann bringt Rohani die sauberen Materialien zum Nachbarn. Die sortierten Stoffe schreddert dieser so lange, bis nur noch Watte und Fusseln übrig bleiben, die nun als Füllmaterial für Matratzen, Kissen und Polstergarnituren taugen. Nicht jede Familie hat die entsprechenden Schneidemaschinen, und so gibt es innerhalb der Müllstadt Kleinunternehmer, Dienstleister und Zwischenhändler.

Was an organischen Abfällen übrig bleibt, wird an die vier Schweine der Familie verfüttert. Für die Versorgung der Tiere ist Rohani verantwortlich, für den Handel sein Vater. Die Schweine sind die beste Einkommensquelle für die Zabbalin. Mit Abfall gemästet, werden die dicken Schweine an Metzgereien verkauft und an touristische Einrichtungen geliefert. Umgerechnet bis zu 50 oder 60 Euro kann Rohanis Vater mit einem Schwein verdienen, das entspricht etwa einem Monatsgehalt. Für die Familie sind Schweine deshalb überlebensnotwendig. Aus Platznot leben die Tiere mit der Familie in denselben vier Wänden.

Das Plastik aus dem Krankenhausmüll hat am meisten Wert. Diesen Abfall darf Rohanis Vater allerdings nur einmal in der Woche abholen. Das besagt eine Abmachung per Handschlag, die er mit seinen Nachbarn vereinbart hat. Rohanis Mutter trennt dann die Nadeln von Spritzen, die inmitten von blutigen Mullbinden, dreckigen Verbänden und Pflastern in den Säcken liegen. Das Risiko, dass sie sich daran infiziert, ist hoch. Rohani ist damit aufgewachsen, dieses Leben ist für ihn normal.

Seine Mutter hustet seit Jahren. Dass ein Arzt in diesem Fall den Verdacht auf eine Tuberkulose hätte, weiß er nicht. Seine Mutter ahnt, dass der Husten nichts Gutes bedeutet, aber zum Arzt geht sie nicht. Es gibt keinen in der Nähe und Geld für Medikamente hat sie sowieso nicht. Dem Müll vor ihr schenkt sie mehr Beachtung und Sorgfalt als sich selbst, in der grausamen Gewissheit, dass ihr Leben allein von den paar ägyptischen Pfund abhängt, die sie am Tag verdient.

Es ist das kleine Glück des Alltags, das sich an guten Tagen am frühen Abend einstellt: Die Familie kommt zusammen, der Fernseher läuft, wann immer sich ein wenig Strom von einem Masten an der Hauptstraße abzwacken lässt, und es gibt Abendessen, zum Beispiel Nudeln, das Lieblingsgericht aller Kinder hier. An den schlechten Tagen läuft nur der Fernseher oder die Eltern und Rohani müssen noch arbeiten. Zum Abendessen gibt es dann nur die paar angeknabberten Melonenstücke oder ein halb verschimmeltes Fladenbrot, das die Mutter aus dem Müll gefischt hat, bevor es die Schweine fressen. Auch das gehört zum Alltag der Familie.

Ausweglos

Ursprünglich kommen die Zabbalin aus den ländlichen Gebieten in Oberägypten, etwa 400 Kilometer südlich von Kairo. Viele von ihnen waren verarmte Kleinbauern, die ihre Felder nicht mehr bestellen konnten oder ihr Land bereits verloren hatten. Missernten, steigende Preise oder die grausame Ausbeutung durch Großgrundbesitzer trieben sie in bitterste Armut und Verzweiflung. Abgeschnitten von der rasanten Entwicklung in der Stadt, fehlt es in den ländlichen Gebieten an ausreichend Arbeitsplätzen, Schulen und Krankenhäusern. Wenn die Perspektivlosigkeit in der Heimat zu beklemmend und lebensgefährlich wird, ist die Flucht der einzige Ausweg.

Als Landflüchtlinge kamen die koptisch-orthodoxen Christen um 1940 in die Hauptstadt und ließen sich in provisorisch gebauten Siedlungen nieder. Essen, die nötigsten Dinge zum Bau ihrer Hütten, Kleidung oder Decken entdeckten sie im Abfall der Stadt. Ohne funktionierendes Müllentsorgungssystem lagen die vollen Säcke auf Bürgersteigen, in Hinterhöfen und überfüllten Containern am Stadtrand. Da die Neuankömmlinge aus der Heimat das Vieh als letzten Notgroschen mitgenommen hatten, konnten sie mit den Restabfällen ihre Schweine, Ziegen und Hühner füttern.

Doch die Unmengen von Müll waren nicht nur für die Zabbalin ein guter Fund. Dubiose Geschäftsmänner hatten die Viertel der Stadt unter sich aufgeteilt und verpachteten einzelne Straßen an die Zabbalin. Jede Straße bekam einen „Müllwert" zugeschrieben: je reicher die Bewohner, desto wertvoller der Müll, je ärmer, desto wertloser. Von den Hausbewohnern kassierten die Zabbalin eine „Müllgebühr", die sie anschließend an die sogenannten Geschäftsmänner übergeben mussten. Die Zabbalin bekamen für ihre Arbeit kein Geld, sondern nur den Müll selbst.

Um damit überleben zu können, wurden sie Profis im Müllsortieren und entwickelten ein ausgeklügeltes Verwertungssystem. Die Müllsammler von Kairo wurden bald international dafür bekannt, rekordmäßige 85 Prozent des Mülls zu recyceln. Doch es bleibt ein Geschäft, das aus Armut heraus geboren wurde und das die Menschen in derselben Armut hält.

Drei Tage krank vor Ohnmacht

Es ist bereits der dritte Tag, an dem Maggie sich in ihrem Schlafzimmer verbarrikadiert. Mit verquollenen Augen taucht sie lediglich auf, um die Kinder zur Schule zu fahren oder ins Bett zu bringen. Selbst ihre Informatikseminare an der Universität lässt sie ausfallen.

Ibrahim erinnert sich noch genau an die Tage, als seine Frau, anders als sonst, deprimiert und zurückgezogen zu Hause blieb: „Ich merkte, wie sehr ihr das Erlebte zu Herzen ging. Sie rang innerlich mit sich und stellte sich die Frage, wie sie mit dem umgehen sollte, was sie dort gesehen hatte." Ihre Mutter Sophie, kurz Fifi genannt, erzählt: „Nachdem sie die armen Leute gesehen hatte, wollte auch sie nichts mehr essen."

Obwohl Maggie nicht das erste Mal bei armen Menschen gewesen ist, schockiert sie die Lebenssituation der Zabbalin zutiefst. „Ich lag im Bett, regelrecht erschlagen von der Realität. Wie konnten diese Familien mitten im Müll leben? Ich weinte über das Leid, über die Kinder und über meine gefühlte Ohnmacht. Warum lässt Gott es zu, dass Menschen so leben, wenn er barmherzig ist?"

Tränen strömen über Maggies Gesicht. Sie nimmt einen Schluck Wasser aus dem Glas auf dem Nachttisch. „Ich bin frisch geduscht, sitze auf meinem Bett und trinke sauberes Wasser. All das haben die Zabbalin nicht", denkt sie sich. „Was haben sie in ihrem Leben falsch gemacht, um dieses Elend zu verdienen? Womit habe ich es verdient, in eine privilegierte Familie hineingeboren zu sein?"

Maggie kniet sich an ihrem Bett auf den Boden – so, wie es ihr Tante Tedda beigebracht hat. Sie schreit Gott alle ihre Gefühle entgegen: „Mein Herz ist zerbrochen. Zerbricht dein Herz daran nicht, Gott, wenn du diese Menschen siehst? Warum hilfst du ihnen nicht?" Maggie beschließt, nicht eher Ruhe zu geben, bis Gott ihr auf diese Frage eine Antwort gibt.

Die entscheidende Wende

Seit ihrem Erlebnis in Mokattam steht Maggie jeden Morgen eine halbe Stunde früher auf und liest in ihrer Bibel, auf der Suche nach Antworten. Stundenlang, tagelang, monatelang.

Zwar hat sie noch immer keine Antwort darauf gefunden, warum Gott es zulässt, dass Kinder im Müll so elend leben müssen, aber sie findet Verse, die sie trösten und ermutigen.

Eines Morgens stößt sie auf einen Bibelvers aus dem Alten Testament, Jesaja 61,1: „Er hat mich gesandt, damit ich den Armen eine frohe Botschaft bringe und alle heile, deren Herz zerbrochen ist." Ihr Atem stockt. Plötzlich ist alle morgendliche Müdigkeit wie weggeblasen. „Ich zitterte am ganzen Körper, als ich die Stelle wieder und wieder las. Als ob mich etwas vollkommen gepackt hätte, meinen Körper, meine Gedanken, meine Gefühle. Ich hatte den Eindruck, dass Gott zu mir sagt: ‚Du bist diejenige, die ich zu den Armen senden möchte.'"

Sofort regt sich innerer Widerspruch: „Ich bin die Falsche. Ich weiß nicht, wie man anderen hilft", hält Maggie dagegen. Sie denkt an Schwester Emmanuelle, in deren faltigem Gesicht sich große Liebe, Demut und Größe abzeichnet. Von Anfang an war sie fasziniert von ihr. Auf irgendeine Weise erinnert sie Schwester Emmanuelle an ihre verstorbene Tante Tedda. Beide strahlten etwas aus, das Maggie so gern begreifen will: diese Hingabe an Gott und den Nächsten.

„Er hat mich gesandt, damit ich den Armen eine frohe Botschaft bringe." Die Worte des Bibelverses gehen Maggie nicht mehr aus dem Kopf. Ist tatsächlich sie damit gemeint? Soll sie etwa alles hinter sich lassen und ein komplett neues Leben im Dienst an den Armen beginnen?

Nein, das klingt viel zu extrem. „Ich liebe mein Leben: meine Familie, meine Studenten, meinen Job, meinen Lebensstil, bei dem ich mir alles leisten kann. Ich bin glücklich. Ich denke nicht daran, dies alles aufzugeben." Trotzig klingen die Worte, die sie leise vor sich hinspricht. Dann schlägt sie ihre Bibel zu. Gleich muss sie sich wieder in den Großstadtverkehr stürzen, um zur Universität zu fahren. Ihr ganzes Leben lang hat sie mit viel Zeit, Kraft und Ehrgeiz ihre Karriere aufgebaut und eine Arbeit gesucht, die sie erfüllt. Das aufzugeben, kann keiner von ihr verlangen.

4
Karriere

Erfolgreich kannst du nur sein, wenn du alles einsetzt:
dein ganzes Herz und deine ganze Leidenschaft.

Maggie Gobran

Maggie fährt in Richtung Stadtzentrum zur Amerikanischen Universität, wo sie arbeitet. Während der Fahrt kreisen ihre Gedanken. Seit sie im Jahr 1968 hier angefangen hat, ist so viel passiert. Sie sieht sich, wie sie als 19-Jährige in der beeindruckenden Säulenhalle der Universität steht.

Wenige Tage zuvor war sie das erste Mal hier gewesen, um sich für die Fächer Betriebswirtschaft und Informatik einzuschreiben. Heute fangen für die junge Frau, die die Schulbank nur ungern drückte, die Vorlesungen an. Lange ist sie sich unsicher gewesen, welches Studium zu ihr passt. Dann hat sie sich für Betriebswirtschaftslehre entschieden, weil sie damit nach dem Studium sicherlich verschiedene Möglichkeiten hat und sich nicht jetzt schon auf einen konkreten Beruf festlegen muss. Nach der ersten Eingewöhnungsphase gefällt Maggie das Studentenleben, doch noch größere Freude bereitet der Leistungssportlerin, die seit Jahren intensiv trainiert, die mehrmonatige

Sommerpause: Jeden Tag ist sie von sechs Uhr morgens bis elf Uhr abends im traditionsreichen „Heliopolis Sportklub (HSC)", der in seiner hundertjährigen Geschichte schon viele erfolgreiche Sportler hervorgebracht hat. Auch sie gehört dort zu den besten Sportlern, gewinnt Turniere und Wettkämpfe und ist eine der großen Hoffnungen des Klubs.

Maggie hat einen straffen Trainingsplan: Mit ihrer vollgepackten Sporttasche geht sie frühmorgens in den Klub zum Tischtennistraining. Anschließend springt sie in das 50-Meter-Schwimmbecken, krault mehrere Runden oder studiert Wasserballettfiguren für eine neue Kür ein. Ihre Lieblingssportart ist das Wasserballett, weil es alles vereint, was sie mag: das Element Wasser, die sportliche Herausforderung und das rhythmische Musikgefühl.

Danach geht es zurück in die Sporthalle. Ihre Haare sind noch nicht trocken, wenn sie schon wieder mit der Mannschaft auf dem Feld steht und Fußball oder Basketball spielt. Am späten Abend sitzt sie mit Freunden auf Bambusstühlen, trinkt eine frisch gepresste Zitronenlimonade mit Pfefferminze und schaut auf den schlossähnlichen, imposanten Rundbau des Sportklubs. Ihre drei Brüder Nabil, Muheb und Gamal haben einmal, als sie über die Studentenzeit sprachen, gesagt: „Nur zum Schlafen kamst du nach Hause."

Maggie lächelt versonnen, als sie sich die Szenen in Erinnerung ruft. Das war eine unbeschwerte Zeit!

Während ihres Studiums lernt sie auch ihren Mann Ibrahim Abouseif kennen. Er studiert wie sie zu dieser Zeit Betriebswirtschaftslehre, jedoch deutlich ehrgeiziger als seine zukünftige Frau. Das zahlt sich aus: Er gehört zu den besten Studenten an der Universität.

Ibrahim Abouseif erinnert sich schmunzelnd an die erste gemeinsame Zeit: „Ich nahm das Studium sehr ernst. Maggie wollte lieber Spaß haben und nahm das Lernen lockerer. Wenn wir uns vor einem der Hörsäle trafen und uns noch kurz vor der Vorlesung unterhielten, schlug sie manchmal vor, einfach die Vorlesung ausfallen zu lassen und stattdessen etwas essen zu gehen. Auf solche Gedanken wäre ich nie gekommen."

Marketingexpertin

Kurze Zeit nach ihrem Studium heiraten die beiden – im Jahr 1975. Amir, ihr erstes Kind, wird Anfang 1976 geboren, eineinhalb Jahre später seine Schwester Ann. Maggies Berufseinstieg beginnt nach ihrer Elternzeit bei der Firma „Ceylon Tea", die Schwarztee aus Ceylon, dem heutige Sri Lanka, importiert und vertreibt. Neun Monate arbeitet Maggie dort im Werbebüro als Assistentin des Geschäftsführers. Als sie die Möglichkeit hat, einen Job in der Marketingagentur Amado anzunehmen, wechselt sie die Stelle im Sommer 1979. Dort schulen MarketingExperten des Abaza-Clans Maggie und fünf andere neue Mitarbeiter.

Die Abaza-Familie ist eine der größten ägyptischen Familien und bekannt für ihre Geschäftstüchtigkeit. Die Fachleute zeigen den Einsteigern, wie sie neue Kunden gewinnen, für sie ein Marketingkonzept entwickeln und sie professionell betreuen. Voller Enthusiasmus arbeitet sich Maggie mit den anderen neuen Mitarbeitern ein und betreut mit ihnen bald eigene Kunden, zu denen Computerfirmen, Pharmaunternehmen und Luxushotels gehören. Es braucht nur wenige Monate, bis Maggie aufsteigt und für das gesamte Team verantwortlich ist. Die Agentur erhält immer mehr Aufträge und Maggie großes Lob vom Chef.

Amado wird zu einer der renommiertesten Agenturen in der Stadt. Aber nach einem knappen Jahr muss Maggie auf Wunsch ihres Mannes die Arbeit eine Zeit lang unterbrechen, um während der dreimonatigen Sommerpause, in der die Kindergärten geschlossen haben, auf die Kinder aufzupassen. Der Chef macht ihr beim Abschied ein Angebot: „Wir schätzen deine Arbeit. Steig doch bei uns als Partnerin ein!" Das Angebot klingt für Maggie verlockend. Sie könnte freinehmen, wann immer sie will, und trotzdem in der Geschäftswelt bleiben. Auch Ibrahim unterstützt die Idee und gibt ihr das Geld, um sich in die Agentur einkaufen zu können.

Mit einem großen Bündel Geldscheine sitzt Maggie wenige Tage später im Büro des Besitzers von Amado. Die Verträge liegen auf dem Tisch. Es gibt nur noch letzte Details zu besprechen. Da klopft es an die Tür: „Der Manager des Sheraton-Hotels ist am Telefon", sagt die Sekretärin und wendet sich an ihren Chef. „Er möchte Sie kurz sprechen."

Als er das Büro verlässt, blättert Maggie noch mal durch den Vertrag. „Wenn ich hier Partnerin werde und meine Karriere weiter vorantreibe, könnte ich bald eine der erfolgreichsten Marketingexpertinnen des Landes sein", denkt sie sich stolz. Sie malt sich aus, wie sie schick gekleidet von einem Meeting zum anderen eilt, sich mit wichtigen Managern trifft und immer größere Teams leitet.

Doch plötzlich zweifelt Maggie, ob sie eine solche Karriere tatsächlich will. Reines Bauchgefühl. „Etwas in mir sagte: ‚Gib ihm nicht das Geld!'", erinnert sie sich. Als der Chef wieder das Büro betritt, bittet Maggie ihn um Bedenkzeit. Am nächsten Tag ruft sie ihn an und sagt, dass sie nicht mehr wiederkommt und auch nicht als Partnerin einsteigt.

Die Traumstelle

Schon eine Viertelstunde fährt Maggie im Schritttempo auf der sogenannten „Brücke des 6. Oktober", die eigentlich eine Schnellstraße ist. Der morgendliche Verkehr macht ihren Weg zur Universität jeden Tag zur Geduldsprobe. Doch heute nimmt sie die hupenden Lkws und die an ihr vorbeidrängelnden Mopeds kaum wahr. Was wäre wohl mit ihrem Leben passiert, wenn sie als Partnerin bei Amado eingestiegen wäre? Sie weiß es nicht, doch auf jeden Fall wäre ihr ein anderer, sehr interessanter Job entgangen:

Nach der Sommerpause 1980 vertritt Maggie zunächst als Übergangsjob für drei Monate die Assistentin des Botschafters von Ceylon. In dieser Zeit trifft sie einen Personalvermittler, der für verschiedene Unternehmen Führungskräfte und Mitarbeiter sucht. Er wird hellhörig, als er erfährt, dass die charmante 30-jährige Frau zuvor in einer verantwortlichen Position bei Amado gearbeitet hat. Er vermittelt sie an Hossam Abou al Fotouh. Der Multimillionär hat vor wenigen Monaten damit begonnen, als offizieller Importeur Autos von BMW nach Ägypten einzuführen. Sein Ziel ist es, die Automarke in Ägypten zu etablieren. Er fragt Maggie, ob sie sich vorstellen kann, eine Marketingagentur für BMW in Kairo zu gründen. Maggie sagt sofort zu. „Der Job war mehr, als ich mir jemals erträumt habe. Das Angebot war sehr attraktiv, denn BMW lag im Trend. Das deutsche Auto galt in Ägypten als sehr modern und luxuriös."

Für Maggie beginnt ihre bisher größte berufliche Herausforderung: Als Marketing-Managerin liegt der gesamte Aufbau der Agentur verantwortlich in ihren Händen. Sie stellt Mitarbeiter ein und fliegt nach Deutschland, um sich dort im BMW-Werk in München weiterzubilden.

Voller Elan vermarkten Maggie und ihr Team die Autos der ersten Dreier-BMW-Reihe in Ägypten. Maggie überlegt, welchen prominenten Ägypter sie für eine Imagekampagne engagieren könnte. Diese Person muss Sympathie, Dynamik und Fahrfreude vermitteln. Ihr fällt El-Khatib ein. Seit zehn Jahren spielt der 26-jährige Mahmoud Ibrahim El-Khatib beim Kairoer Fußballklub „El Ahly". Mit seinem Verein hat er mehrmals nationale Titel und Pokale gewonnen. Schon zu dieser Zeit gilt er als „bester ägyptischer Fußballer aller Zeiten". Sie trifft ihn und bietet ihm einen attraktiven Vertrag an. El-Khatib ist sofort bereit, das Gesicht von BMW in Ägypten zu werden. Bald ist die Werbung mit ihm überall zu sehen: im Fernsehen, auf Plakaten und in Magazinen. BMW wird dadurch noch bekannter und in ganz Ägypten zum Statussymbol.

Doch Maggies Gefühle sind gemischt, wenn sie die Werbung sieht, die sie mit ihrem Team entwickelt. Einerseits ist sie stolz, denn ihre Arbeit ist sehr erfolgreich: Die Verkaufszahlen der Automarke steigen von Monat zu Monat mit großen Wachstumsraten. Andererseits hinterfragt sie die Marketing-Methoden, mit denen versucht wird, die Kunden zum Kauf zu überreden. Ihr gefällt es immer weniger, mit den Bedürfnissen und Emotionen der Konsumenten zu spielen und ihnen vorzugaukeln, Produkte könnten dem Leben Sinn geben. Maggie strebt ebenfalls nach Luxus, doch könnte ein teures und schnelles Auto ihrem Leben Status, Abenteuer und Bedeutung verleihen? Es ist die gleiche Skepsis, die sie gefühlt hat, als sie sich entschied, nicht als Partnerin bei Amado einzusteigen. Doch damals hat sie nicht formulieren können, dass es die Oberflächlichkeit der Werbung selbst ist, die sie stört.

Auch die Empfänge, die ihr Chef veranstaltet, gehören zum Marketing dazu. Regelmäßig lädt Hossam Abou al Fotouh seine „VIP-Geschäftspartner", also Politiker, Topmanager, Sportler und Künstler, an die nobelsten Orte der Stadt ein. „Maggies Chef liebte es, sich mit Prominenten zu umgeben und regelmäßig in den Nachrichten zu sein. Er lud nur in die 5-Sterne-Hotels der Stadt ein", erinnert sich Maggies Mann. Ibrahim begleitete seine Frau zu allen Empfängen und profitierte als Geschäftsmann ebenfalls von den Kontakten, die er dort knüpfte.

„Gleich bin ich da", denkt Maggie, als sie in den Kreisverkehr fährt. Doch dann wird sie zur Vollbremsung gezwungen: Ein weißer BMW hat sich vorgedrängelt. „Das muss der neue M3 sein", denkt sich Maggie. Auch noch sechs Jahre nachdem sie BMW verlassen hat, erkennt sie alle Modelle. So etwas vergisst man nicht. Ebenso wenig wie das beeindruckende BMW-Bankett im Mena-Haus.

Prestige mit 190 Kilometer pro Stunde

Maggie nippt an ihrem Wasserglas, während sie in ihrem Abendkleid durch die Eingangshalle des Mena-Hauses geht. Wer auch immer ihr entgegenkommt, sie lächelt ihn charmant an und grüßt höflich. Sie hat schon viele Empfänge erlebt, aber die Sicht vom Mena-Haus auf die Pyramiden von Gizeh begeistert sie jedes Mal auf Neue. Auch die Atmosphäre ist hier ganz besonders. Das traditionsreiche Luxushotel atmet Geschichte: Winston Churchill, Agatha Christie und Charlie Chaplin haben hier schon übernachtet, man legt großen Wert auf Tradition und Stil.

Maggie hört aufgeregtes Geflüster. „Der Schriftsteller Nagib Mahfuz ist gekommen", sagt hinter ihr ein Mann. „Unglaublich, wer heute alles hier ist", staunt Maggie. Früher hätte sie sich nicht träumen lassen, dass es mittlerweile für sie selbstverständlich ist, die High Society Ägptens zu treffen.

Während des BMW-Banketts hat Maggies Chef am Haupteingang des Hotels einen Vorführwagen samt Verkäufer platziert. Es ist ein balticblauer 323i, das Topmodell des Jahres und gerade neu in Ägypten eingeführt. Schon vor einigen Tagen hatte Abou al Fotouh ihr und ihren Kollegen angeboten, dieses Auto zum Sonderpreis zu erwerben und in Raten abzuzahlen. Ein attraktives Angebot – und ein superschickes Auto.

Neugierig steigt Maggie in den Wagen. Das ist also das Auto, für das sie in den letzten Monaten eine Werbekampagne entwickelt hat. Schon sitzt sie hinter dem Lenkrad und blickt auf den Tacho. „Fährt der tatsächlich bis zu 190 Kilometer pro Stunde?", fragt Maggie den Verkäufer.

„Aber ja", antwortet er ihr, „mit einem 143-PS starken Sechszylinder ist das kein Problem."

Maggie fühlt das weiche Leder. Die Armlehnen und der Sitz sind so bequem. Ein Armaturenbrett in Edelholzoptik und eine funkelnde Chromleiste sind ihr sofort ins Auge gesprungen. „Ist das ein schöner Wagen! Und wäre das nicht etwas für mich?", schießt es ihr durch den Kopf.

Der Verkäufer schaut Maggie von oben bis unten an und mustert sie in ihrem bodenlangen schwarzen Abendkleid und ihrem Goldschmuck. Natürlich kennt er sie als Marketingchefin des Unternehmens, nur nicht in diesem Aufzug. „Was sagen Sie zu dem Wagen, Mrs Maggie?", fragt er schmunzelnd. „Ich denke, er passt zu Ihnen. Denn er ist genauso attraktiv wie Sie. Um diese Limousine würden Ihre Freundinnen Sie beneiden. Dass Ihnen Prestige wichtig ist, sehe ich Ihnen an. Dieses Auto unterstreicht Ihre Bedeutung. Das verspreche ich Ihnen."

Die Worte des Verkäufers treffen sie. Ist ihr Prestige tatsächlich so wichtig? Sie erschrickt über sich selbst. Beinahe wäre sie auf ihre eigene Werbung hereingefallen. Es kann doch nicht sein, dass sie ihr Selbstwertgefühl von vier Rädern abhängig macht oder von ihrem attraktiven Job. „Langsam bemerkte ich, wie sehr ich mich über meine Arbeit definierte. Sie gab mir die Bestätigung, die ich brauchte. Das gestand ich mir lange nicht ein", sagt Maggie im Rückblick.

Und vielleicht gerade, weil ihr Job ihr Lebensinhalt ist, ist sie bald nicht mehr damit zufrieden. Trotz ihres sehr attraktiven Berufsumfelds muss sie zugeben, dass sie sich die Arbeit bei BMW letztlich erfüllender vorgestellt hat, obwohl die Gespräche mit Kunden und Partnern, die Entwicklung von Kampagnen, die ganzen Empfänge mit Häppchen und Abendgarderobe durchaus aufregend sind. „Ich hatte alles erreicht: Geld, Erfolg und Status. Doch wollte ich wirklich mein Leben damit verbringen, teure Autos zu bewerben? Immer wieder kam die Frage in mir hoch: Gibt es noch mehr als das?"

Nach knapp zwei Jahren bei BMW entschließt sich Maggie im Jahr 1982, das Unternehmen zu verlassen. Vor der Sommerpause geht sie zu ihrem Chef und kündigt mit der Begründung, ihre Kinder bräuchten sie zu Hause. Das stimmt nicht ganz. Ihre Kinder sind zwar noch recht klein – Ann ist gerade fünf Jahre alt geworden, und Amir kommt mit seinen sechseinhalb Jahren bald in die Schule. Doch im Kindergarten sind sie bestens betreut, und anschließend gehen sie zu ihrer Großmutter Fifi, oder eine Babysitterin kümmert sich zu Hause um sie.

Den tatsächlichen Grund, warum ihre erfolgreiche und attraktive Arbeit sie nicht wirklich erfüllt, kann Maggie immer noch nicht genau benennen. Sie sucht eine Arbeit, die ihrem Leben Sinn und Bedeutung gibt.

Ihr Chef ist traurig, aber er akzeptiert ihren Abschied und hält die Tür für sie offen. „Versprich mir, dass du dich umgehend bei mir meldest, wenn du wieder einsteigen willst" – mit diesen Worten verabschiedet Hossam Abou al Fotouh seine Marketingleiterin.

Menschen statt Marken prägen

Maggie hat die Uni erreicht und sucht einen Parkplatz. Nach ihrer Kündigung bei BMW hat sie sich damals auf eine Zeitungsanzeige hin hier an der Universität als Dozentin beworben und wurde wenig später zu einer Probewoche eingeladen. Zusammen mit anderen Kandidaten, die sich für verschiedene Dozentenstellen beworben haben, muss sie mehrere Tage ihr fachliches und didaktisches Können beweisen. Maggie rechnet sich keine großen Chancen für einen Job aus: Einige der Mitbewerber sprechen besseres Englisch als sie, andere bringen mehr Unterrichtserfahrung oder fachliche Qualifikationen mit. Gespannt wartet Maggie, ob sie genommen wird.

Nach wenigen Tagen bekommt sie Bescheid: Sie ist die einzige Bewerberin, der eine Stelle zugesagt wird. Ja, noch mehr: Die Universität bietet Maggie an, sie nicht nur als Informatikdozentin anzustellen, sondern ihr sogar eine Professorenstelle zu geben. Dabei hat sie nicht einmal promoviert, sondern bringt lediglich die Kenntnisse aus ihrem Studium mit. Maggie sieht es im Rückblick als ein Wunder Gottes an, dass sie die neue Arbeitsstelle bekommen hat.

Maggie erhält ein Handbuch mit dem genauen Lehrplan und arbeitet sich in den folgenden Wochen tiefer in das Fach Informatik ein, das sich seit ihrem Studium rasant weiterentwickelt hat. Im Gegensatz zu ihrer früheren Arbeit als Marketing-Chefin hat Maggie nun die Chance, nicht Marken, sondern Menschen zu prägen, sie exzellent auszubilden und auf den Arbeitsmarkt vorzubereiten. Die Studenten schätzen ihre stilsichere und modisch gekleidete Professorin. Aber es ist nicht nur das Äußere, was sie beeindruckt. Man spürt ihr ab, dass sie weiß, worauf es ankommt. Gerne gibt sie die Erfahrungen aus ihren früheren Arbeitsstellen an ihre Studenten weiter. „Lass dich nicht davon bestimmen, was andere erfolgreich nennen, sondern bestimme du, was Erfolg ist", ermuntert sie die jungen Frauen und Männer. „Wahrer Erfolg heißt nicht, dass du niemals versagst, sondern dass du bereit bist, es wieder und wieder zu versuchen. Erfolg ist eine Haltung."

Manche ihrer Studenten kommen sogar zu ihr nach Hause, um mit ihr über persönliche Probleme und Sorgen zu sprechen.
Maggie geht in den Computerraum der Universität, schließt die Tür hinter sich und grüßt ihre Studenten mit einem herzlichen „Sabah el-kheir" – „Guten Morgen". Ja, so fühlt sich der Morgen auch an. Alles ist gut.
Endlich ist Maggie mit ihrer Arbeit zufrieden. Sie hat das Gefühl, etwas Sinnvolles zu machen, das sie erfüllt. „Die Studenten waren freundlich und höflich, sie inspirierten mich. Die Universität ist ein moderner und professioneller Arbeitsplatz. Es war zwar nicht einfach, Vorlesungen, die Betreuung der Studenten, Familie und diverse Nebenjobs unter einen Hut zu bringen, aber ich konnte mir kein schöneres Leben vorstellen", sagt sie heute über diese Zeit. Und dieses Leben sollte sie nun, nur wegen eines Besuches in Mokattam und eines Bibelverses, aufgeben?

Das Empfangene weitergeben

Es gibt in der Tat wenige Gründe, einen solchen Traumjob an der Universität aufzugeben. Viele wollten eine Stelle haben – Maggie hat sie bekommen. Und eine Professorenstelle obendrein. Doch sie vergisst das Elend der Müllsammler nicht und kann immer weniger die Augen vor der Not, die sie in Mokattam gesehen hat, verschließen. Sie fragt sich jeden Tag, wie sie sich für die Armen einsetzen kann. Vielleicht könnte sie neben ihrem Beruf ehrenamtlich in viel größerem Rahmen soziale Aufgaben übernehmen, sich einer Gruppe anschließen, die unter armen Menschen arbeitet, überlegt sie sich. Doch das erscheint ihr im gleichen Moment irgendwie halbherzig. „Genauso wie in meiner beruflichen Karriere gilt auch hier: Wenn ich etwas richtig machen will, muss ich mein ganzes Herz und meine ganze Leidenschaft investieren. Nur die Hälfte zu geben, reicht nicht", sagt Maggie.

Nach ihrem ersten schockierenden Erlebnis in der Müllstadt ahnt sie, dass es für sie nicht leicht werden wird, nochmals zu den im Müll lebenden Menschen zu gehen.

„Wir wohnten in der gleichen Stadt und waren doch Welten voneinander entfernt", sagt Maggie im Rückblick. „Immer wieder habe ich mir überlegt: ‚Was werden sie sagen, wenn ich komme? Bestimmt lachen sie über meine Wortwahl, mein Verhalten und meine ganze Art.'"

Sie denkt an ihre Freunde und Kollegen. Wie werden sie reagieren, wenn sie plötzlich die Müllhalde einem Designershop vorzieht? Fragen über Fragen kommen in ihr auf. Dann bemerkt sie, dass es sie nicht weiterbringt, wenn sie sich von der Meinung anderer abhängig macht.

„Ich fragte Gott immer wieder, was er mir sagen wollte. Eigentlich hatte ich seine Stimme vor einigen Wochen deutlich gehört, war aber dennoch voller Zweifel, obwohl ich wusste: Wenn er mir einen Auftrag gibt, dann gilt er mir persönlich. Ich muss mich entscheiden, wie ich mit dieser Berufung umgehe."

Je mehr Maggie betet und darüber nachdenkt, wie sie sich für die Armen einsetzen kann, desto mehr ändert sich ihre Haltung. Sie nimmt sich vor, ein zweites Mal nach Mokattam zu gehen, um die Menschen besser kennenzulernen.

Maggie denkt an Tedda, ihren Vater und ihre Mutter. Jahrelang haben sie ihr Liebe und Fürsorge geschenkt. „Ich wurde so viel bestätigt und gefördert. Und ich habe meinen Mann und meine Kinder, die mich lieben. Mir wurde klar: Ich habe so viel Gutes bekommen. Nun ist es an der Zeit, das Empfangene weiterzugeben."

5
Erste Anfänge und Hausbesuche

Die Kinder sind hungrig. Sie hungern nach Brot, aber auch nach Liebe, Annahme und Würde.

Maggie Gobran

Im Sekundentakt landen die Regentropfen auf Maggies Füßen. Sie sitzt unter Fetzen aus Karton und aufgerissenen Plastiktüten, die, mit Autoreifen beschwert, ein provisorisches Dach bilden. Ein Dach für ein Haus, das diesen Namen nicht verdient hat: Das Pappdach ruht auf Holzpfeilern und überspannt eine schmale Gasse zwischen zwei einstöckigen, baufälligen Backsteinhäusern. Den etwa zwei Meter breiten Spalt zwischen den beiden Außenwänden nennt eine siebenköpfige Familie ihr Zuhause.

Die Rückwand besteht aus zwei stehenden, zusammengenagelten Holzpaletten, die Front zur Straße hin ist weitgehend offen. Ein verschmutzes Leinentuch, das vom Holzpfeiler des Dachs auf den Boden herunterhängt, und ein kniehoher Wellblechstreifen, der an den Häuseraußenwänden rechts und links fixiert ist, bieten nur wenig Schutz vor dem Wetter.

Das Wasser sickert von oben durch die tropfnasse Pappe. Die Schalen und Plastikeimer, die das Wasser sammeln sollen, sind schon wieder voll. Die festgetretene Erde des Fußbodens weicht immer mehr zu braunem Matsch auf. Die dünne Schaumstoffmatratze, auf der die drei jüngsten Kinder der Familie mit ihrer Mutter sitzen, ist bereits mit Regenwasser vollgesogen.

Maggie hat Dr. Adel gebeten, mit ihr einige Familien zu besuchen, die bei ihm in Behandlung waren. Sie möchte besser verstehen, wie die Menschen in Mokattam leben. Jetzt ist sie hier und sitzt auf dem besten Platz im Raum, einem zerschlissenen Polster, durch das verrostete Sprungfedern lugen. Die Mutter bestand darauf, dass Maggie hier sitzt. Ein Stück Plastikplane über ihr verhindert, dass sie nass wird. Nur ihre Füße bekommen noch etwas ab.

Die drei jüngsten Kinder der Familie weinen und winden sich auf der feuchten Matratze hin und her. Die nasse Kleidung, die seit zwei Tagen an ihrem Körper klebt – so lange regnet es schon –, juckt auf der aufgeweichten Haut.

Dr. Adel, der in ein Regencape gehüllt auf einer umgedrehten Obstkiste sitzt, beugt sich nach vorn und sagt zu Maggie im Flüsterton: „Das größte Problem ist die feuchte Kleidung, die sie tagelang tragen, weil sie keine trockenen Sachen zum Wechseln haben. Bei einer ohnehin schwachen Gesundheit kommt es dann schnell zu Erkältungen, Lungenentzündungen, Hautausschlag und Abszessen, die für die Kleinen lebensbedrohlich sein können."

Die zwei ältesten Kinder, ein Junge und ein Mädchen, sitzen auf dem Polster rechts und links von Maggie. Je mehr Tropfen durch die nasse Decke über ihnen dringen, desto näher rücken sie an Maggie heran, wo es am trockensten ist. Sie husten und kratzen sich ihre Arme und Beine wund. Maggie weiß nicht so recht, wie sie sich verhalten soll. Die Kinder tun ihr leid, und doch fürchtet sie, dass sie von ihnen angesteckt werden könnte. Sie verschränkt die Arme vor ihrem Oberkörper und konzentriert sich darauf, die Kinder nicht berühren zu müssen.

Ein eisiger Wind fegt durch die Gasse. Ohne Scheu rücken die beiden Kinder noch näher an sie heran, sie suchen nicht nur einen trockenen Platz, sondern auch nach Nähe und Wärme. Als die Mutter eines ihrer kleinsten Kinder auf den Arm nimmt, schmiegt sich auch das Mädchen neben Maggie an deren Arm. Maggie erschrickt kurz, lässt es dann aber zu. Das Mädchen sieht sie mit großen Augen von der Seite an. Es hat keine Ahnung, wer die Frau ist und warum sie hier neben ihm sitzt. Dann rutscht sein etwa achtjähriger Bruder ebenfalls zu Maggie und lehnt seinen Kopf an ihre Schulter.

Maggie überwindet alle Furcht und allen Ekel und legt ihre Arme um die beiden Kinder, streichelt sie und drückt sie an sich. Selig genießen sie ihre Nähe, bis Dr. Adel Maggie zum Aufbruch ruft.

Maggie fühlt sich hilflos. Wie kann sie dieser Familie helfen? Es fehlt an allem. Wie soll sie an diesen Zuständen etwas ändern? „Gott, warum schickst du mich hierhin?", betet sie in Gedanken. „Ich fühle mich zu klein und unbedeutend, um hier etwas verändern zu können."

Etwas ratlos fragt Maggie die Mutter beim Abschied, was sie am nötigsten braucht. Diese blickt auf die Kinder, die immer noch auf dem Polster sitzen und Maggie schweigend ansehen. Dann schaut sie Maggie direkt in die Augen und sagt: „Wenn du uns wirklich helfen willst, dann hilf unseren Kindern."

Das ist sie, die Antwort auf ihre Frage! Die Worte der Mutter öffnen Maggie die Augen: Ihre Hilfe muss sich auf die Kinder und ihre Nöte konzentrieren.

Sie haben hustend und frierend ihre Nähe gesucht. Wie verletzlich und bedürftig sie sind und wie viel Aufmerksamkeit sie brauchen – und verdienen!

Auf dem Rückweg kommen Maggies Gedanken nicht zur Ruhe. „Gott, wenn es das ist, was du von mir möchtest, dann zeig mir, wie ich diesen Kindern am besten helfen kann", betet sie.

Mehr Arme und mehr Hände

Maggie fährt ab nun regelmäßig mit ihren Freundinnen, mit denen sie in den letzten Jahren zu Ostern und Weihnachten Geschenke an arme Familien verteilt hat, nach Mokattam. Sie lernen immer mehr Familien kennen und sind schockiert, in welchen Verhältnissen die Zabbalin leben.

„Ich besuchte nicht nur die Familien, sondern ich ließ mein Herz dort", sagt Maggie im Rückblick. Wie ihr Vorbild, Mutter Teresa, widmet sie sich den von der Gesellschaft Verstoßenen. Während die Ordensschwester im indischen Kalkutta den „Unberührbaren" diente, die von den Einwohnern aufgrund ihrer Lepra-Erkrankung gemieden und diskriminiert werden, geht Maggie zu den koptischen Müllsammlern in ihrer Heimatstadt.

Die Müllsammler werden nicht nur wegen ihrer Arbeit im Dreck verachtet, sondern auch, weil sie mit Schweinen zusammenleben, die im Islam als unreine Tiere gelten und deren Fleisch für Muslime tabu ist.

Maggie beugt sich zu den Ausgestoßenen hinunter und begegnet ihnen liebevoll – auch wenn ihr der Gestank in Mokattam immer noch zu schaffen macht.

Mutter Teresa sagte einmal: „Ich kümmere mich nie um Menschenscharen, sondern um die Person. Würde ich mir die Scharen ansehen, würde ich nie beginnen." Maggie hat die Nonne nie persönlich getroffen, doch sie ist schon lange von ihr inspiriert. Auch sie richtet ihren Blick immer auf den einzelnen Menschen und empfindet es als die schlimmste Armut, wenn jemand einsam ist und das Gefühl hat, unerwünscht zu sein. Genau deshalb zieht es sie immer wieder nach Mokattam.

Den anderen Frauen, die Maggie bisher begleitet haben, werden die häufigen Besuche zeitlich zu viel. Maggie nicht, sie fühlt sich von Gott berufen, heuert einen ortskundigen Fahrer an und fährt allein in die Müllstadt Manshiet Nasser bei Mokattam. Doch schon nach einigen Wochen merkt sie, dass ihre Zeit und Kraft nicht ausreichen, um den vielen Kindern zu helfen, die sie mittlerweile kennengelernt hat. „Wann immer ich die Kinder umarmte, kamen noch mehr Kinder, die von mir in den Arm genommen werden wollten. Mit zehn Kindern im Arm, die so hungrig nach Liebe und Nähe waren, wusste ich, ich brauche mehr Arme und mehr Hände."

Ohne ein Team wird es ihr nicht gelingen, so vielen Menschen zu helfen, das erkennt Maggie schnell. Und dieses Team wird nur erfolgreich sein, wenn jeder Einzelne das Anliegen teilt, den Armen zu dienen. Sie bittet Gott, dass er ihr zeigt, welche Person sie als Erstes fragen soll. Wenig später kommt Maggie ihr ehemaliger Kollege David in den Sinn, mit dem sie bei BMW im Marketing zusammengearbeitet hat. Sie trifft ihn und erzählt ihm von den frierenden Kindern, die in ihrer ärmlichen Hütte bei Regen vor Nässe trieften, und von der Mutter, die gebeten hat, den Kleinen zu helfen.

Bei ihrem nächsten Besuch in Mokattam nimmt sie David mit und besucht mit ihm einige der Familien. Und die Geschichte geht weiter. Bald darauf ruft David sie an. Er hat sich entschlossen, mit ihr den Ärmsten zu helfen. Gemeinsam überlegen sie, was sie für die Zabbalin tun können. „Wir begannen klein und gingen Schritt für Schritt, ohne zu wissen, wie der Weg endet. Das war eine aufregende Zeit", sagt Maggie.

„Wenn du mittags isst, dann gibt es abends nichts mehr für dich"

Kurze Zeit später holt David zwei Frauen aus seinem Bekanntenkreis ins Team, die bei den Hausbesuchen mithelfen. Zu viert weiten sie die Besuche aus und erreichen bald wöchentlich 25 Familien. Auch Dr. Adel hilft, wann immer ein Arzt gebraucht wird.

Ein langjähriger Mitarbeiter, der wenig später dazukam, erinnert sich an diese erste Zeit: „Maggie ging anfangs von Haus zu Haus und besuchte die Menschen. Sie öffnete die Herzen der Armen und schuf so eine Vertrauensbasis, auch für andere Mitarbeiter, die fortan regelmäßig manche Familien besuchten."

Als Team versuchen sie, auf die Nöte einzugehen, die sie bei ihren Besuchen sehen. Sie verteilen Lebensmittel und andere Hilfsgüter, wie Decken oder Kleidung, an die Familien. Manchmal helfen sie, ein leckes Dach auszubessern, oder besorgen den Familien Werkzeuge, die ihnen die Arbeit erleichtern. Neben der praktischen Hilfe beraten sie die Familien und ermutigen die Eltern dazu, ihre Kinder regelmäßig in die Schule zu schicken.

Sabah ist heute fast dreißig Jahre alt. Sie erinnert sich gut, wie sie als Kind jede Woche von einer Mitarbeiterin besucht wurde: „Weil sie selbst nicht in Mokattam lebte, nahm sie jedes Mal einen langen Weg zu meiner Familie auf sich. Sie liebte uns sehr und fragte immer wieder nach: ob wir genug zu essen hatten oder ob wir gesund waren. Wir wussten, dass es eine Kraft gab, die ihrem Leben Sinn verlieh – ihr Glaube. Jede Woche erzählte sie uns eine neue Geschichte aus der Bibel und erklärte uns, wie man zu Gott beten kann. Das war neu für uns, denn wir gingen als Familie nicht zur Kirche."

Für Maggie werden die Hausbesuche zum Herzstück ihrer Arbeit. „Wir gingen zu Witwen und Waisen, die uns sagten: ‚Wir haben noch nie Besuch bekommen. Niemand will zu uns kommen, ihr seid die Ersten.' Mein Vorbild darin ist Jesus selbst, der jene besuchte, die von der Gesellschaft übersehen, ja, sogar verachtet wurden. Er nahm sich Zeit für sie, hörte ihnen zu und das veränderte die Menschen."

Je mehr das Team bei den Familien ist und deren Leben teilt, desto mehr wird ihnen bewusst, dass hier alle ums pure Überleben kämpfen. Die Kinder hungern täglich. Das Gefühl, satt zu sein, kennen sie nicht. Ebenso wenig die Gewohnheit, drei Mahlzeiten am Tag zu sich zu nehmen. „In Mokattam sagen die Mütter zu ihren Kindern: ‚Wenn du etwas frühstückst, dann gibt es später nichts zu Mittag, damit deine Geschwister auch noch etwas zu essen haben. Wenn du mittags isst, dann gibt es abends nichts mehr für dich'", erklärt Maggie.

Sie sieht, wie Mütter am Abend, wenn die Kinder einschlafen sollen, Wasser aufkochen. Allein der Wasserdampf und das Geräusch, dass etwas kocht, soll in den Kindern das freudige Gefühl wecken, dass es vielleicht etwas zu essen gibt, sobald sie aufwachen. Aber in dem Moment, in dem sie merken, dass nur Wasser statt Suppe im Topf brodelt, fangen sie vor Hunger und Enttäuschung an zu weinen. Auch bei den Eltern ist die Not groß. „Ich traf eine Familie, deren Vater sich aus Verzweiflung verbrannte, weil er seine Kinder nicht ernähren konnte", erzählt Peter, der zwanzig Jahre im Team von Maggie Gobran mitgearbeitet hat.

Bei einem anderen Besuch sitzt Maggie auf dem Boden und sieht unter dem Bett ein vergammeltes Fladenbrot liegen. Das

Essen der Familie! Mit ihren Fingern zerbröseln sie das Brot in kleine Krümel, um den Schimmel abzulösen. „Sie schämten sich so sehr, dass sie solches Brot essen mussten, dass sie es vor uns versteckten", sagt Maggie.

Eine große Tüte voller Fladenbrote kostet umgerechnet etwa einen Euro. Wer sich das nicht leisten kann, dem bietet die Regierung subventioniertes Brot an, das an bestimmten Ausgabestellen für umgerechnet 20 Cent pro Beutel verkauft wird. Die Schlangen von Menschen, die dort warten, um etwas zu kaufen, sind jeden Morgen so lang, dass manche Frauen bis zu vier Stunden anstehen. Trotzdem müssen oft die Essensreste der anderen ausreichen, weil die Familie nicht nur wenig, sondern gar kein Geld hat.

Maggie weiß von ihrem Vater und ihrem Bruder Nabil, der ebenfalls Arzt ist, welche gesundheitlichen Folgen es für Kinder hat, chronisch unter- oder fehlernährt zu sein. Zu wenig Eiweiß, Fett, Vitamine und Mineralstoffe beeinträchtigen ihre körperliche und geistige Entwicklung. Wie eine Last schleppen sie diesen Mangel ihr gesamtes Leben mit sich. Ihr Immunsystem bleibt schwach bis ins Erwachsenenalter hinein, sodass sie sehr anfällig für Krankheiten sind und nur eine geringe Lebenserwartung haben.

Neben der Unterstützung der Familien mit Lebensmitteln muss man den Eltern unbedingt erklären, wie man gesund lebt, das wird Maggie deutlich bewusst. Väter müssen lernen, dass es wichtiger ist, mit dem wenigen Geld, das sie haben, zuerst die Kinder zu versorgen und nicht die Esel, auch wenn sie die Tiere am nächsten Tag zum Arbeiten brauchen. Müttern müssen grundlegende Hygieneregeln erklärt werden, wie das Reinigen von Kochgegenständen oder das Waschen von Obst und Gemüse vor dem Verzehr, um Durchfall und anderen Infektionen vorzubeugen. Und natürlich müssen sie begreifen, dass verschimmeltes Brot schädlich ist.

„Sie sind auf Hilfe angewiesen – so wie alle Menschen", sagt Maggie. „Wir alle sind zerbrechliche Kreaturen und haben begrenzte Kraft. Wir brauchen uns gegenseitig.

„Liebesgeschichten sind ein Geschenk des Himmels"

Maggie fällt es schwer, sich vorzustellen, sie wäre in Mokattam aufgewachsen. „Ich war ein glückliches Kind und hatte alles, was ich mir wünschen konnte. Überall war ich das Mädchen, das jeder gerne mochte."

Als viertes von fünf Kindern wurde Maggie am 21. November 1949 in Kairo geboren. Eigentlich lebte die Familie zu dieser Zeit noch in der Stadt Nag Hammadi in Oberägypten und zog erst nach Kairo, als Maggie in die Schule kam. Aber aus Gründen, die niemand in der Familie mehr so genau weiß, war ihre hochschwangere Mutter in Kairo, als die Wehen einsetzten. Ihre Eltern nannten ihre zweite Tochter Magda Gobran-Gorgi. „Gobran" war der Name ihres Vaters, „Gorgi" der ihres Großvaters. Nach kurzer Zeit wurde Magda von allen „Maggie" genannt – dieser Name passte einfach besser zu dem lebhaften, kontaktfreudigen Mädchen.

Kurz nach ihrer Geburt wurde sie in einer der ältesten und bekanntesten Kirchen in Ägypten, der sogenannten „Hängenden Kirche" in Alt-Kairo, getauft. Wie es in der koptisch-orthodoxen Tradition üblich ist, wurde das Baby in einem großen Becken mit Wasser untergetaucht und erhielt direkt danach ein erstes Abendmahl.

Maggie wuchs mit drei Brüdern und einer Schwester auf. Die Eltern förderten ihre fünf Kinder in allen Bereichen. Maggie erhielt Klavierunterricht, lernte von ihrem künstlerisch begabten Vater Porträts zu zeichnen und durfte jede Sportart ausprobieren, die sie wollte.

„Im Sport war sie sehr ehrgeizig. Sie gehörte immer zu den Besten, egal, in welcher Sportart. Mit 16 Jahren gewann sie bei einem großen Schwimmwettbewerb in Kairo die Silbermedaille. Im Wasserballett hatte sie einen der besten Trainer des Landes", erinnert sich ihr jüngster Bruder Gamal, der von allen Jimmy genannt wird.

In einer Zeit, in der Ehen in der Regel arrangiert wurden, hatten Maggies Eltern aus Liebe geheiratet. Ihre Familien waren Nachbarn. Der große Altersabstand von 17 Jahren machte den beiden nichts aus. Als sie sich ineinander verliebten, war Sophie, die von allen Fifi genannt wird, erst 15 Jahre alt, ihr zukünftiger Mann, Gobran, hatte bereits erfolgreich sein Medizinstudium beendet.

Eigentlich heißt Maggies Vater George, doch alle nannten ihn „Gobran". Gobran bedeutet „der Erflehte", und genau das war er für seine Mutter. Nachdem alle ihre vier Söhne in frühen Jahren gestorben waren, hatte sie Gott um einen weiteren Sohn angefleht. Als sie dann wieder einen Sohn zur Welt brachte, war er die Antwort auf ihr Gebet.

Zum Leidwesen Gobrans schickten Fifis Eltern ihre Tochter kurze Zeit später auf ein amerikanisches Internat in Assiut, fünf Stunden entfernt von ihrem Heimatort. Gobran kündigte Fifi an, dass er bei ihrem Vater um ihre Hand anhalten würde. Doch die fleißige und pflichtbewusste Fifi bat ihn, bis zu ihrem Schulabschluss zu warten. Kurz nachdem sie die Highschool beendet hatte, heirateten die beiden.

Die Zuneigung der Eltern prägte die gesamte Familie. Alle Kinder betonen, dass zu Hause jederzeit eine Atmosphäre der

Liebe herrschte. „Liebesgeschichten sind ein Geschenk des Himmels", sagt Maggie. „Wenn Kinder in einer liebevollen Umgebung aufwachsen, dann macht sie das stark und sicher. Herausforderungen können sie nicht so schnell umhauen."

Von ihrer Mutter lernten die Kinder klare Regeln. Fifi legt bis heute Wert auf Pünktlichkeit, auf den Erfolg ihrer Kinder in der Schule und auf Sauberkeit: Mehrmals täglich musste Maggie sich als Kind ihre Hände waschen, nicht nur vor dem Essen, sondern auch, wenn sie sich ans Klavier setzte oder mit ihren Puppen spielte. Tante Tedda, was auf Arabisch so ähnlich klingt wie das Wort für Großmutter, jadda, brachte den Kindern den christlichen Glauben in besonderer Weise nahe.

„Schon bevor wir als Kleinkinder sprechen konnten, zeigte uns Tedda, wie man betet. Als wir die ersten Worte sagten, lehrte sie uns das Vaterunser und zeigte uns, wie man sich bekreuzigt", erinnert sich Maggie. Für ihre drei Jahre ältere Schwester Nadia war Tedda „der süße Duft, den Gott in unsere Familie gebracht hat. Sie lehrte uns christliche Werte und lebte, was sie predigte." Fifi und Tedda ergänzten sich in der Erziehung sehr gut. „Beide hatten ein großes Mutterherz. Ich habe mich sehr geborgen gefühlt als Kind", sagt Maggie.

6
Erstes Camp

Die Seele nährt sich von dem, worüber sie sich freut.
Augustinus von Hippo, 354–430 n. Chr.

Die Kinder der Müllsammler kennen diese Welt nicht, in der Maggie aufgewachsen ist. Eine Welt, in der es genug Essen, Schutz und Zuwendung gibt. In der sie Kind sein können: unbeschwert, umsorgt und wertgeschätzt.

Maggie möchte deshalb einen Ort schaffen, an dem die Kinder aus den Slums für ein paar Tage diese andere Welt erleben können. Als sie darüber nachdenkt, erinnert sie sich an die Sommerfreizeiten, die ihre Kirche in Heliopolis veranstaltete. Als Kind nahm sie jedes Jahr daran teil, und als Jugendliche arbeitete sie mit, bis sie schließlich selbst mehrere Jahre lang solche Freizeiten organisierte. So ähnlich könnte sie ein Wochenende für die Kinder aus Mokattam veranstalten, überlegt sie.

Mit viel Elan planen Maggie, David und die beiden Frauen nach knapp einem Jahr ein erstes Camp für die rund 100 Kinder, die sie durch ihre wöchentlichen Hausbesuche kennengelernt haben. Für das Wochenende mieten sie ein Gebäude etwas außerhalb von Mokattam. Es gibt ausreichend Platz im Haus, und auf dem gesicherten Außengelände können die Kinder ausgelassen spielen und toben. Als die ersten Kinder ankommen, die mit einem Bus aus Mokattam gebracht werden, ist alles sauber geputzt und sorgfältig vorbereitet. Einige Freunde unterstützen das kleine Team während des Wochenendes.

Die Kinder stürmen auf das Gebäude zu und rennen aufgeregt in den Räumen herum. „Wow, was für ein großes Haus und hier dürfen wir rein! Da ist ja voll viel Platz zum Spielen!", staunen sie. Aber es stinkt widerlich, so, als ob irgendwo im Haus verwesende Tierkadaver liegen, erinnert sich Maggie.

„Woher kommt dieser Gestank?", fragt sie leise eine der beiden Frauen aus ihrem Team.

Die Mitarbeiterin blickt auf die Kinder. Deren Gesichter sind von Dreck verkrustet, die Augen verklebt und die Mundränder schmutzig. „Ich denke, sie wurden seit langer Zeit nicht gewaschen", antwortet sie Maggie hinter vorgehaltener Hand.

„Wie lange denn nicht?", fragt Maggie ungläubig nach. „Zwei Tage? Eine Woche?"

Die Mitarbeiterin schüttelt den Kopf. „Das muss viel länger her sein."

Maggie hat verstanden: Sauberes Wasser ist in Mokattam knapp. Und für das Waschen der Kinder reicht es selten.

„Bis heute gibt es eine Regel, dass die Kinder in jedem Camp, das wir veranstalten, als Allererstes unter die Dusche gehen", stellt sie schmunzelnd fest. Begeistert nehmen die Kinder die erste Dusche ihres Lebens. „Guck mal, da oben kommt ganz viel Wasser aus der Wand!", ruft ein Junge erstaunt und zeigt auf die Brause. Das Wasser prasselt auf die Haut und bald ist der gesamte Waschraum voller Seifenschaum. Die Kinder quietschen vor Vergnügen. Und das Waschen der Haare mit speziellen Shampoos ist gleichzeitig ein direkter Angriff auf die Läuse, von denen fast jedes Kind geplagt wird. Die Tierchen lösen nicht nur schrecklichen Juckreiz aus, sondern verursachen wegen der schlechten Hygiene auf der Kopfhaut auch Entzündungen.

Als Maggie bemerkt, dass die Kinder nur das T-Shirt und die Hose besitzen, die sie am Körper tragen, und nichts zum Wechseln haben, lässt sie frische Kleidung besorgen. Nach der Dusche werden allen Kindern die Ohren geputzt und die Nägel geschnitten. Anschließend können sie spielen.

Eine Mitarbeiterin erzählt: „Ich traute meinen Augen nicht: Plötzlich waren die Kinder zugänglicher, im Umgang viel sozialer und freundlicher zueinander. Das Gefühl, sauber zu sein, ließ die Scham und die Angst vor Nähe schwinden, weil sie nicht befürchten mussten, wegen ihres Gestanks und Drecks abgelehnt zu werden."

„Das ist sicher gar nicht für uns"

Als alle nach dem Spielen ins Haus gerufen werden, hört Maggie zufällig, wie sich zwei Jungen unterhalten. Der eine meint aufgeregt: „Stell dir vor, heute gibt es gebratene Hähnchen. Ich kann kaum glauben, dass sie so tolles Essen für uns machen." Der andere entgegnet nur nüchtern: „Das ist sicher gar nicht für uns, sondern für jemand anderen."

Alle Kinder setzen sich an den Tisch. Nach dem Dankgebet reichen Maggie und ihr Team jedem Kind einen Teller, auf dem ein Hähnchenschenkel mit mahshi, gewürztem Reis mit Auberginen, Zucchini und Tomaten, liegt. Außerdem stehen auf dem Tisch noch Fladenbrot und turshi mushakkal, in Essig und Gewürze eingelegtes Gemüse.

Zum Nachtisch gibt es eine Banane. Überglücklich betrachten die Kinder die vollen Teller vor sich. Auf die Frage einer

Mitarbeiterin, ob nun alle satt sind, sagt ein Junge: „Ich bin nie satt. Ich könnte hundert volle Teller essen." Er lacht und streicht sich dabei über seinen vollen Bauch, der ihm meldet, dass hier im Moment keine hundert Teller mehr reinpassen. Die Kinder haben kleine Mägen, denn sie sind es nicht gewohnt, so viel auf einmal zu essen.

Maggie und ihr Team beobachten auch, dass manche der Kinder nicht alles aufessen, sondern sich heimlich das restliche Essen in die Hosentasche stopfen. Als Maggie einen Jungen darauf anspricht, erklärt er: „Vielleicht bin ich heute Abend noch mal hungrig und dann habe ich nichts mehr."

Ein Mädchen beißt nur ein Mal vorsichtig vom Hähnchen ab und lässt es dann in einer alten Plastiktüte verschwinden. Entschuldigend sagt es zu Maggie: „Meine Geschwister zu Hause haben noch nie Hähnchen gegessen und ich möchte sie probieren lassen." Maggie fühlt sich an Sherine erinnert, die damals für ihre Mutter und nicht für sich Schuhe kaufen wollte. Wieder staunt sie über diese Kinder, die selbst kaum etwas haben, aber trotzdem niemals ihre Familie vergessen. Wo haben sie diese Großzügigkeit gelernt?

Duschen, essen, spielen und in einem richtigen Bett schlafen – diese für Maggie und ihre Freunde alltäglichen Dinge werden im Camp von den Kindern gefeiert.

„Für uns klingt das alles so gewöhnlich. Für sie ist es wie im Traum." Am Abend ist für jedes Kind eine frisch bezogene Matratze vorbereitet. Ein Junge kommt aus dem Staunen gar nicht mehr heraus: „Ich habe immer davon geträumt, einmal ein Bett für mich allein zu haben."

Maggie möchte, dass es den Kindern gut geht, doch es funktioniert nicht ohne klare Regeln. Wer an einem Camp teilnehmen will, muss mithelfen, den Tisch zu decken, und nach dem

Spielen aufräumen. Wenn einer der Mitarbeiter etwas sagt, sind die Kinder leise. Sie dürfen sich auch nicht gegenseitig ärgern oder schlagen. Dinge, auf die zu Hause oft wenig Wert gelegt wird, werden den Kindern hier beigebracht.

Maggie ist sich sicher: „Was auch immer ich zu viel oder zu wenig tue, zerstört mein inneres Gleichgewicht, die Balance von Körper, Geist und Seele.

Für uns Erwachsene macht ein ausgewogenes Zusammenspiel von Essen, Schlafen und Arbeiten das Leben aus. Für die Kinder gehört natürlich noch das Spielen dazu. Es braucht ein gutes Maß, egal, ob ich jung oder alt bin. Menschen, die zum Beispiel zu viel arbeiten, werden früher oder später ihre gesamte Energie, ihr Interesse und eine gesunde Balance im Leben verlieren."

„Können wir dich Mama nennen?"

Während des gesamten Camps ist Maggie mit den Kindern zusammen. Besonders die Wilden und Frechen unter ihnen haben es ihr angetan. Sie erinnert sich an die Jungen, die sie damals in Shubra al Kheima traf und die sie am Ende nicht mehr gehen lassen wollten. Dort merkte sie zum ersten Mal, wie viel Freude es ihr macht, Zeit mit anderen Kindern zu verbringen.

„Spielt ihr gerne Fußball?", fragt Maggie eine Handvoll zehnjähriger Jungen und holt aus ihrer Tasche einen Lederball, den sie sich von ihrem Sohn Amir ausgeliehen hat. Sie legt ihn auf den Boden und kickt ihn gegen eine Mauer. Die Jungen rennen dem Ball begeistert hinterher.

„Der ist ja ganz neu und wie viel Luft er hat", staunt Botros, der fast einen Kopf größer ist als die anderen Jungen. „So einen schönen Ball habe ich noch nie gesehen."

Maggie schluckt. Wieder einmal wird ihr bewusst, dass diese Kinder in einer ganz anderen Welt als ihre eigenen Kinder aufwachsen.

Am Morgen hat ihr der etwas vorlaute Shoukry offen gesagt, dass sie ganz anders rieche als alle Frauen, die er kennt. Wahrscheinlich ist er noch nie einer Frau begegnet, die Parfüm trägt, geschweige denn von Dior, vermutet Maggie. Sie beschließt, ab sofort kein Parfüm mehr zu benutzen. Auch ihren eleganten Kleidungsstil ändert sie. Statt Designerklamotten, Schmuck und Markenschuhen trägt sie nun weite und bequeme Kleidung, zum Beispiel einen beigen Parka und darunter ein einfaches T-Shirt. „Ich wollte keine unnahbare Exotin für die Kinder sein, sondern eine Freundin, der sie sich anvertrauen können", sagt Maggie.

Beim Abendessen setzt sie sich zu den fünf Jungen an den Tisch. Sie erzählen fast ohne Pause, was sie gerade im Kopf haben: von der dressierten Ziege des Nachbarn, die das Vorderbein auf Kommando heben kann, oder dem aufgeschlagenen Knie, das ganz schrecklich wehtat, nachdem ein Junge beim Toben über ein altes Metallgestell gestolpert war. Sie erzählen von schönen und traurigen Dingen. Shoukry sagt mit ernstem Blick, dass sein Papa seine Mama schlägt und dass er abends oft Angst hat, zu Hause zu sein, wenn sein Vater zornig ist. Als alle daraufhin betreten schweigen, erzählt Botros von der beinlosen Puppe mit den blonden Haaren, die er gestern im Müll gefunden und seiner Schwester geschenkt hat.

„Wie geht es euch in der Schule?", fragt Maggie.

„Gut!", sagen alle wie aus einem Mund und nicken heftig mit dem Kopf.

„Bitte, Jungs, seid ehrlich!"

Die fünf schweigen, und nach einer kurzen Pause erzählt Joseph, der auf eine staatliche Schule außerhalb des Slums geht:

„Ich werde immer gehänselt. Die anderen Kinder lachen über mich. Sie sagen, dass ich stinke."

Dann verrät der 11-jährige Bulus: „Ich gehe schon lange nicht mehr in die Schule, keine Lust."

„Aber Bulus, die Schule ist wichtig", mahnt Maggie ihn. „Was sagt denn deine Mutter dazu?"

„Die hat nichts dagegen, wenn ich ihr stattdessen bei der Arbeit helfe", erwidert er.

Maggie schaut jeden der Jungen mit einem strengen Blick an. „Bitte versprecht mir, dass ihr ab sofort regelmäßig in die Schule geht, okay?"

Die Jungen stimmen nach und nach zu. Sie haben das Gefühl, dass sie Maggie vertrauen können. Und für Maggie sind dies besondere Momente mit den Kindern, die sie darin bestätigen, am richtigen Ort zu sein. „Für mich war es so, als ob Gott uns zusammengebracht hat, damit ich merke: Es ist richtig, was wir machen. Die Kinder bekommen Hoffnung, ihr Leben verändert sich. Und meines mit ihnen."

Als das Camp zu Ende ist, umarmt Maggie jeden Einzelnen zum Abschied. Obwohl der Bus schon mit laufendem Motor wartet, bleiben sie unschlüssig vor ihr stehen. „Habt ihr noch etwas auf dem Herzen?", fragt Maggie sie.

Joseph blickt seine Freunde an, holt tief Luft und fragt dann: „Dürfen wir dich Mama nennen?"

Verwundert schaut Maggie Joseph an. „Aber du hast doch eine Mama", entgegnet sie.

„Ja, aber…", murmelt Joseph.

Maggie kennt Josephs Familie. Er ist der Älteste von sechs Kindern. Seine Mutter ist alleinerziehend und sortiert Müll. Oft wirkt sie ausgelaugt und überfordert. Maggie merkt, wie sehr die Kinder darunter leiden, dass ihre Mütter ihnen so wenig

Zeit und Aufmerksamkeit schenken können, weil der Kampf ums Überleben ihre gesamte Energie aufbraucht. Wenn sie von diesen Kindern als zweite Mutter angesehen wird, dann will sie das gerne für sie sein.

„Gut", lächelt sie die Jungen an, „nennt mich Mama, Mama Maggie!"

Ein Jahr lang besucht Maggie nun schon in jeder freien Minute die Menschen in Mokattam. Sie lernt immer mehr Familien kennen und wird als „Mama Maggie" bei den Kindern in der Müllstadt immer bekannter. Bald ist sie nur noch „Mama Maggie". Jeder, der sie trifft, nennt sie so.

Etwa zehn Monate nach ihrem ersten Besuch in Mokattam, Ende 1989, stellt sie fest, dass sie zeitlich und kräftemäßig neben ihrer Arbeit an der Universität an ihre Grenzen kommt. Außerdem fällt es ihr zunehmend schwer, sich auf ihre Studenten zu konzentrieren, weil sie gedanklich Tag und Nacht bei den Kindern ist.

Andererseits ist „Mama Maggie" glücklich, wenn sie sich um die Kinder in Mokattam kümmert. Das Muttersein erfüllt sie so sehr, dass sie kaum mehr glauben kann, dass das früher anders war. Sie staunt über sich selbst, wie sie sich verändert hat.

„Außer meinen Kindern nichts"

Es ist der 1. Januar 1976. Ein knappes Jahr nach der Hochzeit beginnt für Maggie nicht nur ein neues Kalenderjahr, sondern auch ein neuer Lebensabschnitt. Sie ist nun „Umm Amir", die Mutter von Amir Abouseif. Familie, Freunde und ehemalige Mitstudenten gratulieren ihr zu dem kleinen Jungen. Jeder erwartet, dass Maggie strahlt und in ihrer Mutterrolle aufgeht. Doch das fühlt sich für sie noch nicht so an.

Bisher war sie es gewohnt, den ganzen Tag außer Haus zu sein. Nun ist ihr täglicher Aktionsradius auf die paar Quadratmeter ihrer Wohnung beschränkt. Kaum noch Treffen außer Haus mit Freundinnen und keine Möglichkeit mehr, in den Sportklub zu gehen. Stattdessen hat sie ein schreiendes Baby, das pausenlos ihre Aufmerksamkeit fordert. Das Stillen schmerzt furchtbar, und ihre Brust entzündet sich schließlich so sehr, dass sogar eine Operation notwendig wird. Einen Monat lang liegt sie im Krankenhaus. Als Amir neun Monate alt ist, wird Maggie erneut schwanger. Die Schwangerschaft macht sie müde, und ihr wird ständig übel, sodass sie die Zeit allein zu Hause mit einem munteren kleinen Kerlchen als sehr anstrengend empfindet. Seit Amir krabbelt, kann sie ihn nicht mehr aus den Augen lassen.

Von ihrem Mann kann sie kaum Unterstützung erwarten. Er arbeitet unter der Woche 100 Kilometer entfernt in Fayyum im Betrieb seines Vaters, der Tee aus dem Ausland importiert. Ibrahims Vater ist ein erfolgreicher Geschäftsmann und will seinen Sohn die ganze Woche um sich haben, damit dieser von ihm lernt und sich irgendwann selbstständig machen kann. Maggie blickt auf den Diamantring, den sie seit ihrer Hochzeit trägt. So hat sie sich ihre Ehe nicht vorgestellt. „Wenn du jung bist, träumst du davon, dass der richtige Partner auf einem Pferd zu dir geritten kommt und dich in eine neue, schöne Welt führt. Doch die Wirklichkeit sah anders aus. Sie war nichts Außergewöhnliches, sondern beherrscht vom Alltag", erinnert sie sich.

Am 1. Juni 1977 wird Ann Ibrahim Abouseif geboren, die, wie es in Ägypten üblich ist, den Vor- und Nachnamen ihres

Vaters erhält. Eine Freundin, die mit Maggie studiert hat, gratuliert ihr am Telefon zur Geburt ihrer Tochter. Sie erzählt von ihrem Praktikum in New York und ihrer neuen Stelle in einem großen Büro in der Kairoer Innenstadt.

„Und, was gibt es bei dir Neues?", fragt sie.

Seufzend antwortet Maggie: „Außer meinen Kindern nichts."

Täglich geht Maggie mit Amir und Ann für mehrere Stunden zu ihren Eltern, die im selben Haus wohnen. Eines Tages sitzt sie dort beim Mittagessen im Esszimmer. Amir brüllt und ist kaum zu beruhigen. Nachdem Maggie schnell einen Brei für ihn angerührt hat, nimmt der Kleine einen Löffel voll in den Mund. Aber anstatt ihn herunterzuschlucken, prustet er den Brei auf ihre Bluse.

Auf einmal bricht aus Maggie der monatelang angestaute Frust heraus. „Immer sitze ich zu Hause. Ich lebe nur noch für meine Kinder", klagt sie. Sie blickt ihren Vater an. „Wo bleibt mein Leben?"

„Eine Familie zu gründen bedeutet, Opfer zu bringen", erwidert ihr Vater ruhig.

Sie steckt in einer Krise. Von Anfang an hat sie ihre Kinder von ganzem Herzen geliebt. Aber sie hat nicht damit gerechnet, dass sie ihr Leben derart verändern. Früher konnte sie frei über ihre Zeit entscheiden und nun bestimmen die Kinder ihren Alltag. „Es fühlte sich an, als ob ich nach der Geburt meiner Kinder alles verloren hätte, was vorher mein Leben ausgemacht hatte. ‚Wer bin ich und was will ich?', fragte ich mich. ‚Bin ich noch die sportliche Schönheit, die überall bekannt und beliebt ist, oder bin ich nur eine Mutter, die für ihre Kinder da ist?'"

Zurück in der Arbeitswelt

Anfang des Jahres 1979 ist Ann eineinhalb Jahre alt, der inzwischen dreijährige Amir besucht seit wenigen Tagen den Kindergarten. Maggies Vater unterstützt seine Tochter darin, nebenbei zu arbeiten, auch wenn er weiß, dass sein Schwiegersohn es lieber sähe, wenn Maggie zu Hause bliebe. „In unserer Kultur war es nicht vorgesehen, dass Frauen nach der Hochzeit arbeiten. Sie sollten zu Hause bleiben und der Mann kümmerte sich um das Einkommen", erzählt Maggie. Trotzdem stimmt Ibrahim nach einiger Zeit der Bitte seiner Frau zu.

Maggie ist glücklich, als sie bald darauf eine Stelle in der Werbeabteilung von Ceylon Tea angeboten bekommt. Mit der Arbeit kommt ein neuer Rhythmus in ihr Leben. Die Abwechslung tut ihr gut.

Ibrahims Bedenken verfliegen schnell. Vor allem, als er merkt, dass die Kinder die Betreuung im Kindergarten und bei ihrer Oma Fifi genießen. Obwohl Maggie beruflich gut ausgelastet ist, kümmert sie sich in jeder freien Minute liebevoll um ihre Kinder – und sogar um deren Freunde.

„Ich konnte mit meiner Mutter über alles reden", sagt Ann wenn sie an ihre Kindheit denkt. „Auch meine Freundinnen kamen zu ihr, holten sich bei ihr Rat und vertrauten ihr Dinge an, die sie ihren eigenen Eltern nicht sagen konnten."

Genau zehn Jahre nach ihrem Berufseinstieg, Amir ist 13 Jahre alt und Ann wird gerade 12, beschließt Maggie, die Karriereleiter, die sie steil aufwärtsgeklettert ist, zu verlassen, um zukünftig als „Mama Maggie" für die Kinder im Müll da zu sein.

„Es ist etwas sehr Erfüllendes im Leben, wenn du als Mutter jemanden liebst und für ihn sorgst. Du empfindest Gefühle, die du zuvor nicht gekannt hast", sagt sie. „Wenn ich unterwegs bin, denke ich oft an sie und frage mich, wie es ihnen geht, ob sie genug gegessen haben und ob sie gut schlafen."

Dass es für Maggie nun erfüllend ist, nicht nur für ihre eigenen Kinder, sondern sogar für viele andere Kinder in der Müllstadt zu sorgen, sieht sie als ein Wunder Gottes an. Obwohl sie am Anfang Probleme hatte, sich in ihrer Rolle als Mutter zurechtzufinden, kann sie sich nun nichts Schöneres vorstellen.

Ein Ausflug mit dem Mercedes

Regelmäßig besucht Maggie auch die fünf Jungen, die sie während des ersten Camps gefragt haben, ob sie sie Mama nennen dürfen. Sie ermutigt sie, sonntags die Messe in der koptisch-orthodoxen Kirche zu besuchen. Damit ihnen der Kirchgang leichter fällt, geht Maggie das erste Mal mit ihnen zur Messe. Die Kirche liegt etwa 20 Minuten von der Müllstadt entfernt.

Anschließend bietet sie den Jungen an: „Kommt, ich fahre euch nach Hause, das liegt sowieso auf dem Weg." Mit ihrem schwarzen Mercedes hat sie direkt vor der Kirche geparkt.

Als sie zielstrebig darauf zusteuert, fragt Shoukry ungläubig: „Das ist dein Auto?"

„Ja, wieso?", fragt Maggie. „Steigt ein!"

Begeistert quetschen sich die Jungen auf die Lederrückbank im Fond. Botros hat die längsten Beine und darf auf den Beifahrersitz. Als sie in der Nähe des Slums halten und die Jungen aus dem Auto aussteigen, bedanken sie sich überschwänglich.

„Meine Mutter wird niemals glauben, dass wir in einem Mercedes gefahren sind. Das ist der Hammer!", sagt Joseph beim Weggehen.

Für Maggie ist es selbstverständlich, andere in ihrem Auto mitzunehmen. Sie hat nicht beabsichtigt, ihren Wohlstand zur Schau zu stellen. Sie will für die Kinder „Mama Maggie" sein und nicht die reiche Frau mit dem Mercedes. Für diese Jungen war die Fahrt so unglaublich wie für sie eine Reise zum Mond.

Sie muss ihr Leben noch weiter ändern, wenn sie wirklich eine Mutter für die Kinder sein will, das spürt Maggie mehr und mehr. Der luxuriöse Lebensstil passt nicht zu ihrer neuen Aufgabe und so bleibt auch der Mercedes von nun an in der Garage. Und es ist nicht das Letzte, von dem sie sich trennt.

Entscheidung

„Bist du dir ganz sicher?", fragt Ibrahim seine Frau mehrmals, als sie ihm eröffnet, dass sie ihre Professorenstelle kündigen will. Er will, dass sie die folgenreiche Entscheidung gut abwägt. Aber das hat Maggie längst getan und ist nun fest entschlossen, diesen Schritt zu gehen. Ihr Mann ist überrascht und irritiert: Dass sie neben ihrer Arbeit als Professorin so viel Zeit in der Müllstadt verbrachte, ist ihm natürlich nicht verborgen geblieben. Aber er hat nicht damit gerechnet, dass es seiner Frau so ernst damit war. Ein zweites Mal fragt er sie: „Bist du dir sicher, dass du deine gute Stelle aufgeben willst?"

Maggie ist sich sicher. Wenn sie an Joseph, Bulus, Shoukry und die vielen anderen Kinder denkt, die sie stolz „Mama Maggie" nennen, weiß sie, dass es richtig ist, ihre Professorenstelle aufzugeben. „Diese Kinder waren in meinen Augen so kostbar und wertvoll, dass ich es nicht als Opfer ansah, für sie meine Karriere aufzugeben", sagt Maggie. Die Elite des Landes wird auch ohne sie gefördert. Es stehen genügend andere Dozenten bereit, um sie zu ersetzen. Aber die Kinder in Mokattam warten auf jemanden, der sich um sie kümmert und sie fördert. Maggie verlässt die Universität.

Nicht nur ihr Mann, auch ihre Geschwister sind verwundert über Maggies Entscheidung. „Wir konnten es am Anfang gar nicht glauben. Sie überraschte uns alle", erzählt Maggies Schwester Nadia Makary, die drei Jahre älter ist und in Washington D. C. in einem Reisebüro arbeitet.

Auch ihr Bruder Muheb, fünf Jahre älter als Maggie, ist erstaunt, dass seine jüngste Schwester ihre gut dotierte und prestigeträchtige Stelle an der Universität aufgibt. „Du kannst doch dein soziales Engagement auch nebenberuflich weiterführen", gibt er ihr zu bedenken. „Unser Vater hat sich auch für die Armen eingesetzt, aber er blieb trotzdem in seinem Beruf. Genauso macht es unser Bruder Nabil heute."

Nabil, der als Kardiologe arbeitet, ist ebenfalls überrascht, doch er respektiert Maggies Entscheidung von der ersten Minute an. „Sie liebt die Armen. Sie umarmt sie, egal, wie dreckig sie sind. Ich selbst musste mich sehr überwinden, sie zu berühren. Als Arzt weiß ich, wie schnell man sich anstecken kann."

Ihr drei Jahre jüngerer Bruder Jimmy sagt mit ironischem Unterton: „Sie hörte nicht auf uns. Wenn sie sich etwas in den Kopf gesetzt hat, zieht sie es durch. Das war eigentlich schon immer so. Doch letztlich haben wir gesagt, dass es eine Sache zwischen Gott und ihr ist, in die wir uns nicht einmischen."

Prinzip: Verdoppelung

Anfangs zahlt Mama Maggie die Kosten für Fahrer, Lebensmittel und andere Hilfsgüter aus ihren Ersparnissen. Auch den zwei Frauen, die sie und David im ersten Jahr unterstützen, gibt sie ein Taschengeld für ihre Arbeit.

Aber so kann es nicht weitergehen. Weil die Not so groß ist, setzt sich Mama Maggie zum Ziel, jedes Jahr die Zahl der Mitarbeiter zu verdoppeln. Sie weiß, dass sie neben den ehrenamtlichen Helfern auch hauptamtliche Mitarbeiter braucht. „Ich betete zu Gott, dass er mir die richtigen Leute schicken würde", sagt sie. Ihre Mitarbeiter werben unter ihren Freunden und erzählen ihnen von den bewegenden Erlebnissen mit den Zabbalinkindern. „Im ersten Jahr waren wir zu zweit, im zweiten zu viert, im dritten zu acht. So ging es weiter, bis wir 128 Mitarbeiter waren."

Es dauert nicht lange und Mama Maggies und Ibrahims Wohnung wird zu klein für die wöchentlichen Teamtreffen. Mama Maggie bittet ihren Bruder Nabil, abends das Wartezimmer seiner Praxis als Sitzungsraum benutzen zu dürfen. Die Praxis befindet sich im selben Haus, in dem Mama Maggie mit ihrer Familie wohnt. Doch bald reicht auch dieser Platz nicht mehr aus und sie mietet ein Büro in Heliopolis.

Als sie für Gehälter und Miete mehr Geld braucht, fragt sie Familie und Freunde sowie ehemalige Kollegen und Personen, die sie in ihrer Zeit als Managerin und Professorin kennengelernt hat, ob sie helfen können.

Je mehr die Arbeit wächst, desto mehr Strukturen bekommt sie. Doch der Kern der Arbeit bleiben die Familienbesuche und die Camps. Zweimal im Jahr gibt es für die Kinder ein Wochenendcamp. „Die Kinder brauchen für ihren Körper gutes Essen, Hygiene und medizinische Versorgung; doch ihre Seelen brauchen mehr als das, sie sehnen sich nach Liebe und Anerkennung." Mama Maggies Augen leuchten, während sie diesen Satz sagt.

Um zumindest einem Kind pro Familie eine feste Bezugsperson zur Seite zu stellen, übernehmen die Mitarbeiter, die sie besuchen, eine Patenschaft. Ein Kind wird über zehn Jahre, meist zwischen dem 6. und dem 17. Lebensjahr, besonders gefördert – mit dem Ziel, dadurch die gesamte Familie zu stärken. Wenn dieses Kind in der Schule erfolgreich ist und gut lesen und schreiben kann, wird es zum Beispiel seinen Geschwistern bei den Hausaufgaben helfen können. In vielen Fällen wird für diese Einzelförderung eines der älteren Geschwister ausgewählt, da sie meist ohnehin viel Verantwortung für die jüngeren übernehmen müssen.

7
Im Schatten der Gewalt

Gegen die Nacht können wir nicht ankämpfen,
aber wir können ein Licht anzünden.
Franz von Assisi, 1182–1226

Als Reda drei Jahre alt war, starb ihr Vater. Ihre Mutter hat einen Putzjob angenommen, um ihre Tochter und ihren Sohn versorgen zu können. Dadurch ist sie viel außer Haus, und Reda sitzt oft allein auf der Matratze in dem kleinen, schäbigen Raum, der das Zuhause ihrer Familie ist. Ihre Mutter hat es Reda verboten, das Zimmer zu verlassen, wenn sie allein ist. Sie möchte nicht, dass ihrer Tochter draußen auf den Straßen etwas passiert. Im Erdgeschoss des Backsteinhauses wohnen drei weitere Familien. Küche und Bad werden geteilt. Deshalb stehen die Türen der drei anderen Zimmer meist offen.

Reda, inzwischen 10 Jahre alt, ist mal wieder allein, als Mama Maggie sie heute besucht. Nur die Nachbarn sind da, zu deren Familien fünf fast erwachsene Söhne gehören. Als sie Mama Maggie und einen weiteren Mitarbeiter kommen sehen, stellen sich die jungen Männer mit verschränkten Armen vor die Zimmertür von Redas Familie und sagen: „Es ist verboten, die Tür zu schließen, wenn ihr bei dem Mädchen seid." Mama Maggie entgegnet bestimmt: „Wir kümmern uns um Reda und gehören zur Familie." Dann bittet sie den Mitarbeiter, im Flur zu bleiben und sich vor die geschlossene Tür zu stellen, damit sie ungestört mit Reda reden kann.

Das Mädchen atmet hörbar auf, als sie mit Mama Maggie allein im Zimmer ist. Mama Maggie kennt Redas Familie schon länger, seit dem Tod des Vaters wird sie regelmäßig von Mitarbeitern besucht. Sie fragt die Kleine, wie es ihr geht und wie das Verhältnis zu den Nachbarn ist. Reda druckst herum und schaut verlegen auf den Boden. Sie formt die ersten Worte und stockt, als ob sie noch überlege, ob sie ihrer Mama Maggie tatsächlich die Wahrheit anvertrauen kann. Mama Maggie nimmt sie in den Arm und schweigt mit ihr, bis sie weiterredet. Dann nimmt Reda ihren Mut zusammen und erzählt von den regelmäßigen sexuellen Übergriffen durch die Söhne der Nachbarn, wenn sie allein ist.

In Redas Augen spiegeln sich Scham, Verzweiflung und große Hilflosigkeit. Tränen fließen. Mama Maggie drückt Redas Gesicht sanft an sich und streichelt ihre Wange: „Du bist nicht allein, Reda. Wir kümmern uns um dich und auch darum, dass die jungen Männer dir nie wieder etwas antun können." Noch am selben Tag spricht Mama Maggie mit Redas Mutter und überzeugt sie, umzuziehen.

Als die jungen Männer aus der Nachbarschaft mitbekommen, dass Mama Maggie weiß, was im Haus vor sich geht, drohen sie ihr. Sie wollen, dass das Mädchen dort wohnen bleibt. Doch Mama Maggie und ihre Mitarbeiter lassen sich nicht einschüchtern und besorgen für Reda, ihren Bruder und ihre Mutter eine andere Wohnung. Als die Nachbarn weiterhin drohen, sich zu rächen und Reda auch an ihrem neuen Zuhause abzufangen, kündigt Mama Maggie an, weitere Schritte gegen sie zu unternehmen und die Polizei einzuschalten.

Laut der Weltgesundheitsorganisation (WHO) wird weltweit jede fünfte Frau mindestens einmal in ihrem Leben Opfer von sexuellem Missbrauch, Gewalt oder Belästigung. Das gibt es in jeder Kultur und in allen Gesellschaftsschichten. Doch leider sind arme Menschen besonders häufig davon betroffen. Mama Maggie wird immer wieder damit konfrontiert: „Die vielen Geschichten der betroffenen Mädchen zerreißen mich innerlich. Oft schlafe ich weinend ein, und doch weiß ich, dass Gott mich zu den Armen gerufen hat und ganz besonders zu denen, die ein zerbrochenes Herz haben."

Extreme Armut lässt sich mit einem Dauerausnahmezustand vergleichen. An vielen Orten auf der Welt kann man beobachten, dass Kriege oder Katastrophen dazu führen, dass Menschen Regeln brechen und ihre kulturellen und religiösen Wurzeln verlieren. Ähnlich ist es, wenn Menschen in extremer Armut leben.

Am Abend sitzen die Männer zusammen und trinken billigen Alkohol. Der tägliche Überlebenskampf frustriert. Alkohol macht es – vermeintlich – erträglicher. Viele Jugendliche haben überhaupt keine Perspektive für ihr Leben. Manche von ihnen versuchen, ihre Ohnmachts- und Minderwertigkeitsgefühle durch Gewalt gegen andere wettzumachen.

„Viele arme Menschen rutschen in die Dunkelheit, weil sie in einer solch finsteren Atmosphäre leben, und vergessen dabei, was richtig und angemessen ist", sagt Mama Maggie.

Gefahr in den eigenen vier Wänden

Dies zeigt auch die Geschichte von Rashad, der eines der Camps besucht. Er trägt einen langärmligen Pullover. Als er wie jedes Kind am Anfang unter die Dusche soll, weigert er sich vehement. Ein Mitarbeiter geht auf ihn zu, um mit ihm zu reden, und hält ihn leicht am Arm fest. Rashad zuckt zurück. Schmerzerfüllt verzerrt er sein Gesicht. Dann beginnt er, hemmungslos zu weinen.

Der Mitarbeiter fragt ihn, was los ist. Vorsichtig zieht Rashad seinen Ärmel hoch und entblößt seinen Arm, der mit Brandverletzungen übersät ist. Vom Handgelenk bis oben zur Schulter ziehen sich die Verbrennungen. Die offenen Stellen und Brandblasen müssen höllisch schmerzen. Seine eigene Mutter hat ihn verletzt. In einem Wutanfall erhitzte sie einen Löffel über der Flamme des Gasherds und presste ihn ihrem Sohn mehrmals auf die nackte Haut.

Laut Unicef erleben 40 Prozent der Kinder in Ägypten Gewalt durch ihre Eltern, da die körperliche Bestrafung in der Gesellschaft als angemessene Disziplinierung des Kindes gilt. Diese Einstellung findet sich in allen Schichten, doch bei armen Familien mit geringer Bildung noch öfter.

„Wir sind anschließend zu Rashads Mutter gegangen und haben ihr gesagt, dass sie das nie wieder machen darf", berichtet Mama Maggie. „Es auszusprechen, die Betroffenen mit der Situation zu konfrontieren – das ist der einzig sinnvolle Weg. Wir machen klar, dass die Kinder nicht körperlich misshandelt werden dürfen. Die meisten Eltern lässt es nicht unberührt, wenn jemand anspricht, dass ihr Verhalten nicht korrekt ist, und sie wissen, dass wir als Mitarbeiter darauf achten, was sie ihrem Kind antun. Dies alles stärkt auch das Kind. Es merkt: Mein Leben hat einen Wert. Jemand tritt für mich ein."

Zur häuslichen Gewalt kommt mangelnde Aufklärung über den Umgang mit Sexualität. In den Häusern leben bis zu zehn Menschen pro Familie in einem einzigen Raum. Nachts liegen drei bis vier Personen in einem Bett. Da die Kinder dicht gedrängt neben ihren Eltern schlafen, machen sie, ohne groß darüber nachzudenken, mit ihren kleineren Geschwistern nach, was sie bei ihren Eltern sehen. So passiert es immer wieder, dass Mädchen in der Pubertät von ihren Brüdern schwanger werden.

Während Kindern und jungen Frauen bereits in den eigenen vier Wänden der nötige Schutz fehlt, ist es draußen noch gefährlicher. Die meisten Häuser haben keine eigene Toilette, sodass Mädchen eine Gemeinschaftstoilette benutzen müssen, auch nachts im Dunkeln. Manche dieser Toiletten haben nicht einmal eine Tür. Regelmäßig lauern Männer den Frauen draußen auf. Besonders alleinerziehende Mütter und ihre Töchter haben kaum Schutz.

Opfer ohne Chance

Viele Frauen in den Elendsvierteln leben allein. Ihre Männer arbeiten weit entfernt und kommen nur selten nach Hause, manche von ihnen leben auch mit einer zweiten Frau an einem anderen Ort zusammen. Die alleinstehenden Frauen gelten als „Freiwild", um das sich niemand schert. In Kairo wie an anderen Orten auf dieser Welt bleiben die Opfer schutzlos ihren Tätern ausgeliefert, wenn die Gesellschaft Verbrechen wie häusliche Gewalt und sexuellen Missbrauch nicht ächtet und der Staat konsequent strafrechtlich verfolgt.

Solange derartige Verbrechen nicht bestraft werden, ändert sich nichts, auch wenn ein Kind seine Scham überwindet und über die Vergewaltigungen spricht. Sie werden von der Familie,

Nachbarn oder den Behörden aus- oder schöngeredet. „Ich weiß, dass es viele Missbrauchsfälle gibt. Aber man kann es nicht verhindern. Und weil nichts dagegen unternommen wird, passiert es immer und immer wieder", klagt eine betroffene Mutter resigniert. Jeder in den Elendsvierteln der Stadt weiß von den dunklen Geheimnissen, die über vielen Häusern und Straßen liegen. Aber würde die Polizei der in Lumpen gekleideten Mutter mit den wirren Haaren glauben?

Zu oft hat sie bisher schon Zurückweisung erlebt. Kann sie die Tat wirklich nachweisen? Sie weiß nicht, wie. Und was werden die Nachbarn sagen, wenn die Polizei auftaucht, um Zeugen zu befragen? Nein, das wäre in ihren Augen eine zusätzliche Schande.

Die Täter müssen deshalb in der Regel weder Strafe noch soziale Ächtung fürchten. Warum sollen sie dann ihr Verhalten ändern? Ihre Opfer bleiben in andauernder Angst gefangen. Jederzeit fürchten sie, dass es wieder passieren könnte.

„Die Geschichten der Kinder brechen mir das Herz, doch sie enden nicht mit der Gewalt und der schrecklichen Demütigung, die sie erleben mussten. Sie erzählen immer wieder auch von Wundern und von Wiederherstellung. Das lässt mich weiterbeten und -arbeiten für die, die noch leiden", sagt Mama Maggie.

Sie erinnert sich gerne an die heute 13-jährige Martha, die zwischen ihrem fünften und neunten Lebensjahr kein einziges Wort gesprochen hat. Wenn jemand sie nach ihrem Namen fragte, schwieg sie und starrte teilnahmslos ins Nichts. Als Martha acht Jahre alt war, wurde eine Mitarbeiterin von Mama Maggie auf das Mädchen aufmerksam. Sie bat den Vater, seiner Tochter zu erlauben, am Camp teilzunehmen.

Über ein Jahr kümmerte sich die Mitarbeiterin als Patin intensiv um Martha. Sie versuchte, sich mit ihr zu unterhalten, fragte sie immer wieder, wie es ihr gehe, und betete für sie. Die meiste Zeit saß sie einfach schweigend neben ihr und hielt sie im Arm. Doch das Kind sprach weiterhin kein Wort.

Dann kam plötzlich der Moment, den alle herbeigesehnt hatten: Martha fing an zu sprechen. Zum ersten Mal fasste sie in Worte, was ihr unaussprechlich schien. Sie war fünf, als sie mitansehen musste, wie ihr Vater ihre Mutter im Alkoholrausch umbrachte. Sie hatte sich unter dem Bett versteckt, sodass der Vater nicht bemerkte, dass seine Tochter alles mitbekam. Der Schock über den Mord an ihrer Mutter löste in Martha ein Trauma aus, das ihr die Sprache verschlug. Die Liebe der Mitarbeiterin löste ihre Zunge. Stockend und vorsichtig redete sie die ersten Worte mit ihr, dann mit anderen Kindern und schließlich sogar mit fremden Menschen.

Martha hat wieder Freude an ihrem Leben gefunden, quasselt ständig und unterhält alle, die mit ihr im selben Raum sind. Bei einem Camp wurde Mama Maggie sogar von einer der Mitarbeiterinnen gebeten: „Bitte bring ihr bei, nicht immer pausenlos zu reden. Sie lässt die anderen Kinder ja gar nicht mehr zu Wort kommen." Dann lachten beide voller Freude über das Wunder, dass ein Kind, das vier Jahre nicht sprechen konnte, nun ermahnt werden muss, weniger zu reden.

Vertrauen lernen

Reda, Rashad und Martha sind keine Einzelfälle. Ihre Schicksale stehen für Tausende ähnlich tragischer Lebensgeschichten. „Die Seelen der Kinder leiden unter diesen Lebensbedingungen. Sie sind so verletzlich", sagt Mama Maggie. Besonders dann, wenn es zu Gewalt innerhalb der Familie kommt oder der Täter jemand ist, den das Kind kennt, wird das Vertrauen des Kindes stark erschüttert – in andere, aber auch in sich selbst.

Kinder, die missbraucht wurden, sehnen sich nach Menschen, denen sie vertrauen können. Sie wünschen sich jemanden, der ihnen glaubt und sie achtet. Mama Maggie und ihre Mitarbeiter bemühen sich, durch regelmäßige Besuche derartig vertrauensvolle Beziehungen zu den Kindern aufzubauen. Oftmals gelingt es ihnen, aber es braucht meist viel Geduld.

„Die Kinder sollen dem Leben nicht verängstigt, sondern mutig entgegengehen. Ein Pate kann ein Kind darin bestärken", erläutert Mama Maggie.

Ganz bewusst werden immer wieder die Gaben und Talente der Kinder gefördert, denn dies ist die Basis für ein gutes Selbstwertgefühl. „In jedem Kind steckt Potenzial, das darauf wartet, sich zu entfalten. Jedes Kind hat große Stärken, und wenn es sich derer bewusst wird, kann es besser mit Problemen umgehen."

Natürlich löst ein gesundes Selbstbewusstsein die Probleme der Kinder, denen sie in ihrer Umgebung oder ihrem Zuhause ausgesetzt sind, nicht in Luft auf. Aber es hilft ihnen, schwierige Situationen besser zu bewältigen. Auch Freundschaften helfen auf dem Weg zu einem gesunden Selbstwertgefühl. In den Camps möchte Mama Maggie den Kindern Gelegenheiten bieten, Freundschaften zu Gleichaltrigen zu schließen. Dies gelingt überraschend schnell. Vor den Camps kennen sich viele nur vom Sehen, danach entstehen oft feste Cliquen.

Um besser auf die jeweiligen Bedürfnisse der Jungen und Mädchen einzugehen, werden künftig sogar zwei Camps pro Halbjahr angeboten: eines für Mädchen und eines für Jungen.

Viele arme Kinder sind Außenseiter. Als Mitglieder der untersten sozialen Schicht werden sie von Kindern und Erwachsenen aus wohlhabenderen Verhältnissen oft ausgegrenzt und häufig sogar offen diskriminiert. Dazu kommt, dass ihnen der tägliche Kampf ums Überleben nur wenig Zeit lässt, um soziale

Kontakte oder Freundschaften außerhalb der Familie und Arbeit aufzubauen und zu pflegen.

Ganz bewusst redet Mama Maggie mit den älteren Kindern in den Camps auch über das Thema Sexualität. Für sie ist es wichtig, dass sie wissen, was mit ihrem Körper in der Pubertät geschieht und wie sie damit umgehen können. Besonders mit den Mädchen spricht sie darüber, warum Jungen oder Männer sie plötzlich anfassen möchten und dass das nicht immer etwas mit echter Zuneigung und Liebe zu tun hat. „Es ist wichtig, dass sie dies einordnen können und lernen, dass es ihr Recht ist, Nein zu sagen."

Während der Camps gibt es kleine Gesprächsgruppen. Zusammen mit einer Mitarbeiterin sitzen vier bis fünf Mädchen in einem Kreis und sprechen über Probleme zu Hause oder in der Schule. Indem sie hier lernen, sich gegenseitig anzunehmen, offen über ihre Schwierigkeiten zu sprechen und sich zu helfen, werden sie fähig, besser mit Konflikten umzugehen. Gerührt berichtet Mama Maggie: „Ich habe oft erlebt, wie Mädchen, die missbraucht wurden, einander geholfen haben. Sie erinnerten sich gegenseitig daran, dass sie immer noch einen Wert besitzen, auch wenn sie jemand derart angegriffen hat. Was für ein Wunder, wenn du das überwindest, was dir angetan wurde."

Der lange Weg der Heilung

Stundenlang sitzt Mama Maggie bei dem neunjährigen Sami, dem bereits als kleiner Junge großes Leid widerfahren ist. Seine Familie, koptisch-orthodoxe Christen, floh aus Assiut, nachdem ihr Haus von Islamisten angezündet wurde. Um Geld zu verdienen, half Sami fortan in einer kleinen Schneiderei beim Bügeln. Als er eines Tages zum ersten Mal an einem der Camps teilnimmt, fordert ihn ein Mitarbeiter auf, sich zu den anderen Kindern an den Esstisch zu setzen, doch er bleibt stehen.

„Warum setzt du dich nicht zu den anderen Kindern?", fragt ihn Mama Maggie.

„Ich kann nicht", sagt er leise und deutet auf seinen Rücken.

Sie geht mit ihm aus dem Raum und fragt ihn, was denn mit seinem Rücken sei. Als der Junge sein T-Shirt hochzieht, sieht sie lauter Striemen, blaue Flecken und Brandverletzungen. Der Chef der Schneiderei hat ihn brutal mit dem Bügeleisen auf den Rücken geschlagen. Doch das war nicht alles, er bedrängte Sami auch sexuell. Seitdem verspürt der Junge nur noch Schmerz, Ekel und Wut. In dieser Welt ist er gefangen. Als Mama Maggie ihn in den Arm nimmt, weint er.

„Es ist auch meine Schuld, dass das passiert ist", sagt sie. „Ich bin ja für dich auch so etwas wie eine Mutter, und es ist meine Aufgabe, dich zu schützen. Kannst du mir vergeben?", fragt sie ihn und weint ebenfalls.

Ein Arzt behandelt Samis Wunden. Über Wochen und Monate kümmert sich ein Mitarbeiter der Organisation um ihn. Außerdem sucht Mama Maggie einen neuen Job für Sami, damit er nicht länger seinem grausamen Chef ausgeliefert ist. Sein Weg der Heilung dauert lange, doch inzwischen hat er es geschafft, das Erlebte zu verarbeiten und sein Trauma zu überwinden.

Für Mama Maggie sind solche heilsamen Veränderungen ein Wunder. „Gott macht uns neu. Er kann Kinder äußerlich und innerlich heilen. Viele Kinder, die Schreckliches erlebt haben, schaffen es, mit dem Geschehen auf gesunde Weise umzugehen und Frieden zu finden."

Die Quelle der Liebe

„Es geht uns nicht darum, wie viel Tausenden Kindern wir helfen können, sondern darum, wie groß unsere Liebe zum Einzelnen ist. Nur Liebe kann einen Unterschied bewirken", glaubt Mama Maggie. Sie ist überzeugt, dass alle Geborgenheit und Liebe ihren Ursprung in Gott hat. Deshalb ist es ihr wichtig, den Kindern vom Gott der Liebe zu erzählen, zu dem sie jederzeit beten können.

Ganz so, wie Tante Tedda damals ihr selbst das Beten beigebracht hat, sagt sie nun den Kindern: „Ihr könnt Gott um alles bitten, erzählt ihm, worüber ihr euch gerade freut oder was euch traurig macht. Er hört euch, denn ihr seid die Wichtigsten, die Schönsten und Wertvollsten in Gottes Augen."

Die Kinder lernen auch das Vaterunser, und Mama Maggie fordert sie auf, es jeden Abend vor dem Schlafengehen zu beten. In den biblischen Geschichten, die die Mitarbeiter bei den Besuchen in den Familien und bei den Camps erzählen, erfahren die Kinder, dass Gott wie ein guter Vater zu ihnen ist, dem sie sich immer anvertrauen können.

Mama Maggie verfolgt in fast allem, was sie unternimmt, um den Kindern zu helfen, einen ganzheitlichen Ansatz. Von Gott zu sprechen, gehört für sie ganz selbstverständlich dazu: „Die Kinder brauchen ausreichend zu essen und sauberes Wasser, Kleidung und ein Dach über dem Kopf. Es ist wesentlich, dass jedes von ihnen eine gute Bildung bekommt, damit sie später eine Chance haben, eine vernünftige Arbeit zu finden. Und für die Seele der Kinder ist es wichtig, dass wir von der Liebe Gottes sprechen."

Den Kindern, die zu Hause oft keine moralischen Maßstäbe beigebracht bekommen, will Mama Maggie christliche Werte vermitteln. Zentral sind dabei für sie das Vorbild Jesu und die Zehn Gebote.

„Es gibt Regeln im Leben, die uns helfen, dass wir mehr Freude haben können. Wenn ich im Regen spiele und meine Kleidung nass wird, kann ich krank werden. Wenn ich zu lange in der prallen Sonne spiele, kann ich Fieber bekommen. Genauso ist es mit den Zehn Geboten. Dort heißt es: ‚Du sollst nicht lügen, nicht stehlen, nicht töten…' Diese Regeln sind nicht dazu da, uns einzuengen, sondern dazu, dass wir mehr Freude am Leben haben können."

Ganz konkret fordert Mama Maggie die Kinder zum Beispiel auf, nicht aggressiv mit anderen umzugehen, auch wenn diese ihnen gegenüber gerade unfreundlich sind. „Wenn du ein Problem mit einer Person hast, gehe in die Kirche, zünde eine Kerze für sie an, und bitte Gott um etwas Gutes für sie." Ein Lebensentwurf voller Liebe.

Dass die Kinder durch die Camps zum Positiven verändert werden, hat selbst der Busfahrer bemerkt, der sie vom Slum zum Campgelände und wieder zurück fährt. Nachdem er nach einem Camp 50 Jungen nach Hause gebracht hat, fragt er das Mitarbeiterteam, was sie mit den Kindern eigentlich machen. Ihm ist nämlich aufgefallen, dass die Jungen sich auf der Hinfahrt zum Camp ständig geschlagen und aufs Übelste beleidigt haben. Auf dem Rückweg habe er kurz überlegt, ob Mama Maggie die Jungen ausgetauscht hat, denn plötzlich waren seine Fahrgäste freundlich zueinander. Sie sangen Lieder und niemand drängelte beim Aussteigen.

8
Es ist nicht alles Gold, was glänzt

Bevor du einem armen Menschen eine Münze gibst,
gib ihm dein Herz.

Maggie Gobran

Zu Beginn des Camps kommt ein elfjähriges Mädchen mit kurzen schwarzen Haaren zu Mama Maggie. Sie ist Waise, noch nie zur Schule gegangen und verdient durch das Nähen von T-Shirts etwas Geld, um überleben zu können. Mit sich trägt sie einen zerknitterten Brief, den sie ihr jetzt mit beiden Händen entgegenstreckt. Als Mama Maggie den Umschlag öffnet, sieht sie einige Geldscheine.

Das Mädchen bittet sie: „Nimm das Geld und verwende es für die Camps." Mehrere Wochen hat sie ihr Taschengeld gespart, um nun damit andere Kinder satt zu machen.

„Sie scheint keinen Gedanken daran zu verschwenden, wie sie selbst in den nächsten Tagen satt werden soll – sie verschenkt das Geld einfach, frei nach ihrem Herzen", bemerkt Mama Maggie erstaunt und denkt in diesem Moment an all die anderen, die ihre eigenen Bedürfnisse hintenanstellen. An Sherine, die damals die Schuhe für ihre Mutter haben wollte, obwohl sie selbst so dringend welche brauchte. Oder an die Kinder im Camp, die heimlich das gute Essen für ihre Geschwister zu Hause einpacken. Und jetzt dieses Mädchen!

Erneut fragt sie sich: Wer hat den Kindern diese Großzügigkeit beigebracht?

„Früher ist vor allem Mitleid meine Motivation gewesen, Geschenke und Essenspakete an Bedürftige zu verteilen. Ich wollte etwas abgeben von dem, was ich im Überfluss besaß. Danach hatte ich selbst immer noch mehr als genug. Es war ein erster Schritt des Gebens, der mich mit Glück erfüllt hat. Doch die Ärmsten waren großzügiger als ich. Sie gaben nicht aus Überfluss, sondern von dem wenigen, das sie hatten.

Es ist so leicht, die Ärmsten als bemitleidenswerte Wesen abzutun. Wie oft sah ich früher auf sie herunter. Sie sind weniger gebildet, weniger gepflegt, und die Lumpen, die sie tragen, riechen schlecht. Sie haben keinen Einfluss und keinen Status. Deshalb ist es leicht, sie zu ignorieren und sich damit zu begnügen, ihnen ab und zu eine Münze vor die Füße zu legen, wenn man an den Straßenecken an ihnen vorbeieilt. Heute sage ich mir: Bevor du ihnen eine Münze gibst, gib ihnen dein Herz."

Glänzendes Lächeln

Die Großzügigkeit, die Mama Maggie bei den Ärmsten erlebt, verändert sie. Die Selbstlosigkeit, die sie bei den Kindern wahrnimmt, macht ihr bewusst, wie sehr sie selbst an ihrem Besitz hängt. „Je mehr mein Blick auf diesen materiellen Dingen liegt, desto schwerer fällt es mir, mich auf etwas zu konzentrieren, das viel wertvoller ist: frei zu sein, anderen zu dienen. Statt andauernd um mich selbst zu kreisen, wollte ich mein Leben noch mehr mit den Kindern teilen. Statt noch mehr Besitz anzuhäufen, wollte ich wahre Großzügigkeit lernen."

Sie denkt an einen Bibelvers aus dem Markusevangelium, über den sie in den vergangenen Monaten schon häufiger nachgedacht hat. Dort sagt Jesus einem reichen jungen Mann: „Geh, verkaufe, was du hast, gib das Geld den Armen, und du wirst einen bleibenden Schatz im Himmel haben" (Markus 10,21). Plötzlich weiß Mama Maggie, was der Vers für sie bedeutet.

Im Schlafzimmer nimmt sie ihre große Schmuckschatulle aus braunem Leder aus dem Schrank. Sie betrachtet ihren Lieblingsschmuck, eine doppelreihige Goldkette von Cartier, und die Ohrringe, die sie zur Geburt von Amir und Ann von Ibrahim geschenkt bekommen hat. Die goldenen Ohrstecker in Blütenform und alle anderen Ketten, Armreife und Ringe funkeln im Licht.

Dann sieht sie die Kinder aus Mokattam vor sich. Ihre glänzenden Augen und ihr strahlendes Lächeln erscheinen ihr tausendmal wertvoller und schöner als der glänzende Schmuck. Wenn sie alles verkauft, dieser Gedanke ist plötzlich da, könnte sie noch mehr Kindern und Familien in Mokattam helfen.

Als Ibrahim von der Arbeit nach Hause kommt, sieht er, wie seine Frau ihren gesamten Schmuck in einer Handtasche verpackt. „Was hast du denn vor?", fragt er verwundert.

„Ibrahim, ich habe eine Bitte", sagt sie mit entschlossener Stimme.

Schon am Tonfall erkennt ihr Mann, dass sie sich mal wieder etwas in den Kopf gesetzt hat, von dem er sie wahrscheinlich nur noch schwer abbringen kann.

„Bitte, geh morgen mit mir ins Juwelierviertel zum Armenier. Ich möchte meinen Schmuck verkaufen und du kannst besser mit ihm verhandeln als ich."

„Du möchtest was? Deinen Schmuck verkaufen?", fragt er entgeistert.

„Ja, alles!"

„Was?! Alles?!"

„Alles! Den ganzen Schmuck."

Plötzlich fällt ihr noch etwas ein. Sie lässt ihren verdutzten Mann im Flur stehen und geht zu ihrem Nachttisch. Dort öffnet sie die obere Schublade und holt ihren Diamantring heraus. Den hat sie vergessen. Seit sie regelmäßig zu den Armen geht, trägt sie ihn nicht mehr.

Als Ibrahim sieht, dass sie den Ring ebenfalls in ihre Handtasche steckt, hebt er abwehrend seine Hände. „Moment, Moment! Wir gehen meinetwegen zu unserem Juwelier und fragen ihn nach einem guten Preis für ein paar deiner Schmuckstücke. Aber auf keinen Fall verkaufen wir den Ehering und die Ohrringe, die ich dir zur Geburt unserer Kinder geschenkt habe. Bedeutet dir das alles nichts mehr?"

„Ibrahim, darum geht es nicht. Wenn ich mit den Armen mein Leben teilen will, dann will ich auch meinen Besitz teilen." Dann blickt sie ihn an und macht ihm mit einem verschmitzten Lächeln ein Angebot: „Ich verkaufe alles, und du kannst den Schmuck, der für dich wichtig ist, zurückkaufen."

Ibrahim schweigt und verlässt mit schnellen Schritten das Schlafzimmer.

Als die Eltern und Geschwister am Abend von Mama Maggies Plänen erfahren, sind sie entsetzt. „Den Schmuck haben wir dir geschenkt! Er ist Teil des Erbes deiner Kinder. Wie kannst du das verkaufen, um das Geld anderen Kindern zu geben? Das ist nicht fair", kritisiert sie ihr jüngster Bruder Jimmy.

Einige Tage später lassen Mama Maggie und Ibrahim tatsächlich bei dem armenischen Juwelier ihren Schmuck schätzen.

Dieser begutachtet die feinen Punzierungen des Goldschmucks, überprüft die Echtheit und wiegt anschließend alles. Die Diamanten untersucht er mit der Lupe. Dann nickt er anerkennend. Ein Vermögen liegt vor ihm auf dem Tisch.

Mit ernster Miene schaut er das Ehepaar an: „Warum wollt ihr so wertvollen Schmuck verkaufen? Ist etwas passiert? Ihr seid meine Stammkunden. Ich kann ihn auch als Pfand nehmen, dann bekommt ihr ihn irgendwann wieder."

Schmuck, besonders der Brautschmuck, ist eine wichtige Absicherung für ägyptische Frauen. Traditionell wird er über Generationen hinweg in der Familie weitergegeben und nur im äußersten Notfall verkauft.

„Nein, nein", sagt Ibrahim. „Meine Frau will das Geld investieren." Der Armenier sieht Mama Maggie mit hochgezogenen Augenbrauen neugierig an. Daraufhin erzählt sie von den Kindern in Mokattam und erklärt, dass sie mit dem Erlös dort viele arme Familien über mehrere Jahre ernähren könne. Der Armenier macht schließlich einen guten Preis und gibt Mama Maggie mehrere dicke Bündel mit Geldscheinen.

Sie verabschieden sich bereits, als Ibrahim sich räuspert und sagt: „Also, den Diamantenring und…", er zeigt auf ein paar einzelne Schmuckstücke „… die Kette und die beiden Ohrringe möchte ich zurückkaufen."

Der Juwelier denkt gar nicht darüber nach, zu handeln, er verkauft sie zum selben Preis, für den er sie gerade von den beiden gekauft hat. Ibrahim bezahlt den Schmuck, den er einst seiner Frau geschenkt hat, zum zweiten Mal. Als er den Diamantring in die Hand nimmt, den er ihr zur Hochzeit geschenkt hat, erinnert er sich daran, wie glücklich er damals war, diese gut aussehende, sportliche und charmante Frau zu heiraten. Lange musste er warten, bis sie endlich „Ja" sagte.

Genie trifft Engel

Ihre Liebesgeschichte begann, als seine Mutter eines Sonntags von der Kirche nach Hause kam und zu Ibrahim sagte: „Ich habe in der Kirche ein Mädchen getroffen, das wie ein Engel aussieht. Du musst sie kennenlernen!"

Ibrahim ist neugierig, als seine Mutter ein gemeinsames Teetrinken bei den Gobrans arrangiert. Am nächsten Tag sitzt der große, schlanke Mann mit seiner Mutter und seiner Tante auf einem der luxuriösen Sofas im Hause Gobran. Das hellblaue Polster ist mit herrlichen Blumenmotiven bestickt. Auf dem Fußboden vor ihnen liegt ein kostbarer Perserteppich. Gegenüber dem Sofa steht eine beleuchtete Vitrine mit Porzellanfiguren und edlem Geschirr. An der Wand hängen als Tapeten mehrere Stoffbahnen, die mit goldenen Ornamenten verziert und in Rahmen eingefasst sind. Zwischen zwei solcher Bahnen hängt ein Hochzeitsfoto, auf dem Maggies Mutter, Fifi, als junges Mädchen zu sehen ist. Neben ihr steht ein ernst blickender Mann mit Seitenscheitel und Hornbrille – Maggies Vater.

Gegenüber von Ibrahim sitzen auf Stühlen Maggie, ihre Mutter und ihr Bruder Muheb. Die Väter der beiden Familien sind nicht dabei. Der Tradition gemäß kommen sie erst dazu, wenn es zum Heiratsantrag kommt. Doch dieser Besuch soll nur ein erstes entspanntes Kennenlernen zwischen Maggie und Ibrahim sein. So entspannt, wie es eben geht, wenn zwei Mütter, Tante und Bruder danebensitzen und alles genau beobachten.

Zunächst wissen Maggie und Ibrahim nicht, was sie sagen sollen. Ibrahims Mutter unterbricht die peinliche Stille. Stolz erzählt sie, dass ihr Sohn Elektronikingenieurswissenschaften und Telekommunikation an der Ingenieurwissenschaftlichen Fakultät der Universität von Kairo studiert hat.

„Ibrahim war ein Musterstudent. Sein Name stand am Schwarzen Brett, weil er der Erste in der Geschichte der Schule war, der bei den Prüfungen im ersten Jahr die volle Punktzahl erhielt. Die Dozenten mochten ihn und behandelten ihn bald wie einen Kollegen. Gerade hat Ibrahim auch noch einen Abschluss in Physik an der Amerikanischen Universität in Kairo gemacht. Jetzt macht er dort ein Masterstudium in Betriebswirtschaftslehre."

Während seine Mutter redet, schaut Ibrahim immer wieder zu Maggie. „Nimm nicht alles so genau, was meine Mutter sagt. Sie übertreibt", sagt er leise zu ihr und grinst.

In den folgenden Wochen treffen sich die beiden häufiger in der Amerikanischen Universität, entweder nach einer Vorlesung oder in der Mensa. Hier ist es einfacher, sich näher kennenzulernen, und auch weniger umständlich als beim Teetrinken mit den Müttern. Die beiden sprechen über persönliche Interessen und ihren christlichen Glauben. In fast allem sind sie einer Meinung.

„Schon nach dem ersten Treffen dachte ich: ‚Sie ist etwas Besonderes, sie hat eine gute Art'", erinnert sich Ibrahim. „Ich war 27 oder 28 Jahre alt und dachte mir: ‚Warum sollte ich sie nicht heiraten?'"

Wenige Monate nach ihrem ersten Treffen sitzen Maggie und Ibrahim in einem schönen Restaurant in Heliopolis. Ibrahim ist ernster als sonst, während Maggie vom Sporttraining und dem Schwimmwettkampf in der kommenden Woche erzählt.

Als sie eine Pause macht und Ibrahim schweigend ansieht, räuspert er sich und sagt unvermittelt: „Maggie, ich möchte dich heiraten. Ich mag dich und du scheinst mich auch ganz nett zu finden. Warum dann noch länger warten?"

Ibrahim wird nie vergessen, wie Maggie auf seine Frage reagierte: „Wieso sollen wir heiraten? Lass uns doch einfach Freunde sein", antwortet sie.

Ibrahim blickt zu Boden und versucht krampfhaft, die Kontrolle über seine Gefühle zu behalten. „Schade, sonst sind wir uns doch in allen Fragen einig. Und jetzt, in der wichtigsten Frage, sind wir unterschiedlicher Meinung", erwidert er enttäuscht.

Doch Ibrahim gibt nicht auf – obwohl er über Maggies Bruder Muheb mitbekommen hat, dass Maggie schon einigen Männern vor ihm den Laufpass gegeben hat. „Zurzeit liebt sie ihre Freiheit viel zu sehr, als dass sie heiraten will", hat er ihm einmal verraten.

Maggie und Ibrahim treffen sich weiterhin, und er bemüht sich sehr, Maggie zu imponieren. Normalerweise ist er leger gekleidet. Er zieht das an, was bequem ist und was ihm gerade in die Hände fällt, wenn er in seinen Schrank greift. Doch nun steht er jedes Mal mehrere Minuten vor dem Spiegel, bevor er das Haus verlässt. „Weil ich Maggie beeindrucken wollte, zog ich mich so modisch an, wie ich nur konnte", gibt er zu.

Wenn er zur Universität geht, trägt er nun nicht mehr nur ein einfaches T-Shirt, sondern ein Hemd mit Krawatte. Geht er abends mit Maggie aus, zieht er seinen besten Anzug an.

Gefällt ihr sein neues Outfit? Ibrahim ist sich unsicher. „Sie kann ihr Gesicht gut kontrollieren, sodass man nicht so leicht ihre Gefühle sieht." Aber er hofft, dass Maggie vielleicht irgendwann doch mehr möchte als eine platonische Freundschaft.

Bald stehen bei Maggie die letzten Prüfungen für ihren Abschluss in Betriebswirtschaftslehre an. Viele Firmen und Behörden interessieren sich für die Absolventen der renommierten Universität. Auch ein Personalvermittler der Vereinten Nationen (UN) wirbt an der Hochschule. Maggie erzählt Ibrahim, dass sie sich bei der UN beworben hat und zum Bewerbungsgespräch eingeladen wurde. „Ich will den Job sehr gerne haben. Denn ich stelle es mir verlockend vor, viel zu reisen und im Ausland tätig zu sein."

Wieder muss Ibrahim seine Enttäuschung hinunterschlucken. Anscheinend denkt Maggie wirklich nicht darüber nach, zu heiraten. Sie weiß, dass er nicht ins Ausland gehen kann, weil sein Vater einen eigenen Betrieb hat, in dem er zukünftig Verantwortung übernehmen soll. Wenn sie sich für eine Arbeitsstelle bei den Vereinten Nationen entscheidet, ist das eine eindeutige Entscheidung gegen ihn.

Nach ihrem Gespräch meldet sich Maggie zwei Wochen lang nicht mehr bei Ibrahim. Dann entdeckt er sie nach einer Vorlesung an der Hörsaaltür. Sie hat auf ihn gewartet, tut aber so, als ob sie ganz zufällig gerade vorbeikommt.

„Darf ich dich auf einen Tee einladen?", fragt er sie.

„Gerne", sagt Maggie.

Ibrahim spürt, dass heute irgendetwas anders ist. Maggie wirkt weniger distanziert und strahlt ihn an. Bei einer Tasse süßen Hibiskustees erzählt sie ihm von ihrem inneren Ringen. Er ist erstaunt: Sie ist nicht zu dem Bewerbungsgespräch für die Stelle bei der UN gegangen.

„Ich habe auch noch über etwas anderes nachgedacht", sagt sie ihm und sieht ihm direkt in die Augen. „Ich freue mich, wenn wir heiraten."

Ibrahim fällt vor lauter Freude beinahe die Tasse aus der Hand. Sein Herz rast. Endlich! Endlich sagt Maggie Ja!

„Nur einen Wunsch habe ich", fährt Maggie fort. „Ich möchte auch nach der Hochzeit weiterhin meine Freiheit. Ich möchte in den Sportklub gehen können, selbstständig arbeiten, mich mit Freunden treffen – all das tun, was mir Spaß macht."

Für Ibrahim ist das keine Frage. „Ja, natürlich kannst du das weiterhin tun", sagt er und ergänzt: „Ich will doch, dass es meiner Frau gut geht." Ibrahims Stimme zittert etwas, als er Maggie zum ersten Mal „meine Frau" nennt.

Wie es die Tradition will, sucht Ibrahim wenige Tage später zusammen mit seinen Eltern das Haus der Gobrans auf. Maggies Vater öffnet die Tür. Im Wohnzimmer warten Maggie, ihre Mutter und ihre drei Brüder. Alle begrüßen sich und nehmen Platz. Erwartungsvolle Stille liegt im Raum.

Ibrahims Vater fragt Maggies Vater, ob er einer Hochzeit zwischen Ibrahim und Maggie zustimmen würde.

Aller Blicke richten sich auf Maggies Vater, als dieser mit lauter und feierlicher Stimme sagt: „Gottes Wille soll geschehen!"

Glücklich schaut Ibrahim seinen zukünftigen Schwiegervater an.

Im Januar 1974 feiern die Familien Gobran und Abouseif im Hilton-Hotel Maggies und Ibrahims Verlobung. In der Verlobungszeit sucht Ibrahim mit seiner zukünftigen Frau die shabka aus – teuren Goldschmuck für die Hochzeit.

Ein Jahr später, am 23. Februar 1975, heiraten sie in der koptisch-orthodoxen Kirche St. Mark in Heliopolis. Dort, wo Ibrahims Mutter Maggie zum ersten Mal gesehen hat.

Maggie und Ibrahim schreiten über den roten Teppich. Weil die Familie Gobran sehr bekannt ist, sind viele Leute in die Kirche gekommen.

Ibrahim freut sich, dass der Bischof aus Fayyum, der Heimat der Familie Abouseif, trotz kircheninterner Streitereien für die Hochzeit nach Kairo gereist ist. Zusammen mit zwei Priestern aus Kairo singt er die festlichen Gesänge der koptischen Liturgie. Anschließend wird zu Hause weitergefeiert.

Ibrahim steht noch immer vor der Theke des Schmuckgeschäfts. Nachdenklich dreht er den Diamantring zwischen seinen Fingern. Lange hatten die beiden damals gesucht, bis sie einen Ring gefunden hatten, der seiner Verlobten gefiel.

Er blickt seine Frau mit seinem „Lass-uns-jetzt-gehen"-Blick an. Mama Maggie ist überrascht und zugleich gerührt. Tatsächlich hat er den Schmuck zurückgekauft, das hat sie nicht erwartet. „Manchmal denken wir, wenn wir etwas weggeben ist die Geschichte abgeschlossen. Aber das Gegenteil ist der Fall – eine völlig neue Geschichte beginnt."

Zu Hause legt Ibrahim den Diamantring und die Ohrringe in den Tresor. „Damit du ihn nicht noch einmal verkaufst", erklärt er seiner Frau mit seinem gewohnt trockenen Humor.

9
Meine Eltern können auch nicht lesen

Kinder sind wie Vögel. Sie brauchen ein Nest,
um fliegen zu lernen.

Maggie Gobran

Mama Maggie geht durch die Gassen von Mokattam. Gerade hat sie eine Familie besucht. Es ist früher Abend. Die Sonnenstrahlen erhellen den grauen Alltag der Müllstadt, tauchen die roten Hütten aus Backstein in ein warmes Licht. Die Wellblechdächer glänzen silbern. Auf einmal sieht sie ein etwa achtjähriges Mädchen, das mit einem Holzstöckchen auf den staubigen Boden malt.

„Was machst du denn da?", fragt sie das Kind.

„Nichts", sagt es scheu und wischt im Dreck herum.

Mit einem Lächeln fragt Mama Maggie weiter: „Schreibst du vielleicht deinen Namen?"

Das Mädchen blickt vom Boden auf und sieht sie an. „Ich kann nicht schreiben."

„Nein? Bist du denn nicht schon alt genug, um zur Schule zu gehen?", fragt Mama Maggie zurück.

„Ich muss die erste Klasse noch mal machen, weil ich nicht schreiben kann."

„Das kannst du üben. Hast du niemanden, der dir hilft?"

Das Mädchen blickt Mama Maggie irritiert an. „Wen denn? Meine Eltern können auch nicht lesen und schreiben."

„Wie heißt du?"

„Tahany."

„Ich bin Mama Maggie. Soll ich dir zeigen, wie man deinen Namen schreibt?"

Tahany nickt und beobachtet genau, wie Mama Maggie mit dem Stöckchen die arabischen Buchstaben auf den Boden schreibt. Dann versucht das Mädchen, es nachzumachen. Mama Maggie korrigiert sie einige Male und ermuntert sie: „Du wirst bald schreiben können! Ich weiß, dass du es schaffst."

In den meisten Familien der Müllstadt, die Mama Maggie in den letzten drei Jahren kennengelernt hat, können die Eltern weder lesen noch schreiben und deshalb ihren Kindern auch nicht helfen, in der Schule erfolgreich zu sein. Viele von ihnen schicken sie erst gar nicht zum Unterricht, weil ihnen nicht bewusst ist, wie wertvoll Bildung für ihr Kind ist. Stattdessen lassen sie ihre Kinder im Müll arbeiten.

Armut schafft Armut und zieht die Menschen oftmals von Generation zu Generation immer weiter nach unten. Das ist die traurige Realität weltweit. Die Kinder, die im Müll arbeiten, statt zur Schule zu gehen, haben fast keine Chance, die Armut jemals zu überwinden.

Als sie 1989 hier in Mokattam begonnen hat, konzentrierte Mama Maggie sich zunächst darauf, die unmittelbare Not der Menschen zu lindern. Sie brachte ihnen mit ihren Helfern Lebensmittel, Kleidung, Decken und andere Alltagsgegenstände. Aber sie möchte den Menschen natürlich nicht nur kurzfristig, sondern nachhaltig helfen. Was kann sie tun, damit die Kinder von Mokattam in ein paar Jahren nicht auf dieselbe Hilfe angewiesen sind wie ihre Eltern?

Tahany braucht jemanden, der ihr hilft, in der Schule zurechtzukommen, damit sie nicht wie ihre Eltern eine Analphabetin bleibt. „Ich dachte darüber nach, wie ich den Kindern beim Lernen helfen kann. Denn Bildung gibt Menschen die Möglichkeit, die Abwärtsspirale der Armut zu durchbrechen", erinnert sich Mama Maggie.

Die Besuche in den Familien sind ein erster Schritt, die Kinder schulisch zu fördern. Die Mitarbeiter machen mit den Schülern Hausaufgaben, statten sie mit Schreibzeug und Schultaschen aus und motivieren sie, weiterhin regelmäßig in die Schule zu gehen. Doch das allein reicht nicht aus. Die Kinder müssen lernen, pünktlich zu sein, Ordnung zu halten und sich zu konzentrieren, um in der Schule erfolgreich zu sein. Aber wer bringt das den Kindern bei? Außerdem fehlt ihnen noch eine weitere Art von Bildung. Im November 1992 hat Mama Maggie dazu in der Nähe von Shubra el Kheima ein Schlüsselerlebnis.

Kekse in der Moschee

Es ist finster in der Hütte aus Palmwedeln und Lumpen. Mama Maggie begleitet zwei Mitarbeiterinnen bei ihren Hausbesuchen. Als sich ihre Augen an die Dunkelheit gewöhnt haben, sieht sie eine Mutter mit ihren 12 Kindern auf dem Boden sitzen.

Die Mutter steht auf und begrüßt die beiden Mitarbeiterinnen herzlich, sie waren schon öfter bei ihr. Mama Maggie ist zum ersten Mal da. Sie setzt sich zu den Kindern und erzählt ihnen eine Geschichte aus der Bibel. Gespannt hören sie ihr zu.

Es geht um Jesus, der einen blinden Mann gesund macht, sodass er wieder sehen kann.

„Wisst ihr, wer Jesus ist?", fragt sie ihre kleinen Zuhörer nach einer Weile. Alle schütteln den Kopf. Sie schaut eines der älteren Mädchen an, das Souad heißt: „Weißt du, wie man betet?"

Souad dreht sich um, holt einen kleinen Teppich hervor und sagt stolz: „Natürlich weiß ich das." Dann legt sie sich ein Kopftuch an, stellt sich barfuß auf den Teppich, hebt die Hände bis zu den Schultern und beginnt mit dem islamischen Pflichtgebet.

Mama Maggie ist irritiert. Sie ist sich sicher, dass die Familie koptische Christen sind. „Wo hast du gelernt, so zu beten?", fragt sie das Mädchen.

Statt ihr antwortet die Mutter: „Hier in der Nähe gibt es einen Kindergarten, der zu einer Moschee gehört. Ich habe meine Kinder in der letzten Zeit immer dorthin geschickt, weil sie dort jeden Tag Kekse bekommen."

Traurigkeit macht sich in Mama Maggie breit. „Viele Familien, die hier leben, sind Kopten. Doch ihr Glaube hat kaum mehr Bedeutung in ihrem Leben und in der Erziehung sind christliche Werte und Traditionen in Vergessenheit geraten. Den Kindern fehlt religiöse Bildung", bedauert sie. Das Leben der Familie konzentriert sich aufs Überleben. Die Kekse helfen dabei.

Im Kindergarten, von dem Souad erzählt hat, werden arme Kinder versorgt und im islamischen Glauben erzogen. Es gibt viele solcher Einrichtungen in den Slums und in den Müllstädten von Kairo.

Auf einmal schießt ihr ein Gedanke durch den Kopf: Könnte sie nicht einen christlichen Kindergarten gründen? Die Idee lässt ihr Herz sofort höherschlagen. Ein christlicher Kindergarten! Ein Ort, an dem Drei- bis Sechsjährige Bildung und christliche Erziehung erhalten. Ein zweites Zuhause, wo sie Sicherheit und Geborgenheit erfahren und ihnen so geholfen wird, sich körperlich und geistig gesund zu entwickeln. Je mehr sie sich die Idee ausmalt, desto begeisterter ist sie.

Eine Idee und viele Argumente

Seit den Anfängen ihrer Arbeit hat Mama Maggie ihre Familie, Freunde und ehemalige Kollegen um Rat und Hilfe gebeten. Mit der Zeit hat sich ein festes Gremium gebildet, mit dem sie sich regelmäßig berät.

Als die Gruppe das nächste Mal zusammenkommt, erzählt Mama Maggie aufgeregt von ihrer neuen Idee: „Ich möchte einen christlichen Kindergarten gründen." Die Begeisterung springt sofort über und es entwickelt sich eine lebhafte Diskussion.

„Ein Kindergarten, der benachteiligte Kinder schon früh fördert, wäre optimal", sagt Peter, der bereits zuvor in einer anderen sozialen Organisation tätig war. „Es gibt sehr wenige soziale Einrichtungen für Kinder in Ägypten. Und für Minderheiten fast überhaupt keine. Kinder aus christlichen Elternhäusern werden oftmals in privaten Kindergärten und Vorschulen auf das Schulsystem in Ägypten vorbereitet. Doch diese Einrichtungen kosten viel Geld. Arme Kinder, die diese Förderung besonders bräuchten, sind dort nicht zu finden."

Was würde ein Kindergartengebäude und der jährliche Unterhalt kosten? Wie viele Mitarbeiter müssten eingestellt werden? Was braucht man sonst noch alles? Und vor allem: Wie könnte man so viel Geld überhaupt zusammenbekommen?

Mama Maggies Schwager Hany Abouseif, der ebenfalls zu dem Gremium gehört, findet es wichtig, dass mit dem Kindergarten eine dauerhafte Einrichtung für die Familien in Mokattam geschaffen wird. „Bis jetzt haben wir die Familien wöchentlich besucht und sind dann wieder nach Hause gegangen. Wenn sie allerdings spontan unsere Hilfe brauchen, können sie uns nur schwer erreichen. Ein Kindergarten, der wie ein Familienzentrum aufgebaut ist, wäre eine wichtige Ergänzung unserer Arbeit. Er könnte eine verlässliche Anlaufstelle für die Familien sein, die wir besuchen."

Am Ende der Sitzung sind sich alle einig, dass ein Kindergarten notwendig ist, um den Kindern noch effektiver helfen zu können. Aber es ist eine große Herausforderung, einen christlichen Kindergarten zu gründen. Bisher gibt es solche Kindergärten nur unter dem Dach von Kirchen oder christlichen Orden. Und es braucht eine Genehmigung des Ministeriums für Soziale Angelegenheiten, um einen Kindergarten betreiben zu können. Die bürokratischen Hürden sind gigantisch.

Viele Fragen bleiben an diesem Abend offen. Aber die Idee geht allen nicht mehr aus dem Kopf. Am Ende der Sitzung wird beschlossen, die offenen Fragen in den nächsten Wochen zu klären und das Projekt weiter voranzutreiben: Welche Genehmigungen müssen eingeholt werden und welche Unterlagen sind dafür nötig? Wie lässt sich qualifiziertes Personal finden oder ausbilden? Welcher Ort würde sich eignen? Wer gestaltet die inhaltliche Arbeit im Kindergarten?

Mama Maggie hat früher bei Amado und BMW professionelles Projektmanagement gelernt. Das hilft ihr jetzt, die nächsten Schritte zu gehen, um dann einschätzen zu können, welche Kosten und Risiken auf sie alle zukommen. Aber sie weiß auch, dass es nicht in ihrer Hand liegt, ob aus der Idee tatsächlich

Realität wird. Es gibt mehr Fragen als Antworten. Und was wäre ein guter nächster Schritt? Mama Maggie betet: „Gott, zeige du mir den Weg, wie wir einen christlichen Kindergarten gründen können."

Erste Schritte

Um herauszufinden, wie viel der Bau eines Kindergartens kosten würde, trifft Mama Maggie sich mit einigen Bauingenieuren. Doch überall bekommt sie zu hören: „Schöne Idee, aber du wirst niemals die Erlaubnis für den Bau eines solchen Kindergartens bekommen." Auch wenn viele andere skeptisch sind, entscheidet sie sich, optimistisch an die Herausforderung heranzugehen.

„Wie sollte ich sonst ein derart großes Projekt ernsthaft weiterverfolgen? Eine positive Sicht auf die Dinge im Leben zu haben, ist eine Entscheidung. Du hast die freie Wahl. Entweder du gibst auf, oder du bleibst dran, auch wenn es sein kann, dass du einen langen Atem brauchst, um dein Ziel zu erreichen."

Was Ausdauer bedeutet, hat Mama Maggie von ihrer Mutter Fifi gelernt: „Wenn sie etwas will, dann versucht sie es fünf Mal, zehn Mal, hundert Mal. Das beeindruckt mich. Ich kann mich dafür entscheiden, positiv zu denken und mir mit negativen Gedanken nicht die Sicht auf die Dinge zu vernebeln. Pessimismus macht mich blind dafür, Lösungen zu finden, deshalb versuche ich, negative Gedanken gar nicht erst zuzulassen."

Aber sie weiß, dass sie dieses Projekt nicht allein umsetzen kann, sondern auf Freunde und Experten angewiesen ist, die ihr helfen. Deshalb ist es ein entscheidender Schritt, dass bald darauf das Beratergremium ihrer Organisation volle Unterstützung zusichert. Es folgen unzählige Besuche auf Ämtern und etliche Sitzungen mit Gutachtern. Oft wird Mama Maggie dabei von ihrem Mann Ibrahim begleitet. Er sitzt stundenlang auf den Gängen der Behörden und wartet auf notwendige Unterschriften.

Es ist das erste Mal, dass sich Mama Maggies Mann direkt an der Arbeit seiner Frau beteiligt. „In den ersten Jahren, in denen meine Frau zu den Armen ging, war ich abwartend. Ich ließ sie machen, wurde aber nicht selbst aktiv. Doch die Idee, einen Kindergarten zu bauen, begeisterte auch mich", erinnert sich Ibrahim.

Insgesamt werden sieben Genehmigungen von verschiedenen Behörden benötigt, damit der Bau beginnen kann. Immer wieder scheint die Sache zu scheitern. Verweigert jemand auf dem Amt seine Unterschrift, müssen erneut Gespräche geführt werden, um schließlich doch noch die benötigte Erlaubnis zu erhalten. Nicht nur Mitglieder ihrer Familie und Freunde, sondern auch hochkarätige Anwälte und Bauingenieure, die Mama Maggie kennt, sprechen stellvertretend bei den Behörden vor und setzen sich für die Gründung ein.

Parallel sucht Mama Maggie nach einem Grundstück. Es muss so groß sein, dass sie neben dem eigentlichen Kindergartengebäude noch einen Spielplatz errichten können, und vor allem muss es für die Kinder und ihre Familien gut erreichbar sein. Sie sieht sich dazu in einem Slum in der Nähe von Shubra el Kheima um, wo auch Souad und ihre Familie wohnen. Mama Maggie kennt diesen Ort schon lange. Seit ihren ersten Begegnungen mit den Armen kam sie auch häufig hierher, um zu helfen. Die Menschen hier kennen sie und vertrauen ihr.

Tatsächlich findet sie nach kurzer Zeit ein passendes Grundstück und bittet ihren Mann, ihr beim Kauf zu helfen. „Kein

Besitzer hätte mit einer Frau verhandelt, also schickte sie mich zum Verkäufer", erzählt Ibrahim. „Wir fragten außerdem Bekannte und Freunde, die sich mit dem Kauf von Grundstücken und den dafür nötigen Unterlagen und Formalien auskannten."

Mama Maggie besteht darauf, das Grundstück nicht nur zu pachten, sondern zu kaufen. Unter keinen Umständen möchte sie von den Launen eines Verpächters abhängig sein, der irgendwann den Preis in die Höhe treibt oder sie von heute auf morgen auf die Straße setzen könnte. Ihr Kindergarten soll ein Ort sein, auf den sich die Kinder und ihre Familien verlassen können. Ibrahim verhandelt mit dem Besitzer und unterschreibt kurz darauf den Kaufvertrag.

In der folgenden Zeit hospitiert Mama Maggie in einigen der besten Kindergärten Ägyptens, die unterschiedliche pädagogische Konzepte umsetzen. Sie lässt sich von Pädagogen und Psychologen beraten, wie man ein passendes pädagogisches Konzept für einen Kindergarten in einem derart schwierigen Umfeld entwickelt. Dabei lernt sie auch den pädagogischen Ansatz der italienischen Reformpädagogin Maria Montessori (1870–1952) kennen, der die frühe Förderung des Kindes in den Mittelpunkt stellt – durch sprachliche und mathematische Bildung, musisch-künstlerische Erziehung und Sinneserfahrungen. Außerdem gehören zum Montessori-Konzept das Erlernen von alltagspraktischen Fertigkeiten sowie die soziale und religiöse Erziehung. Je mehr sie sich mit der Montessori-Pädagogik befasst, umso überzeugter ist sie davon.

Bevor die Detailplanungen beginnen können, muss das Ministerium für Soziale Angelegenheiten den Bau offiziell genehmigen. Monatelang zieht sich die Entscheidung hin. Doch dann kommt der Tag, an dem sich das Ministerium endlich meldet und die Genehmigung erteilt – unter einer Bedingung: Nur koptische Kinder dürfen den Kindergarten besuchen, da laut der staatlichen Vorschrift muslimische Kinder nicht im christlichen Glauben erzogen werden dürfen. Sie sollen nicht in die „Gefahr" kommen, zum Christentum zu konvertieren.

Mama Maggies gesamtes Team, ihre Familie, ihre Berater und alle anderen, die auf irgendeine Weise in den langen Planungs- und Genehmigungsprozess eingebunden waren, sind außer sich vor Freude. Wie lange haben sie gezittert, gehofft und gebetet?

Zum ersten Mal in der Geschichte hat der Staat einen christlichen Kindergarten genehmigt.

Neue Hindernisse

Für den Entwurf des Kindergartengebäudes wendet sich Mama Maggie an einen der besten Architekten der Stadt. Adly Melek plant normalerweise Villen, Hotels und Einkaufszentren. Er ist fasziniert von der Idee, einen Kindergarten zu errichten, der den Ärmsten der Stadt dient. Gern ist er bereit, das Kindergartengebäude zu planen. Geld möchte er dafür nicht.

Als Mama Maggie mit ihrem Mann einige Wochen später in Meleks Büro sitzt und sich seinen Entwurf ansieht, ist sie mehr als zufrieden. Die Gebäudeplanung entspricht genau ihren Vorstellungen und bietet genügend Raum zum Spielen, Lernen, Essen und Waschen. Sofort möchte sie die Entwürfe ihrem Gremium zeigen. Sie rollt die großen Papiere zusammen, steckt sie in ihre Tasche und verlässt das Architekturbüro mit einem breiten Lächeln auf dem Gesicht. Ihr Mann bleibt noch, um andere Fragen mit dem Architekten zu besprechen. Der Traum vom Kindergarten ist zum Greifen nahe.

Als sie auf die Straße tritt, wird sie von Hitzeschwaden und dem üblichen Straßenlärm empfangen. Ein Motorrad, auf dem zwei junge Männer sitzen, fährt vorüber. Der Beifahrer starrt sie an. Dann deutet er auf Mama Maggie. Mit heulendem Motor und hoher Geschwindigkeit rast das Motorrad auf sie zu. Sie spürt einen Ruck an ihrer Tasche. Der Beifahrer versucht, ihr mit Gewalt die Tasche zu entreißen.

Vor Schreck schreit sie laut und hält krampfhaft ihre Tasche mit beiden Händen fest. Sie wird mitgerissen, stolpert, fällt zu Boden, klammert sich aber weiter mit aller Kraft an ihre Tasche. Das Motorrad zieht die zierliche Frau mehrere Meter über den Asphalt, vorbei an hupenden Autos, die in letzter Sekunde ausweichen. Schließlich gerät das Gefährt ins Schlingern, das Hinterrad droht auszubrechen. Instinktiv lässt der Beifahrer die Tasche los, um einen Sturz zu vermeiden. Der Fahrer kann das Motorrad gerade noch im letzten Moment abfangen. Wütend machen sich die Diebe aus dem Staub.

Mama Maggies Sonnenbrille ist zersplittert und verbogen, die Haut an ihren Armen und Beinen aufgeschürft. Aber die Tasche hält sie immer noch in ihren Händen. Das ist für sie das Wichtigste. Sie weiß, dass sie großes Glück gehabt hat, dass ihr nicht mehr passiert ist bei dem Überfall. „Ich brauchte mehrere Tage, um mich von diesem Schock zu erholen. Ich dachte, ich muss mit diesen Papieren in der Hand sterben. Doch niemals würde ich mir diesen Traum rauben lassen."

Bald darauf kann der Bau dank zahlreicher großer und kleiner Sponsoren beginnen. Sowohl in Mama Maggies Umfeld als auch in den Kirchen und Gemeinden ihrer Mitarbeiter sind viele Menschen bereit, den Kindergarten mitzufinanzieren. Unterstützung erhält sie auch vom Priester ihrer eigenen Kirchengemeinde in Heliopolis, Vater Antonius Amin. Immer wieder ermutigt er sie, an der Idee festzuhalten, und betet für sie und alle, die an dem Projekt beteiligt sind.

1993 ist es endlich so weit. Der Kindergarten wird eröffnet. Benannt wird er nach dem christlichen Märtyrer Menas (arabisch Mina, 275 bis 309).

Als Mama Maggie nach der Eröffnungsfeier allein vor dem Gebäude steht, stellt sie sich vor, wie eines Tages Kinder aus den Elendsvierteln die Schule meistern und gute Aussichten haben, später ein Schulabschlusszeugnis in der Hand zu halten – weil sie früh und intensiv gefördert wurden. Mit einer guten Bildung könnten sie später Arbeit außerhalb der Müllstädte und Slums finden.

Sie muss lächeln bei dem Gedanken, dass ausgerechnet sie Kinder ermutigen will, ihre Hausaufgaben zu machen, im Unterricht zuzuhören und für Tests zu lernen. Ist sie doch diejenige in der Familie gewesen, die am liebsten die Schule geschwänzt hätte und ihrer Mutter am meisten Sorgen bereitet hat!

Tanzen für den Bildungsminister

Als Maggie 15 Jahre alt war, fiel es ihr schwer, den Schulunterricht ernst zu nehmen und sich auf das Lernen zu konzentrieren. Viel lieber unterhielt sie sich mit ihren Freundinnen und machte Scherze. „Als Teenager kicherte ich viel. Meine Schwester Nadia ermahnte mich häufig: ‚Lach nicht so oft, das gehört sich nicht!'", erinnert sich Maggie.

Doch als ihre Freundin ihr im Unterricht mal wieder etwas Witziges ins Ohr flüstert, prustet Maggie laut los.

„Jetzt reicht's!", schreit der Lehrer Maggie an. „Du gehst auf der Stelle zum Rektor und erzählst, was du gemacht hast!" Ihr Lehrer sieht noch ernster aus als sonst.

Rasch entschuldigt sie sich: „Tut mir leid!"

„Nein, geh!", beharrt der Lehrer.

Der Schulleiter fragt Maggie nach ihrem Namen und ist dann verwundert: „Gobran? Bist du die Schwester von Nadia?" Er kann kaum glauben, dass die Schwester einer seiner fleißigsten Schülerinnen so frech ist, dass sie zu ihm geschickt wird. „Warum hat dich der Lehrer aus dem Unterricht geworfen?"

„Das müssen Sie ihn fragen!", erwidert Maggie, die sich keiner Schuld bewusst ist.

„Dieses eine Mal ist es entschuldigt", sagt der Schulleiter, „aber mach es nicht noch mal."

Wie unterschiedlich die fleißige Nadia und die lebhafte Maggie sind, wird auch deutlich, als der ägyptische Bildungsminister einmal ihre Schule besucht. Er ist gekommen, um besonders gute Schülerinnen zu ehren. Natürlich ist Nadia eine von ihnen. Sie wird auf die Bühne gerufen und erhält eine Auszeichnung für ihre herausragenden schulischen Leistungen. Auch Maggie ist auf der Bühne. Aber nicht wegen ihrer guten Noten, sondern weil sie Mitglied der Schultanzgruppe ist. Sie steht in der ersten Reihe und begrüßt den Minister mit einer Choreografie zu einem bekannten ägyptischen Volkslied.

„Ich liebte es zu tanzen", schwärmt Maggie. „Ich sagte der Tanzlehrerin, dass sie mich jederzeit für Extra-Probestunden aus dem Unterricht holen kann. Und wann immer ich tanzen statt lernen konnte, freute ich mich."

Auch in der Highschool ist Maggie der Sport wichtiger als das Lernen. Am letzten Tag des Schuljahres schlendert Maggie langsamer als sonst nach Hause. Daheim angekommen, trifft sie auf ihre Mutter, die gerade einen Makkaroni-Auflauf vorbereitet.

Maggie murmelt leise etwas, als sie an ihr vorbeigeht.

„Du bist – was?" Ihre Mutter tritt näher an sie heran.

„Ich bin durch die Abschlussprüfung gefallen", wiederholt die 18-jährige Maggie leise, während sie ihre Schultasche auf den Boden plumpsen lässt.

Ihre Mutter ist wütend. Wie oft hat sie Maggie ermahnt, mehr zu lernen!

„Magda!", sagt sie aufgebracht. Wenn sie Maggie bei ihrem vollen Namen nennt, ist sie wirklich sehr aufgebracht. „Warum lernst du nicht, wie deine Schwester es tut? Du bist nicht dumm. Du hättest einen guten Abschluss machen können!" Fifis Stimme wird lauter und ein Schwall von Vorwürfen ergießt sich über Maggie: Zu viel Sport, zu viel Shoppen und zu viele Nachmittage mit Freundinnen, aber keine Zeit für die Schule!

Fifi ist es wichtig, dass ihre Kinder zu den Besten gehören. Maggie findet den Ehrgeiz ihrer Mutter oft übertrieben, doch in diesem Fall muss sie ihr recht geben: Sie hat einfach zu wenig gelernt. Nun kann sie sich nicht an der Amerikanischen Universität anmelden, weil ihr die allgemeine Hochschulreife fehlt. Das ist traurig und ärgerlich zugleich.

„Geh!", sagt ihre Mutter, immer noch außer sich vor Wut, und zeigt mit ausgestrecktem Arm zum Wohnzimmer. „Sag es deinem Vater!"

Maggies Vater sitzt an seinem Sekretär und schreibt gerade ein medizinisches Gutachten für das Gesundheitsministerium. Als er seine Tochter im Türrahmen stehen sieht, setzt er seine Brille ab. Er mustert Maggie so, als würde er einen Patienten untersuchen. „Was ist los?"

„Ich kann nicht auf die Uni, ich habe die Abschlussprüfung nicht bestanden." Maggie hält die Luft an und wartet auf die Reaktion ihres Vaters.

Der atmet tief ein und aus. Sie spürt, dass ihr Vater enttäuscht ist. Doch statt mit ihr zu schimpfen, sagt er mit ruhiger

Stimme: „Schade, Maggie, aber nächstes Jahr wirst du es schaffen!" Mama Maggie bewundert bis heute, wie überlegt und bedacht ihr Vater jederzeit handelte. „Mein Vater war der größte Held für mich. Er war herzlich, weise und geduldig".

„Lerne jeden Tag etwas Neues"

Damals wusste Mama Maggie es noch nicht zu schätzen, dass sie auf eine sehr gute Schule gehen konnte. Erst im Laufe der Zeit wurde ihr bewusst, dass umfassende Bildung ein unbezahlbarer Schatz ist, den man ein ganzes Leben lang brauchen und nutzen kann.

Sie erinnert sich, dass bei einem Vortrag der Rektor einer Universität die Studenten aufforderte: „Füge deinem Leben jeden Tag einen Mehrwert hinzu, indem du zwei Dinge tust. Erstens: Schenke jemandem etwas, auch wenn es nur ein Lächeln oder ein freundliches Wort ist, und zweitens: Lerne jeden Tag etwas Neues." Dieser Rat ist zum Lebensmotto für Mama Maggie geworden, den sie auch den Kindern, die sie im Kindergarten fördert, weitergibt.

Schon bald ist der Mina-Kindergarten voller Leben. Die meisten Kinder kommen aus den Familien, die Mama Maggie und ihre Mitarbeiter seit einigen Jahren kennen und betreuen. Die Eltern vertrauen Mama Maggie und nehmen das Angebot dankbar an, auch wenn ihnen manchmal erklärt werden muss, warum es besser ist, ihre Kinder in den Kindergarten zu schicken als zur Arbeit. Bald bringen die Kinder ihre beschriebenen Schulhefte nach Hause und sagen zu ihren Geschwistern andauernd nur noch „Hello, hello" – das erste englische Wort, das sie gelernt haben.

Nach den ersten Monaten haben sich die Arbeitsabläufe im Kindergarten eingespielt und die Mitarbeiter sind zu einem guten Team geworden. Mama Maggie hat neue Erzieherinnen eingestellt und einige ihrer bewährten Mitarbeiterinnen zu pädagogischen Fortbildungen geschickt, um sie für die neue Aufgabe zu qualifizieren. „Wir steckten in das Projekt jeden Piaster, den wir hatten, und alles Herzblut, das in uns war", sagt Mama Maggie.

Schnell wird der Mina-Kindergarten in der Nachbarschaft bekannt und immer mehr Eltern möchten ihre Kinder dort anmelden. Die Familien zahlen für die Betreuung einen kleinen monatlichen Beitrag. Das erhöht die Verbindlichkeit, das Kind täglich zum Kindergarten zu bringen. Wenn sich eine Familie die kleine Gebühr nicht leisten kann, wird der Beitrag ermäßigt oder ganz erlassen. So hat wirklich jeder eine Chance. Wegen der hohen Nachfrage eröffnet Mama Maggie mit ihren Mitarbeitern bereits 1994 einen zweiten Kindergarten in Mokattam. Er erhält den Namen Samaan – nach einem koptischen Heiligen. Weitere Kindergärten werden geplant. Es sieht so aus, als wäre alles auf einem guten Weg. Doch dann passiert etwas Schockierendes.

Überrollt

Etwa ein Jahr nach der Eröffnung des zweiten Kindergartens wird Mama Maggie um zwei Uhr nachts aus dem Schlaf geklingelt. Am Telefon wird ihr mitgeteilt, dass große Bulldozer der ägyptischen Armee den Samaan-Kindergarten niedergerissen haben. Angeblich fehlt eine Genehmigung. Das kann nicht sein! Es ist nur ein fadenscheiniger Grund für den nächtlichen Abriss. Das Gebäude ist vollkommen zerstört. Im Morgengrauen steht Mama Maggie mit ihrem Mann vor den Trümmern ihrer Arbeit.

„Das war sehr schlimm für mich", sagt sie. „Ich war wie gelähmt. Plötzlich war nichts mehr da. Wie lange hatten wir auch um den zweiten Kindergarten gebangt, dass die Genehmigung, der Bau und der Start der Arbeit gelingt! Wie sollte ich meinen engsten Mitarbeitern sagen, dass alles umsonst war? Wie sollte ich meine Freunde informieren, die alles finanziert hatten?"

Sie weint, ruft verschiedene Leute an und sagt: „Es tut mir leid. Ich habe mich nicht gut genug um euer Geld und den Kindergarten gekümmert." Am Boden zerstört fragt sie sich, ob sie den Abriss hätte verhindern können. Hat sie sich genügend um die Sicherheit des Kindergartens gesorgt? Wer oder was steckt wirklich hinter dem Abriss? Wer sind ihre Feinde?

„Hindernisse, die dir auf deinem Weg begegnen, sind manchmal wie ein Eimer kaltes Wasser, der über dir ausgeschüttet wird. Unerwartet erwischt es dich und augenblicklich bleibst du klatschnass und geschockt stehen. Aber ich wusste, dass ich weitergehen muss. Gerade in solchen Zeiten brauchst du einen klaren Kopf, frei von Angst, Wut oder Frustration", sagt Mama Maggie.

Ihr Vorbild Mutter Teresa soll einmal gesagt haben: „Was du in jahrelanger Arbeit aufgebaut hast, können Menschen über Nacht zerstören. Bau weiter auf! Es ist die Liebe, die einen dazu bringt, dass man mutig sein kann." Und genau diese Liebe für „ihre" Kinder lässt Mama Maggie weitermachen. Sie informiert ihr beratendes Gremium über die brutale Zerstörung.

Alle reagieren entsetzt auf die Nachricht, aber sie entschließen sich, den Wiederaufbau zu finanzieren. Der neue Samaan-Kindergarten, den man auf den Ruinen des alten Gebäudes errichtet, wird zu einem der größten Kindergärten der Organisation.

Für jeden einzelnen Kindergarten, der in den nächsten Jahren entsteht, sprechen Mitglieder ihrer Familie oder Freunde bei den Ämtern vor, beantragen Genehmigungen und bürgen mit ihrem Namen für die Neubauten. Auch Mama Maggies Geschwister bringen sich immer mehr in die Arbeit ein.

Ihr jüngerer Bruder Gamal, der eine eigene Baufirma besitzt, hilft zum Beispiel bei der Planung und Instandhaltung von Gebäuden. Ihr anderer Bruder Muheb ist verantwortlich für alle Kindergärten. Sobald es ein Problem gibt, das die Leitung eines Kindergartens nicht selbst lösen kann, kommt er ins Spiel. Als er 1993 für den ersten Kindergarten die Verantwortung übernahm, dachte er im Traum nicht daran, dass er 20 Jahre später mehr als 95 Kindergärten betreuen würde.

Das starke Wachstum von Mama Maggies Werk erfordert mehr und mehr Organisation und Struktur. „Nachdem unsere Arbeit immer größer wurde, brauchten wir einen offiziellen Rahmen, der alle unsere bis dahin gegründeten Projekte umschließt." Nach sieben Jahren Aufbauarbeit gründet Mama Maggie 1996 die Organisation „Stephen's Children" (Stephanuskinder). Stephanus war ein Diakon der Jerusalemer Urgemeinde, der wegen seines Glaubens gesteinigt wurde. Der erste Märtyrer der Christenheit hat für die koptischen Christen, deren Geschichte seit Beginn von Verfolgung und Unterdrückung geprägt ist, eine hohe Bedeutung.

Mit der Gründung von Stephen's Children wird das beratende Gremium um Mama Maggie zum offiziellen Vorstand, der im Laufe der Zeit noch weitere Verstärkung bekommt – zum Beispiel durch den Bauingenieur Michael Zaki, der alle Gebäude der Organisation beaufsichtigt. Er führt unter anderem in den

Kindergärten regelmäßige Qualitätskontrollen ein. „Wir müssen den Menschen vor Ort in allem ein Vorbild sein. Das fängt bei der Sauberkeit in der Küche an, bei den Toiletten und der Ordnung in den Gruppenräumen. Alles soll jederzeit einem sehr guten Standard entsprechen."

10
Samira und ihr Kindergarten

„Wenn du Frieden mit dir selbst gefunden hast,
dann wirst du Frieden mit der ganzen Welt haben."
Maggie Gobran

Ein Schritt durch die Tür zum Gelände des Samaan-Kindergartens, und die Welt ist eine andere. Draußen hüllt sich Mokattam in seinen täglichen Grauschleier aus Abgasen, Staub und Dreck. Auf der Mauer, die das Gelände umschließt, grinst Micky Maus die Kinder an. Im Kindergarten ist der Boden frisch geputzt und die Wände sind strahlend bunt in Rosa, Gelb und Hellblau gestrichen. Fröhliches Kindergeschrei hallt über das gesamte Gelände. Alle Kinder tragen saubere, ordentliche Kleidung. Die Mädchen haben geflochtene Zöpfe und bunte Spangen oder Schleifen im Haar. Etwa 250 Kinder kommen hier jeden Tag zusammen, 24 Erzieherinnen und Vorschullehrer kümmern sich liebevoll um sie.

Auch der Innenhof ist sauber gefegt. Zehn Jungen und Mädchen quetschen sich auf eine Schiffschaukel, um von einer Erzieherin langsam angeschoben zu werden. Sie quietschen vor Freude und übertönen das dumpfe Geräusch der Schreddermaschine, die hinter der Mauer Plastikflaschen zerkleinert. Im

Kindergarten vergessen sie das Leben, das sich draußen abspielt. Auch der Geruch der Schweine, die in einem Hinterhof neben dem Gelände im Dreck wühlen, fällt kaum noch auf.

Eines dieser Kinder ist Samira. Jeden Morgen wartet sie aufgeregt darauf, dass ihre Mutter sie in den Kindergarten bringt. Es hat einige Wochen gedauert, bis sie den Kindergarten besuchen durfte. Bei ihrer Anmeldung stellte sich nämlich heraus, dass sie keine Geburtsurkunde hat.

„Wir versuchten, Samira bei den Behörden anzumelden, doch dafür benötigten wir zunächst den Personalausweis des Vaters", erzählt Maher, ein leitender Mitarbeiter bei Stephen's Children. „Weil auch er sich nicht ausweisen konnte, beantragten wir zunächst für ihn einen. Dazu war eine Heiratsurkunde nötig, doch auch die fehlte. Es war schwierig. Am Ende beantragten wir alle Unterlagen." In den meisten Familien fehlen sämtliche offiziellen Dokumente.

Ohne Ausweis wären die Kinder ihr Leben lang ein Niemand im Land, keine offiziellen Bürger. Sie hätten keine Rechte. „Im Fall von Samira konnte erst Wochen später endlich die Geburtsurkunde ausgestellt werden. Ihr Geburtsdatum ist geschätzt. Ihre Mutter kann sich nur daran erinnern, dass es kalt war, als das Mädchen auf die Welt kam, und dass die Nachbarin gegenüber etwa um dieselbe Zeit ein Kind geboren hat. Der Beamte trug schließlich den 15. Januar ein."

Samira liebt ihren Kindergarten. Sobald sie angekommen ist, läuft sie zu dem Regal, in dem die Buntstifte liegen. Am liebsten würde sie den ganzen Tag nichts anderes tun als malen. Zu Hause bei ihrer Familie gibt es keine Buntstifte und auch keine Puppen oder anderes Spielzeug. Ihr Vater ist seit seiner Kindheit Müllsammler. Sie wohnen mit mehreren anderen Familien zusammen in einem unverputzten Backsteinhaus. Und tagtäglich bangen die Eltern, ob das Einkommen von etwa fünf Euro am Tag für die notwendigen Ausgaben reicht.

Die Straßenkreuzung als Sandkasten

In dem kleinen dunklen Raum, den die Familie bewohnt, hat Samira zu wenig Platz zum Spielen, während draußen zu viele Gefahren lauern. Die Kindergärten sind deshalb vor allem auch ein Schutzraum, denn hier können die Kinder in einem sicheren Umfeld spielen und toben.

Nur wenige Meter neben dem Kindergartengelände sieht der Alltag anders aus: Mitten auf einer matschigen Kreuzung, auf der sich pausenlos große Lastwagen an Autos, Mopedfahrern und Eselskarren vorbeischieben, haben drei Jungen eine kleine Insel zum Spielen gefunden. Ein Lkw hat am Morgen Sand transportiert und einen kleinen Haufen verloren, der nun mitten auf der Kreuzung im graubraunen Matsch liegt. Die Jungen sitzen in ihrem neuen Sandkasten, schaufeln den Sand mit ihren Händen hin und her und schöpfen Wasser aus der Pfütze neben ihnen, um mit dem Sand Figuren zu formen. Die Gefahren des chaotischen Verkehrs, der um sie herum tobt, nehmen sie nicht wahr. Der Lärm der Motoren verschluckt ihr lautes Rumalbern.

Schlimm ist die Geschichte eines kleinen Mädchens. An einem Vormittag muss es bei seiner Mutter bleiben, die zu Hause arbeitet. Die Geschwister gehen zur Schule und können deshalb nicht auf ihre jüngste Schwester aufpassen. Wie jeden Tag zerkleinert die Mutter das sortierte Plastik mithilfe der beiden großen Schreddermaschinen des Nachbarn. Voll auf ihre Arbeit an einer der Maschinen konzentriert, bemerkt die Mutter nicht, wie ihre Tochter an der anderen Maschine spielt.

Plötzlich verfängt sich der Ärmel ihres Pullovers in der Maschine. Der Pullover wird heruntergerissen und der kleine Arm in die Maschine gezogen. Die scharfen Messer zerfetzen dem Mädchen den Arm, bis der Besitzer die Maschine endlich stoppen kann. Das schwer verletzte Kind überlebt wie durch ein Wunder, obwohl es viel Blut verloren hat. Doch der Arm muss amputiert werden. Ähnliche Geschichten passieren in Mokattam immer wieder.

„Unsere Kindergärten sind umgeben von Dunkelheit, bitterer Armut, andauernder Gefahr und Gewalt", sagt Mama Maggie. „Jede Minute, die die Kinder nicht auf der Straße verbringen, ist eine sichere Minute." Im Kindergarten werden die Kleinen an sechs Tagen jeweils acht Stunden betreut. In dieser Zeit können auch die Mütter besser ihrer Arbeit nachgehen, um zu dem kleinen Einkommen der Familie etwas beizutragen.

Müll gehört in den Mülleimer

Eine erste Herausforderung für die Kinder und ihre Eltern ist es, dass die Kinder lernen, regelmäßig und pünktlich in den Kindergarten zu kommen. Die meisten Eltern sind selbst nicht zur Schule gegangen und haben keine festen Arbeitszeiten. „Den Familien fehlt deshalb jegliches Verständnis für Ordnung, Pünktlichkeit oder Disziplin.

Wir bringen den Kindern und ihren Eltern bei, dass sie jeden Tag um dieselbe Uhrzeit in den Kindergarten kommen müssen. Das ist für viele komplett neu. Sie haben überhaupt kein Zeitgefühl und stehen ohne Wecker mal früher oder später auf", erzählt Mama Maggie. Jeder Tag im Kindergarten hat dagegen einen festen Ablauf: Unterricht, freie Spielzeit, Händewaschen und Essen. Alles hat immer denselben Rhythmus.

„Die Kinder hören die meisten Dinge, die wir ihnen beibringen, zum ersten Mal. Mir ist es wichtig, dass die Kinder eine gesunde Struktur und Ordnung lernen. Das braucht viel Übung und Geduld, aber es wird ihnen helfen, im Leben stark und erfolgreich zu sein", ist Mama Maggie überzeugt. Genauso gehört es dazu, dass Kinder die Grundformen des höflichen Umgangs lernen, wie „bitte", „danke" und „Entschuldigung" zu sagen.

Auch dass es so etwas wie Abfalleimer gibt, ist für viele Kinder neu: „Die Kinder leben zu Hause mitten im Müll. Im Kindergarten müssen sie ihn in einen Mülleimer werfen. Das ergibt für sie anfangs überhaupt keinen Sinn und wir müssen es oft mit ihnen üben", sagt John, der seit 22 Jahren für Stephen's Children arbeitet und inzwischen sieben Kindergärten leitet.

Genauso müssen sich die Kinder an Schuhe gewöhnen. „Alle Kinder bekommen Schuhe im Kindergarten. Doch es dauert Monate, bis sie diese tatsächlich anbehalten", berichtet der Pädagoge. Die meisten Kinder laufen barfuß. Durch Scherben und andere spitze Gegenstände kommt es häufig zu Schnitten, Entzündungen und schweren Verletzungen an den Füßen.

Zu vielen Kindergärten von Stephen's Children gehört unter anderem auch deswegen eine ambulante Klinik, die für die Kinder und ihre Familien zu bestimmten Zeiten offen ist. „Hier behandeln wir vor allem Schnittwunden, Hautkrankheiten, Augenentzündungen und Magenprobleme – das sind die typischen Diagnosen bei den Kindern", erklärt der Krankenpfleger Bassma. Auch er arbeitet seit über 20 Jahren für Mama Maggies Organisation bei den Zabbalin. Jeden Tag wäscht er Wunden aus und verbindet sie, trägt Salben auf und reinigt geschwollene und verklebte Augen.

Da sie oft barfuß unterwegs sind, haben die meisten Kinder dreckige Füße. Im Kindergarten gibt es das nicht. Die Eltern werden angehalten, ihre Kinder morgens gewaschen und sauber zu bringen. Körperpflege soll für die Familien zur täglichen Gewohnheit werden. Das üben die Kinder auch im Kindergarten: Im großen Waschraum stehen sorgfältig aufgereiht viele bunte Becher mit kleinen Zahnbürsten. Jedes Kind muss sich hier zweimal am Tag die Zähne putzen.

Damit Zähneputzen und Waschen mehr Spaß machen, haben die Erzieherinnen ein Lied erfunden, das alle Kinder auswendig in voller Lautstärke singen können: „Weißt du, wie ich mir mein Gesicht wasche? Ich kann es dir vormachen: So geht's! Weißt du, wie ich mir meine Zähne putze? Ich kann es dir vormachen: So geht's! Weißt du, wie ich meine Haare kämme? Ich kann es dir vormachen: So geht's!" Dabei kreisen die Kinder wild mit ihren Händen übers Gesicht, über ihre Zähne und durch die Haare.

„Unser Ziel ist es, dass Hygiene für die Kinder so alltäglich und selbstverständlich wird, dass sie sich auch zu Hause waschen und es ihren Geschwistern vormachen", sagt John.

Über Freunde in seiner Kirchengemeinde erfuhr er von Mama Maggies Arbeit unter den Armen. Er hatte gerade seinen Bachelor in Verwaltung abgeschlossen und ein Jahr beim Militär gedient. Zurück in Kairo spielte er mit dem Gedanken, ein Jahr bei Stephen's Children mitzuarbeiten, und besuchte eines der Camps, um die Organisation besser kennenzulernen. Umzingelt von einem Dutzend dreckiger Kinder, sah er damals eine weiß gekleidete Frau, die die Kleinen umarmte.

John war sich sicher, dass die meisten Menschen diesen Kindern vor Ekel nicht einmal die Hand geschüttelt hätten. Hier war es anders: An einem großen Waschbecken wusch die Frau ihnen das Gesicht und die Füße. Manche von ihnen waren frech und trotzig, doch wann immer die Frau mit ihnen sprach, hörten sie ihr ruhig zu. Sie redete auf Augenhöhe mit den Kindern und nahm sie so an, wie sie waren. Mit Rotznase und streng riechend. John war beeindruckt.

Später am Tag fragte ihn ein Mitarbeiter, ob er ihm „Mama Maggie" vorstellen dürfe. Begeistert von dem, was er gesehen hatte, freute er sich, endlich die Gründerin dieser Arbeit zu treffen. Als er das Büro betrat, saß dort zu seiner Überraschung die weiß gekleidete Frau, der er längst begegnet war. Seine Entscheidung, dass er hier arbeiten wollte, war schnell getroffen.

Mama Maggie sah in John jemanden, der sich aufgrund seiner sorgfältigen und liebevollen Art gut für die Kindergartenorganisation eignet. Er bekam die Stelle und sie schickte ihn zu pädagogischen Weiterbildungen.

John ist begeistert von der Zusammenarbeit im gesamten Team. Wie man Professionalität und Liebe verbindet, hat sie ihm durch ihr Vorbild immer wieder gezeigt.

„Als Mama Maggie noch täglich im ersten Kindergarten arbeitete, war sie diejenige, die abends als Letzte durch die Räume ging und in den Ecken putzte, die sonst übersehen wurden. Was für sie im Großen gilt, setzt sie im Kleinen genauso konsequent um", schildert John.

„Ich kann!"

„Alif, ba, ta, tha" – schon durch die verschlossene Tür hört man die Kinderstimmen, die das arabische Alphabet lernen. In einem rosa gestrichenen Raum sitzen etwa 20 Kinder, links die Jungen und rechts die Mädchen. Sie schauen auf die große Tafel vor ihnen.

Marina ist dran und schreibt die Buchstaben, die sie gestern gelernt hat, langsam an die Tafel. Zwischendurch setzt sie die

Kreide ab und blickt fragend zu der Lehrerin. Diese nickt bestätigend und das Mädchen schreibt weiter. Und die Lehrerin lobt sie: Alle Buchstaben sind richtig und schön geschrieben.

Die Vorschule, die zum Kindergarten gehört, trägt entscheidend zum späteren Erfolg in der Schule bei. Denn bereits für die Einschulung in eine staatliche Schule müssen die Kinder eine kleine Prüfung ablegen. Die meisten Kinder, die in einer Vorschule von Stephen's Children waren, schaffen die Aufnahme in eine staatliche Schule ohne Probleme und gehören dann dort häufig zu den guten Schülern.

„Wenn die Kinder eingeschult werden, sind sie ihren Mitschülern meist etwa zwei Jahre voraus. Die Lehrer fragen regelmäßig nach, woher diese guten Schüler kommen", erzählt eine der Lehrerinnen im Kindergarten stolz.

Zusätzlich zu Arabisch werden den Kindern auch Grundkenntnisse in Englisch, Mathematik und im Umgang mit Computern vermittelt. Aber mit der Technik ist es in Mokattam nicht so einfach: Immer wieder müssen die Computerkabel erneuert werden, weil Ratten an ihnen genagt haben.

Für viele Kinder ist es schwer, neben der arabischen auch die lateinische Schrift zu lernen. Ein Junge versucht zum Beispiel, die lateinischen Buchstaben von rechts nach links zu schreiben. Der Englischlehrer erklärt ihm noch mal, dass die Schreib- und auch Leserichtung genau andersherum funktioniert, doch der Junge vergisst es immer wieder. Mit der nötigen Geduld geht der Lehrer auf die einzelnen Bedürfnisse der Schüler ein.

Neben dem Lernen will Mama Maggie auch schon den Kleinsten beibringen, positiv zu denken. In den Kindergärten steht auf jeder Tafel rechts oben ein Bibelvers, den die Kinder auswendig auf Arabisch und Englisch aufsagen können: „Ich kann alles durch den, der mich stark macht, Jesus" (nach

Philipper 4,13). Das soll die Kinder in ihrem Selbstvertrauen stärken.

Als ein Junge an seinem ersten Tag im Kindergarten von der Erzieherin beim Namen gerufen wird, schaut er sie mit großen Augen an. Dann verzieht er seinen Mund zu einem schüchternen Lächeln. Es scheint so, als würde er nicht so oft mit seinem Namen angeredet werden. Aus der Arbeit mit den Familien wissen die Mitarbeiter, dass der Ton zu Hause rau ist und manche Kinder nur selten bei ihrem Vornamen gerufen werden. Oft heißen sie stattdessen nur „Du, da" oder – wenn sie etwas falsch gemacht haben – „Nichtsnutz" oder „Versager".

„Die Kinder glauben schließlich selbst, dass sie nichts wert sind. Wir wollen ihnen zeigen, dass das nicht stimmt. Sie sind wertvoll, so, wie sie sind. Und wenn sie etwas erreichen wollen, können sie das mit Jesus an ihrer Seite auch schaffen", erklärt Mama Maggie.

Die christliche Erziehung ist ihr auch deshalb wichtig, weil sich die Kinder später in den staatlichen Schulen im Arabischunterricht intensiv mit dem Koran beschäftigen müssen. Mama Maggie möchte die Kinder vor der Schule mit deren eigenem Glauben bereits so vertraut machen, dass sie ihre Identität als Kopten später nicht vergessen.

Jeweils eine Woche lang beschäftigen sich die Kinder mit einer biblischen Geschichte. An jedem Tag dieser Woche wird ein anderer Aspekt betont. Mama Maggies Tochter Ann erinnert sich, dass sie in einem der Kindergärten war, als gerade die Geschichte erzählt wurde, wie Jesus den Sturm auf dem See Genezareth stillte.

„Die Kinder wussten nicht einmal, was ein Boot ist", sagt Ann. In dieser Woche lernten die Kinder deshalb, wie man ein Boot baut, was man damit macht und warum ein Sturm gefährlich ist.

Wenn es um das biblische Gleichnis vom vierfachen Ackerfeld geht, erfahren die Kinder, wie man sät und erntet. Sie haben Spaß daran, Neues zu lernen, denn sie lieben es, zu Hause etwas von dem zu erzählen, was die anderen in der Familie auch noch nie gehört haben.

Der rosa Turm

Einmal am Tag dürfen die Kinder sich selbst aussuchen, mit welchen Lernmaterialien sie spielen möchten. Alles steht im Regal auf Augenhöhe der Kinder. Jeden Gegenstand gibt es nur ein einziges Mal, damit die Kinder lernen, aufeinander Rücksicht zu nehmen und miteinander zu teilen. Es sind Materialien aus der Montessori-Pädagogik, bei der die sogenannte „Freiarbeit" sehr wichtig ist.

Mit den unterschiedlichsten Dingen sollen möglichst alle Sinne der Kinder angesprochen werden: Ein Junge hält sich abwechselnd verschiedene kleine Geräuschdosen ans Ohr, die er wie wild schüttelt. Er soll die unterschiedlichen Geräusche erkennen und hört deshalb ganz genau hin. Dabei lernt er nicht nur, sein Gehör zu schulen, sondern auch, sich auf ein bestimmtes Ereignis zu konzentrieren.

„Die Montessori-Pädagogik hilft den Kindern, spielerisch und selbstständig Neues zu entdecken und zu verstehen. Sie sollen in ihrem eigenen Tempo lernen und ihren eigenen Interessen nachgehen. Die Kinder lieben die Freiarbeit und freuen sich, wenn sie etwas Neues lernen. Sie lachen, wenn sie merken, dass jede Dose ein anderes Geräusch macht. Wenn ein Kind es schafft, den rosa Turm aufzubauen, erzählt es dem ganzen Kindergarten von seinem Erfolg", sagt John.

In der Müllstadt

Beginne an einem finsteren Ort, vom Licht zu träumen.
Maggie Gobran

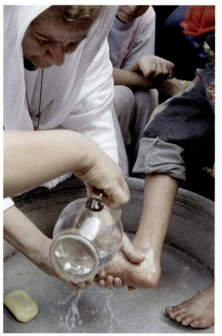

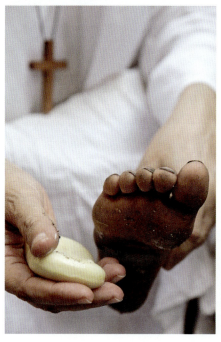

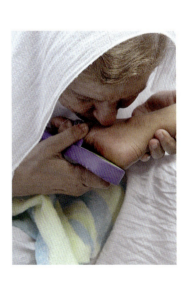

Auch Samira sitzt auf dem Boden und spielt mit verschieden großen rosa Würfeln. Sie versucht, die Quader in der richtigen Reihenfolge übereinanderzustellen. Immer wieder kippt der Turm um, weil sie mit den kleinen Würfeln angefangen hat, den Turm zu bauen, und erkennen muss, dass die großen Würfel schnell herunterkippen. Konzentriert auf die einzelnen Würfel, fängt sie wieder von vorn an. Den Turm richtig aufzubauen, erfordert viel Geschick. Es trainiert die Motorik, und Samira lernt spielerisch, die unterschiedlichen Größenverhältnisse einzuschätzen.

Am Nachmittag holt Samiras Mutter Shama ihre Tochter vom Kindergarten ab. Es ist nicht nur ihr neues Pflichtbewusstsein, sondern vor allem Dankbarkeit, die sie Samira jeden Tag pünktlich und mit sauberer Kleidung zum Kindergarten bringen lässt. Ihr hageres, eingefallenes Gesicht zeigt die schweren Sorgen, die sie sich täglich um das Wohlergehen ihrer Familie macht. Umso glücklicher ist sie, dass Samira im Kindergarten jeden Tag eine warme Mahlzeit bekommt, im geschützten Rahmen mit anderen Kindern spielen kann und in ihrer Entwicklung gefördert wird.

Als Shama zum Ausgang gehen will, sieht sie eine weißgekleidete Frau in der Tür stehen. Die beugt sich zu Samira hinunter, drückt ihr ein paar Bonbons in die Hand und sagt: „Weißt du was? Deine Mutter hat eine sehr liebe und hübsche Tochter." Samira strahlt über beide Ohren. Dann berührt Mama Maggie Shama am Arm und sagt: „Und das Mädchen hat eine gute Mutter, das sehe ich sofort."

11
Umm Banat –
Mutter von Töchtern

Mütter sind das Herz jeder Familie.
Maggie Gobran

Sie ist eine Unglücksfrau. Ihren richtigen Namen kennt kaum jemand mehr, doch jeder in ihrer Nachbarschaft weiß, dass sie eine Umm Banat – Mutter von Töchtern – ist. Ein Name, der wie eine Schande über ihrem Leben steht. Vier schwierige Schwangerschaften hat die 21-jährige Labib hinter sich.

Ihr Körper ist abgemagert und ihr Gesicht ausgezehrt, sodass man sie leicht 15 Jahre älter schätzt. Auch wenn sie kaum mehr Kraft zu haben scheint, ist Labib fest entschlossen, wieder schwanger zu werden. Sie braucht einen Sohn als Versorger und Stolz der Familie, um den Makel „Umm Banat" loszuwerden. Die Verachtung ihres Ehemannes und der gesamten Familie macht sie tieftraurig.

Doch sie fühlt sich nicht nur zu Hause als Versagerin, sondern auch, wenn sie mit ihren Mädchen an der Hand auf die Straße geht. Mit jeder weiteren Geburt einer Tochter ist es schlimmer geworden. Ihr Mann macht ihr Vorwürfe, als ob sie die Chromosomen beeinflussen könnte, die bei der Entstehung des Kindes das Geschlecht festlegen.

Labib versucht, immer alles richtig zu machen – aus Angst vor noch mehr Ablehnung und Problemen zu Hause. Als Kind half sie ohne Widerspruch im Haushalt, während ihre Brüder in die Schule gingen. Ihr Vater sagte, dass Mädchen zum Kinderkriegen da seien und nicht zum Lernen. Labib kennt es nicht anders von ihrer Mutter und ihrer Großmutter.

Als Teenager nahm sie klaglos hin, mit einem fremden Mann verheiratet zu werden, der sie seit der Hochzeitsnacht misshandelt. Immer wieder sehen ihre Verwandten die blauen Flecken. Dann bekommt sie nur zu hören: „Das ist dein Schicksal: Wenn du deinem Mann nicht gehorchst, darf er dich schlagen." Labib schluckt, sie versucht doch, alles richtig zu machen.

Es folgt eine Schwangerschaft nach der anderen und jede Geburt ist eine Enttäuschung für die Familie: wieder nur ein Mädchen. Zwei von ihnen sterben direkt nach der Geburt. Das eine an einer Lungeninfektion, das zweite ist zu klein und dünn. Labib weiß nicht, dass es daran liegt, dass sie während der Schwangerschaft so wenig gegessen hat. Der Embryo war bereits im Bauch der Mutter unterversorgt und ist deshalb nicht lebensfähig. Beide Kinder bekommen nicht einmal einen Namen und werden anonym in der Erde verscharrt.

Ihr Mann reagiert eiskalt auf den Tod der Säuglinge. „Töchter brauche ich sowieso nicht, die kosten nur Geld", ist sein zynischer Kommentar.

Labib wagt den Gedanken nicht zu Ende zu denken: Was wäre, wenn sie als Umm Banat sterben würde? Würde sie auch nur irgendwo verscharrt werden? Würde ihr Mann bloß sagen: „Sie war nur eine Umm Banat und nichts wert!"?

Labib trauert. Sie würde alles dafür geben, um einen Sohn zu gebären.

Einige Zeit später wird sie erneut schwanger. Sie hält die Monate bis zur Geburt vor Spannung kaum aus. Ist es endlich ein Junge? Dann ist es so weit und Sohn Ayman kommt zur Welt. Stolz trägt Labib den Säugling durch die Gassen von Mokattam und grinst wie ein Honigkuchenpferd. Ihre Ehre ist gerettet! Alle Nachbarn sollen sehen, dass sie jetzt Umm Ayman ist, Mutter ihres Sohnes, und endlich eine Frau mit Namen.

Die Letzten in der Reihe

Frauen spüren die Folgen von Armut oft am schmerzhaftesten. Eine Frau, die wie Labib eine Schwangerschaft nach der anderen hat, ist hohen gesundheitlichen Risiken ausgesetzt, genau wie das Kind, das sie in sich trägt. Sie braucht regelmäßige und oft auch schnelle medizinische Versorgung, doch diese gibt es kaum in den Elendsvierteln Kairos.

Wenn es zum Beispiel zu Komplikationen in der Schwangerschaft oder bei der Entbindung kommt, muss die Familie sich verschulden, um die Behandlung bezahlen zu können. Oft ist der Weg zum nächsten Arzt oder Krankenhaus sehr weit – das kann in Notfällen für die Mutter oder ihr Kind tödlich sein.

Auch Fehl- oder Unterernährung ist ein großes Problem für Mädchen und Frauen, die in den Familien häufig erst nach den Männern und Jungen zu essen bekommen. Ein Mädchen, das bei einem Camp von Stephen's Children war, freute sich riesig, als es beim Abendessen einen vollen Teller für sich allein hatte: „So viel habe ich noch nie gegessen", sagte sie strahlend, ohne den Blick von ihrem Teller abzuwenden. „Mein Vater gibt immer zuerst meinen Brüdern, und die haben so viel Hunger, dass für mich nur noch ganz wenig übrig bleibt."

Eine Frau erzählt, dass ihr Mann sie zur Strafe hungern ließ – für etwas, das nicht bestraft werden darf: die Geburt einer Tochter oder das Verweigern im Bett. Oft ist es ein Zornausbruch im Alkoholrausch. Aber auch nüchtern gehört Gewalt zum Alltag vieler Familien.

Bei ihren Hausbesuchen bekommen Mama Maggie und ihre Mitarbeiter die Auswirkungen häuslicher Gewalt allzu oft mit: blaue Augen, grün-lila Flecken an den Armen und Platzwunden am Kopf. Wie ein dunkler Schatten liegt der Schmerz auf den betroffenen Frauen. Zu viele haben sich sogar an die Unterdrückung durch den eigenen Mann gewöhnt. Für 94 Prozent der Frauen in Ägypten ist es akzeptabel, dass ihr Mann Gewalt gegen sie anwendet.* „Es tut weh, aber es muss so sein", denken sie. Denn so war es schon immer, oftmals bereits in der Familie ihrer Eltern.

„Wir nehmen die Frauen in den Arm und sagen ihnen, dass sie wertvoll sind und dass niemand rücksichtslos und brutal mit ihnen umgehen darf. Das hören sie oft zum ersten Mal", sagt eine Mitarbeiterin von Stephen's Children.

Sie versucht, in Konflikten zu vermitteln, und sei es nur, indem sie den Ehepaaren erklärt, dass die Mutter das Geschlecht ihrer Kinder nicht beeinflussen kann. Das braucht viel Feingefühl, besonders, wenn der Mann es gewohnt ist, das alleinige Sagen zu haben, und jeglichen Rat von außen als Beleidigung ansieht.

Wenn ein Mädchen nicht zur Schule gehen darf oder kann, ist meist schon im Kindesalter klar, dass es damit später

---

* Joni Seager: Penguin Atlas of Women in the World (2008)

wirtschaftlich ausschließlich vom Mann abhängig sein wird. Nahezu unsichtbar sitzen viele Mädchen und Frauen zu Hause und schweigen über den Missbrauch oder die Gewalt, die sie dort erfahren.

Auch Labib besuchte nur die erste Klasse. Noch bevor sie richtig lesen und schreiben konnte, nahm der Vater sie aus der Schule. Er war davon überzeugt, dass es sich nicht lohnt, für ein Mädchen das ohnehin knappe Geld für Bücher, Schuluniform und Busticket auszugeben.

Gefährliches Unwissen

Zu den gesundheitlichen Risiken der Armen kommt gefährliches bis tödliches Unwissen. Im Müll finden die Zabbalin häufig angebrochene Tablettenschachteln. „Wenn sie Medikamente finden, nehmen sie sie", sagt Maher. „Die Erwachsenen denken: ‚Ach, das ist eine weiße Tablette. So eine hatte ich schon mal. Ich glaube, sie hilft gegen Durchfall.' Kinder sehen in bunten Tabletten Bonbons, die sie neugierig probieren."

Wie lernen Kinder, dass sie nicht alles essen dürfen, was sie im Müll finden? Zuerst müssen die Eltern die Gefahr erkennen, um dann ihre Kinder davon abzuhalten, alles, was ihnen in die Hände fällt, auch in den Mund zu nehmen. Gesundheit, alltagsnotwendiges Wissen und Bildung sind eng miteinander verknüpft.

Frauen mit höherer Bildung bekommen zum Beispiel später Kinder und gehen regelmäßiger zum Arzt. Ihre Kinder wiederum sind weniger gefährdet, bereits vor ihrem fünften Lebensjahr zu sterben. Ihre Mütter achten mehr auf ihre Ernährung und auf bessere Hygiene.*

* http://www.bmz.de/de/was_wir_machen/themen/bildung/hintergrund/

In die Ambulanzen, die zu den Kindergärten gehören, kommen jeden Tag neben den Kindern auch kranke und erschöpfte Mütter, die sich untersuchen lassen möchten. Durch die schwere körperliche Arbeit im Müll leiden viele von ihnen unter Gelenkentzündungen, Knochenproblemen, chronischen Hautkrankheiten, Tuberkulose und Allergien. Die häufigste Diagnose, die vielen Frauen gemeinsam ist, liegt aber nicht an der Arbeit im Müll.

„Durch die zahlreichen Schwangerschaften, in denen der Körper mehr Eisen braucht, leiden viele Frauen unter Blutarmut", sagt Bassma, der als Krankenpfleger regelmäßig in einer der Ambulanzen arbeitet. „Nach der Geburt kommen sie oftmals nicht oder nur sehr langsam wieder zu Kräften."

Und in vielen Fällen verheiraten Eltern ihre Töchter bereits im Teenageralter: „Eine junge Frau, die zu mir kam, hat ihr erstes Kind mit 13 Jahren bekommen. Inzwischen war sie 20-mal schwanger, über zehn Babys hat sie verloren, auch schon vor der Geburt", sagt Bassma.

Mit Labib und deren Schicksal können deshalb viele Frauen mitfühlen. Ein Dutzend Schwangerschaften sind hier nicht ungewöhnlich, weil eine Frau möglichst viele Söhne zur Welt bringen soll.

Die vielen Geburten, die Mangelernährung und die ohnehin meist schlechte Gesundheit der Frauen in den Müllslums führen zu einer kürzeren Lebenserwartung als die der Durchschnittsägypterin, die 75 Jahre* alt wird. „Ich kenne keine Frau in Mokattam, die über 50 Jahre alt ist", stellt Maher nüchtern fest.

* http://de.theglobaleconomy.com/Egypt/Life_expectancy/

Wenn es bei einer der betreuten Familien zu einem Unfall oder einem anderen Notfall kommt, der in der ambulanten Klinik im Kindergarten nicht behandelt werden kann, hilft Mama Maggies Bruder Nabil, die Patienten in ein Krankenhaus zu vermitteln. Der Kardiologe kennt viele Ärzte, da er neben seiner Praxis als Facharzt sieben Krankenhäuser berät. Häufig gelingt es ihm durch seine Kontakte, dass dort Ärzte die armen Menschen kostenlos oder sehr günstig behandeln.

Bis in die frühen 90er-Jahre verzeichnete die Säuglingssterblichkeit in Mokattam noch traurige Rekordzahlen. Jedes zweite bis dritte Baby starb damals an Tetanus. „Häufig besuchten wir Familien mit kleinen Kindern, und wenn wir in der nächsten Woche wiederkamen, erfuhren wir, dass in der Zwischenzeit eines der Kinder gestorben war", sagt Mama Maggie.

Durch Impfaktionen verschiedener Initiativen konnte die Situation entscheidend verbessert werden, sodass heute nahezu kein Fall von tödlichem Wundstarrkrampf mehr auftritt. Ebenso hat es sich langsam durchgesetzt, dass die Kinder nicht zu Hause im Müll geboren werden, sondern im Krankenhaus. Durch die bessere medizinische Versorgung und die hygienischen Bedingungen bei der Geburt sterben nun deutlich weniger Säuglinge. Wenn eine Frau schwanger ist, spart die gesamte Familie für die Krankenhauskosten in Höhe von umgerechnet etwa 50 Euro. So viel Geld kostet eine Geburt, die ohne Komplikationen verläuft.

Durch all diese Maßnahmen – das Impfen, eine bessere medizinische Versorgung und die Schulung von Eltern – konnte die Zahl der Kinder, die vor ihrem fünften Geburtstag sterben, in ganz Ägypten um 70 Prozent reduziert werden.*

---

* http://www.unicef.org/egypt/immunisation_7134.html
 Laut Unicef wurde die Zahl von Kleinkindern, die im Alter von unter fünf Jahren sterben, von 1990 bis 2008 um 70 Prozent reduziert.

Trotzdem bleibt es eine wichtige Aufgabe der Mitarbeiter von Stephen's Children, die Mütter an die kostenlosen Impftermine zu erinnern oder sogar mit ihnen zusammen zu den staatlich geförderten medizinischen Zentren zu gehen.

Es bleiben dennoch viele andere Risiken für die Neugeborenen bestehen, zum Beispiel die Verwendung von unsauberem Wasser. Verschmutztes Trinkwasser und fehlende oder schlechte Abwasserentsorgung sind in Ägypten ebenso wie in vielen anderen Entwicklungsländern die Ursache für etwa 80 Prozent aller Krankheiten.*

Für Kinder ist das eine große Gefahr. „Ich kenne keine Familie, die nicht um die Kleinsten bangt. Wie kann eine Mutter ihr Kind ohne sauberes Wasser versorgen?", fragt sich Mama Maggie. „Deshalb kämpfen wir weiter darum, dass alle Zugang zu sauberem Trinkwasser haben und die Kinder so gesund wie möglich durch die ersten Lebensjahre gehen."

Starke Mütter, starke Kinder

„Wer Frauen stärkt, verändert das Leben der Kinder, der Familien, ja, eine ganze Gesellschaft", bringt es Vorstandsmitglied Peter auf den Punkt. Deshalb bietet Stephen's Children jeden Monat in mehreren Kindergärten ein spezielles Training für Mütter an. Dort werden sie in Erziehungsfragen, Hygiene und Haushaltsführung geschult und lernen, wie sie mit Finanzen und familiären Konflikten umgehen können.

Im Stuhlkreis sitzen 20 Mütter um eine Tafel, auf die John die Maslowsche Bedarfspyramide gezeichnet hat. Auch Samiras

---

* Quelle: Bundesverband der deutschen Gas- und Wasserwirtschaft (BGW), zitiert nach http://www.rp-online.de/panorama/wissen/knappes-gut-weltwassertag-erinnert-an-schwindende-ressourcen-aid-1.474959

Mutter Shama ist dabei und hört aufmerksam zu. Der Kindergartenleiter John erklärt den Müttern anhand der Pyramide, dass Kinder neben Hunger und Durst das ebenso dringende Bedürfnis nach Nähe und Liebe haben und deshalb zu Hause das Gefühl brauchen, geborgen und wertgeschätzt zu sein.

„Wir machen ihnen klar, dass ihr Verhalten als Eltern die Kinder prägt. Deshalb ist es wichtig, dass sie ihnen gegenüber Respekt zeigen und gute Werte wie Ehrlichkeit vorleben", führt John weiter aus.

Eine Mutter erzählt ratlos, dass ihr Sohn sich zu Hause immer trotzig und dickköpfig verhält. Er macht immer das Gegenteil von dem, was sie ihm sagt. Eine andere Mutter klagt, dass ihre Kinder aufeinander eifersüchtig sind und es ständig Streit gibt.

„Der Austausch unter den Müttern verbindet und zeigt ihnen, dass sie mit der Last des Alltags nicht alleine sind", sagt John. Dieses Gemeinschaftsgefühl motiviert sie. Gegenseitig erinnern sie sich auch daran, ihre Schulkinder täglich zu fragen, ob sie die Hausaufgaben erledigt haben.

Samiras Mutter hat bei den Treffen gelernt, warum Ordnung, Sauberkeit und Pünktlichkeit wichtig sind. Sie will diese Tugenden nicht nur ihren Kindern beibringen, sondern lebt sie inzwischen auch selbst. Zum Beispiel achtet sie jetzt darauf, dass sich ihre Kinder vor dem Essen die Hände waschen, damit sie keinen Durchfall oder andere Krankheiten bekommen.

Nach der Schulung erhalten die Mütter ein Essenspaket. Dies ist einerseits für sie ein Ansporn, regelmäßig zu kommen, und dient andererseits als eine Art „Besänftigung" für die Ehemänner, die oft wenig Verständnis für solche Treffen haben und ihre Frauen lieber arbeiten sehen, um das Tageseinkommen zu sichern.

Da die Frauen fast den ganzen Tag Müll sortieren, um noch verwertbare Stoffe verkaufen zu können, leidet darunter in vielen Familien das Verhältnis zu ihren Kindern. Mama Maggie und ihren Mitarbeitern ist es ein Anliegen, dass das Miteinander in der Familie grundlegend gefördert wird, speziell die Beziehung zwischen Mutter und Kind.

Der heute 27-jährige Maged erinnert sich gut an den Tag, an dem er in einem Camp zum Muttertag einen kleinen Geldbetrag von Stephen's Children bekam, damit er seiner Mutter ein Geschenk kaufen konnte. Er wusste vorher weder, was der Muttertag ist, noch hatte er jemals seine Mutter beschenkt. Mit dem Geld in der Hand überlegte er, womit er sie erfreuen könnte, doch es fiel ihm nichts ein.

Schließlich drückte er seiner Mutter die Scheine direkt in die Hand. „Es fühlte sich komisch an, meiner Mutter etwas zu schenken. Auch sie sah mich irritiert an. Ich stammelte, dass das für sie zum Muttertag sei. Da lächelte sie. Seitdem schenke ich ihr jedes Jahr eine Kleinigkeit und sie umarmt mich jedes Mal kräftig."

Mama Maggie und ihre Mitarbeiter hatten länger hin und her überlegt, ob sie den Kindern Geld geben sollten oder nicht. „Normalerweise geben wir niemandem Bargeld, sondern versuchen, ihm auf anderem Wege zu helfen. Diese Aktion zum Muttertag ist eine absolute Ausnahme. Uns war es wichtig, dass die Kinder auch auf diese Weise den Müttern ihre Wertschätzung zeigen können", sagt John.

Das weiße T-Shirt

Immer wieder trifft Mama Maggie Mädchen im Teenageralter, die ihr offen ins Gesicht sagen: „Ich bin hässlich und dumm, wer will mich schon heiraten?" Und jedes Mal widerspricht sie vehement. Keines „ihrer Kinder" ist hässlich oder dumm, im Gegenteil! Sie wird nicht müde, wieder und wieder zu betonen, wie wertvoll und begabt jedes von ihnen ist. Viele leiden darunter, dass sie keine schöne Kleidung haben und von anderen in der Schule ausgegrenzt werden.

Ein Erlebnis bei einem Camp im Jahr 1994 brachte Mama Maggie dazu, auch ihren eigenen Kleidungsstil grundlegend zu überdenken:

Ein Mädchen sitzt allein an einem Tisch. Vor ihr liegen ein leeres Blatt Papier und eine Handvoll Stifte. Ein paar Meter weiter malen andere Mädchen in ihrem Alter. Sie zeigen sich gegenseitig ihre Bilder und blicken immer wieder verstohlen zu dem Mädchen herüber. Dabei kichern sie.

Mama Maggie geht auf das Mädchen zu und legt sanft die Hand auf ihre Schulter. „Du bist Nancy, nicht wahr?"

Das Mädchen blickt mit einem Lächeln zu ihr hoch.

„Warum setzt du dich nicht zu den anderen?", fragt Mama Maggie sie.

„Die mögen mich nicht."

„Woher weißt du das?", will Mama Maggie wissen.

„Sie sagen, dass mein T-Shirt doof aussieht und ich es jetzt schon drei Tage lang trage. Aber ich habe kein anderes", sagt sie traurig.

Mama Maggie empfindet Mitleid mit Nancy. Mädchen im Teenageralter können gnadenlos sein, wenn sie sich ihre Freundinnen nach dem Aussehen aussuchen. Soll sie die Mädchen wegen ihres Verhaltens zurechtweisen?, überlegt sie. Doch dann hat sie eine andere Idee.

„Bin ich deine Freundin?", fragt sie Nancy.

„Ja, Mama Maggie, das bist du", bestätigt das Mädchen.

„Ich verspreche dir etwas. Ab heute werde ich meine Kleidung auch nicht mehr verändern. Ich werde ab jetzt immer nur noch ein weißes T-Shirt als Oberteil tragen, nichts anderes mehr."

Als Mama Maggie von dem dreitägigen Camp zurückkommt, schaut sie bei ihrer Mutter Fifi vorbei. Wie sie es Nancy versprochen hat, trägt sie auch heute ein weißes T-Shirt. Dazu zieht sie ab sofort immer nur noch einen weißen, weiten Rock an.

Wie immer ist Mama Maggies Mutter elegant gekleidet und geschminkt. Sie trägt goldene Ohrringe und eine schwarze Bluse, deren Ausschnitt mit einer Blumenborte umrandet ist. Ihre Haare sind braun gefärbt, die Augenbrauen mit braunem Kajal nachgezogen. Schick sieht sie aus. Während Mama Maggie im Camp war, hat ihre Mutter den 71. Geburtstag gefeiert, doch sie sieht wesentlich jünger aus.

Fifi sitzt auf einem geschwungenen Holzstuhl mit blauem Polster und telefoniert mit ihrer älteren Tochter Nadia in den USA.

Mama Maggie beugt sich zu ihr herunter und drückt ihr einen Kuss auf die Wange. „Mabruk – Herzlichen Glückwunsch!", sagt sie und überreicht ihr einen Blumenstrauß.

Fifi mustert ihre jüngste Tochter mit kritischem Blick. „Oh, ist das wirklich unsere Maggie?", sagt sie und spricht dann in den Hörer. „Nadia, stell dir vor: Deine Schwester trägt ja schon lange keine Ohrringe mehr. Aber heute hat sie außerdem noch ein weites T-Shirt mit einem weißen, unvorteilhaften Rock an." Sie streicht über ihre Haare und wendet sich an ihre Tochter:

„Schau mal in den Spiegel, deine Haare sehen fürchterlich aus. Du musst endlich zum Friseur gehen."

Fifi wünscht sich ihre elegant gekleidete Tochter zurück, die früher von allen wegen ihres Aussehens und ihrer Schönheit bewundert wurde. Dann hält sie Mama Maggie den Hörer hin. Nadia möchte sie sprechen.

„Hallo, Schwesterherz, was ist los mit dir? Ich höre, du trägst nur noch weiße, weite Kleidung. Das kann ich mir gar nicht vorstellen. In London haben wir doch früher bis zum Umfallen Kleider gekauft. Erinnerst du dich daran? Und du hast dir immer meinen Schmuck ausgeliehen. Warum ist dir dein Äußeres jetzt scheinbar völlig egal?"

Mama Maggie versteht die Reaktion ihrer Mutter und ihrer Schwester durchaus. Die drei Frauen in der Familie waren bekannt für ihre Liebe zur Mode. Schicke Kleider, teurer Schmuck, aufwendige Frisuren gehörten für sie zum Alltag. Und nun hat sie sich in den sechs Jahren, seit sie nicht mehr Professorin ist, immer weniger um ihr Aussehen gekümmert.

„Ich liebte es, schön gekleidet zu sein. Es war nicht so, dass ich mein Interesse für Mode von einem Tag auf den anderen ablegte, sondern ich verlor es einfach nach und nach", stellt Mama Maggie fest. „Bei den Armen merkte ich, dass wahre Schönheit stärker von innen als von außen kommt. Es erschien mir auch schlicht unangemessen, jeden Tag schöne Kleidung anzuziehen und dann Mädchen wie Nancy zu sagen: ‚Ach, mach dir nichts daraus, wenn du immer das gleiche T-Shirt trägst.'"

Als Mama Maggie auch in den nächsten Wochen immer dieselbe weiße Kleidung trägt, fängt das Gerede an. Viele Freunde und Bekannte sind überrascht über ihr neues Outfit. Sarah, die Mama Maggie schon von Kindheit an kennt und bis heute eine ihrer engsten Mitarbeiterinnen ist, erinnert sich daran, wie Mama Maggie das erste Mal ganz in Weiß in der Kirche erschien. „Wir fragten uns, ob sie etwas Schlimmes erlebt hat oder ob sie krank ist und deshalb so einfache Kleider trägt", sagt sie.

Auch Mama Maggies Kinder müssen sich an ihre veränderte Mutter gewöhnen. Die Veränderung beginnt natürlich viel früher und nicht erst, seitdem ihre Mutter weiße Kleidung trägt. „Als ich ein kleines Mädchen war, brachte meine Mutter mir von ihren Geschäftsreisen immer wieder die schönsten Anziehsachen mit", erinnert sich ihre Tochter Ann. „Ich war 12 Jahre, als Mama ihre Arbeit unter den Armen begann. Ab diesem Zeitpunkt schenkte sie mir immer seltener modische Kleidung. Bald hörte sie ganz damit auf, für mich einzukaufen. Nachdem ich aus meinen Markenklamotten herausgewachsen war, versuchte ich, mir von meinem Taschengeld so viel Kleidung wie möglich zu kaufen. Damit änderte sich auch mein Kleidungsstil, ja, von ‚Stil' konnte gar keine Rede mehr sein", sagt Ann lachend.

Als Mama Maggie anfängt, nur noch Weiß zu tragen, ist Ann 18 Jahre alt. Sie und ihr Bruder Amir nehmen die Wandlung ihrer Mutter mit Humor hin. „Wenn sie in ihrer einfachen Kleidung unseren Freunden die Tür öffnete, dachten manche, sie sei das Dienstmädchen", sagt Ann. „Und wenn unsere Freunde an der Haustür klingelten, riefen Amir und ich uns manchmal im Spaß zu: ‚Schnell, schließ Mama weg!'" Man musste die Sache mit Humor nehmen – und auch Mama Maggie kann über die Witze ihrer Kinder lachen.

Trotzdem ist es bisweilen für Ann nicht einfach, dass ihre Mutter nun so anders ist. Wenn Ann an ihrem Schreibtisch sitzt, hat sie täglich ihre „alte" Mutter vor Augen. Unter einer Glasplatte, die sie als Schreibfläche benutzt, liegt ein Foto. Darauf trägt ihre Mutter einen kleinen Hut mit Schleier und ein weit ausladendes, mintgrünes Ballkleid. Auf die knappen Ärmel des Kleides sind Federn und weiße Stoffblumen genäht. Was für ein Kontrast zu heute!

Nicht nur als kleines Mädchen, sondern auch heute noch sieht Ann ihre Mutter am liebsten mit einem dezenten Make-up, Schmuck und eleganten Kleidern. „Aber ich muss scharf nachdenken, um mir dieses Bild vor Augen rufen zu können, weil sie solche Dinge schon so lange nicht mehr trägt", sagt sie. „Ich bin stolz auf das, was meine Mutter macht, aber manchmal vermisse ich ihre Art, wie sie früher war", gesteht sie. „Als ich ihr erzählte, dass ich meine modebewusste Mama vermisse, kam sie wenige Minuten später zu mir und sagte: ‚Ich glaube, dass die Jeansmarke Lee gerade in Mode ist.' Ich sah sie verblüfft an. Dann lachten wir laut los. Obwohl sie kaum mehr Ahnung von aktuellen Marken hat, wollte sie mir trotzdem zeigen, dass wir mit ihr über alles reden können."

Ibrahim nimmt die äußerliche Veränderung seiner Frau gelassen hin. Für ihn ist die Kleidung nur eine Folge ihres veränderten Lebensstils, an den er sich schon längst gewöhnt hat. Deshalb sagt er lediglich mit einem ironischem Grinsen auf dem Gesicht zu ihr: „Schon meine Mutter hat mir damals gesagt, dass sie in der Kirche ein Mädchen getroffen hat, das wie ein Engel aussieht."

Das Erlebnis mit Nancy damals im Camp hat nicht nur Mama Maggies Äußeres verändert, sondern auch dafür gesorgt, dass seitdem alle Mitarbeiter und alle Kinder während der Camps die gleichen T-Shirts tragen – damit alle gleich aussehen und niemand wegen seiner Kleidung ausgeschlossen wird.

Mama Maggies Mädchen

Mama Maggie will den Mädchen deutlich machen, dass sie wertvoll sind, egal, was sie von anderen hören. Deshalb übertreibt sie gern bewusst, wenn sie zu ihnen sagt: „Mädchen sind unendlich wertvoll, tausendmal mehr als Jungen."

Sie möchte ein Gegengewicht herstellen zu einer Umgebung, in der Töchter oftmals noch immer als Unglück und Söhne als Glück gelten. Die Mädchen brauchen eine ganze Weile, bis sie Mama Maggie glauben, dass sie wirklich etwas Besonderes sind. Die meisten von ihnen haben das nie zuvor von jemandem gehört.

Voller Begeisterung klatschen sie im Takt, während sie auf Arabisch ein Lied singen: „Mama Maggies Mädchen sind schlaue Mädchen. Auf dem Camp lernen wir: Egal wo, egal wann, immer und überall sind wir einzigartig."

Leider gehen viele der Mädchen nicht in die Schule – obwohl es in Ägypten eine Schulpflicht für alle Kinder gibt. Wenn sie nicht oder nur unregelmäßig im Unterricht erscheinen, hat das meistens keinerlei Konsequenzen für die Eltern. Und zu Hause sind sie in dieser Zeit unverzichtbare Arbeitskräfte. Daher müssen Mütter und Väter mühsam überzeugt werden, ihre Töchter regelmäßig in den Unterricht zu schicken oder ihnen eine Ausbildung zu gewähren, statt sie schon mit 15 Jahren zu verheiraten.

Oft braucht es sehr viele Worte und Geduld, bis sich bei den Eltern eine derart festgelegte Meinung geändert hat. Allzu lange kann die Entscheidung auch nicht aufgeschoben werden. Denn wenn die Kinder bei der Einschulung älter als acht Jahre sind, nimmt sie ohnehin keine staatliche Schule mehr auf. Und wenn sie später zwei Mal eine Klasse nicht schaffen, müssen sie die Schule verlassen. Die Anforderungen zu bewältigen, wenn man eigentlich zu Hause zum Arbeiten eingeteilt ist, fällt vielen schwer.

Die Folge: Weltweit gibt es wesentlich mehr Frauen, die nicht lesen und schreiben können, als Männer. Im Jahr 2012 gab es in Ägypten bei einer Gesamtbevölkerung von 84 Millionen Menschen etwa 16 Millionen Analphabeten; davon 10,3 Millionen Frauen und Mädchen. In den Elendsvierteln Kairos können bis zu 40 Prozent der Menschen weder lesen noch schreiben.*

Schon als Studentin hat sich Mama Maggie mit dem Problem des Analphabetismus auseinandergesetzt. Mehrere Monate arbeitete sie bei Pfarrer Samuel Habib, der zwei Jahrzehnte lang Präsident der protestantischen Kirchen von Ägypten war. Habib gründete die Hilfsorganisation CEOS (Coptic Evangelical Organization for Social Services), die heute zu einer der größten Wohlfahrtsorganisationen Ägyptens gehört und besonders für ihre Alphabetisierungsprogramme in ländlichen Gebieten bekannt ist.

Als sie sich Jahre später an die Arbeit von Pfarrer Habib erinnert, hat Mama Maggie spontan die Idee, denjenigen Mädchen, die bereits aus dem „normalen Schulsystem" herausgefallen sind, eine zweite Chance zu geben. Auch sie sollen lesen, schreiben und die Grundrechenarten lernen.

Im Klassenraum eines einfachen, unverputzten Steinhauses sitzen 18 Mädchen auf Holzbänken und schauen nach vorn an die Tafel. Durch ein kleines Fenster und die offene Tür dringt schwaches Tageslicht in das Zimmer, die Luft ist stickig. Ein

---

* Angabe der Offiziellen Statistischen Agentur Ägypten (CAPMAS), zitiert aus Information des Auswärtigen Amtes: http://www.auswaertiges-amt.de/DE/Aussenpolitik/Laender/Laenderinfos/Aegypten/Kultur-UndBildungspolitik_node.html

Mädchen schreibt ein Wort an die Tafel, das die anderen Schülerinnen im Chor laut vorlesen. Anhand von Wortfeldern, also verschiedenen Wörtern zu einem bestimmten Thema, die allen bekannt sind, lernen sie lesen und schreiben. Zum Beispiel das Wortfeld „Kochen": Topf, Wasser, Tomaten, Bohnen, Zwiebeln, Feuer und heiß.

In der Altersgruppe von acht bis 14 Jahren ist es am Wahrscheinlichsten, dass Schülerinnen noch den Anschluss an die reguläre Schule bekommen oder eine Weiterbildung machen können – wenn sie sich anstrengen. „Auch das Bildungsministerium akzeptiert und schätzt unsere Kurse", sagt Maher. „Hier geht es nicht darum, ein Genie zu werden. Allein die Grundbildung eröffnet den Mädchen bereits ganz neue Perspektiven."

Für eine Unterrichtsstunde ist es auffällig laut und unruhig im Klassenraum. Das liegt jedoch nicht an den Schülerinnen, sondern an den Kleinkindern, die auf dem Boden krabbeln oder weinend in den Armen der Mädchen liegen. Die meisten Schülerinnen müssen tagsüber auf ihre kleinen Geschwister aufpassen, während die Mutter im Müll arbeitet. Wenn sie die Kleinen nicht mitbringen dürften, wäre es noch schwieriger, die Eltern davon zu überzeugen, dass die Mädchen am Unterricht teilnehmen sollten. Weil sie im Haushalt fest eingeplant sind, für ihre Familie kochen, putzen, wickeln und waschen, können sie sowieso meist nicht pünktlich kommen.

Der Unterricht findet daher den gesamten Vormittag über statt und wiederholt sich jede Stunde. Bevor die Mädchen gehen, bekommen sie ein Essenspaket mit Obst, Nudeln und Konserven für die Familie mit – auch dies wieder ein guter Anreiz für die Eltern, ihre Töchter regelmäßig zum Unterricht gehen zu lassen. Wie viel Zeit den Schülerinnen zu Hause bleibt, um das Gelernte zu wiederholen, entscheidet am Ende, wie erfolgreich und wie schnell sie lernen. „Aber wer jeden Tag kommt und zu Hause etwas übt, kann innerhalb von einigen Monaten lesen und schreiben", sagt Maher. Das haben schon viele Mädchen bewiesen, die das Schulprogramm von Stephen's Children erfolgreich abgeschlossen haben.

Abc und Nähmaschinen

Je nach Alter besuchen die Mädchen und jungen Frauen anschließend staatliche Schulen oder sie beginnen zu arbeiten. Mama Maggie ist es auch wichtig, ihnen die Möglichkeit zu geben, sich beruflich weiterzubilden, um später eine Arbeitsstelle zu finden und etwas zum Einkommen der Familie beitragen zu können. Schon Anfang der 90er-Jahre hat sie deshalb für diese Frauen Handarbeitsklassen gegründet, aus denen fünf Jahre später das erste Berufsausbildungszentrum speziell für Mädchen ab 14 Jahren und junge Frauen entstanden ist.

Hier in der Werkstatt rattert, surrt und schnattert es. Mädchen stehen hinter elektrischen Strickmaschinen und beobachten die Schlitten, die automatisch über das Nadelbett gleiten. Sie achten genau darauf, dass die braune Wolle, die zu dem Rückenteil eines Pullovers verarbeitet wird, sich nicht verheddert. Wenn Vorder- und Rückenteil fertig gestrickt sind, werden sie an eines von zwei Mädchen weitergereicht, die an einem Tisch sitzen und die entsprechenden Stücke mit der Nähmaschine zusammenfügen. Wieder andere vernähen die Fäden der fast fertigen Pullover anschließend von Hand.

Den Schülerinnen macht es Spaß, am Ende einen fertigen Schal oder Pullover in der Hand zu halten. „Die Mädchen arbeiten jeden Tag selbstständiger, und das gibt ihnen das Gefühl, etwas wirklich gut zu können", sagt Kerestin, die seit vielen Jahren bei Stephen's Children mitarbeitet und das Berufsausbildungszentrum leitet. Außerdem profitieren nicht nur die Mädchen von dem Strick- und Nähtraining, sondern auch bedürftige Menschen. Sie erhalten bei Verteilungen Pudelmützen, meterlange Wollschals und dicke Strickpullis für den Winter.

Jeden Tag kommen die Mädchen und jungen Frauen um acht Uhr morgens ins Zentrum. Nach einer kurzen Andacht gehen sie mit den Ausbilderinnen in die Werkstatt. Mittags gibt es für alle ein Essen. „Manchmal kochen wir mit ihnen, das ist etwas ganz Besonderes für sie, weil wir dann gemeinsam überlegen, was wir mit den vorhandenen Lebensmitteln zubereiten können. Zu Hause gibt es fast jeden Tag das gleiche Essen", berichtet Kerestin.

Die Mittagspause ist der Ort, wo die Mädchen, Ausbilderinnen und Lehrerinnen, die im Zentrum arbeiten, zusammensitzen und sich austauschen. „Es ist wichtig, Zeit mit den Mädchen und Frauen zu haben. Sie sprechen mit uns über ihre Sorgen, über gesundheitliche Probleme und finanzielle Nöte zu Hause. Wir hören ihnen zu und versuchen, zu sie beraten." Wenn eines der Mädchen Geburtstag hat, wird eine kleine Feier veranstaltet – für einige ist es die erste Geburtstagsfeier in ihrem Leben.

Aber auch sonst wird viel Wert darauf gelegt, das Selbstbewusstsein zu stärken. Für gute Leistungen bekommen die Mädchen mehrmals im Jahr kleine Belohnungen. „Zu Weihnachten schenken wir ihnen etwas Größeres, das sie für den Haushalt brauchen können, zum Beispiel einen neuen Kochtopf", sagt Kerestin. Nach dem Essen wird bis 16 Uhr weitergearbeitet. Schülerinnen, die noch nicht lesen und schreiben können, erhalten pro Tag ein bis zwei Stunden gesondert Unterricht.

Ein halbes Jahr dauert die Ausbildung durchschnittlich. Manche arbeiten danach in der Werkstatt weiter, andere finden woanders eine Stelle oder heiraten und arbeiten dann von zu Hause aus. Auch hierfür ist die Ausbildung in der Strickerei und Näherei sehr nützlich. In den meisten Fällen unterstützen die Eltern deshalb die Ausbildung ihrer Töchter.

Anders als in den Fabriken der Umgebung müssen ihre Mädchen hier nicht frühmorgens und spätabends einen langen, unsicheren Arbeitsweg auf sich nehmen oder Diskriminierungen über sich ergehen lassen, weil sie als Koptinnen unverhüllt zur Arbeit erscheinen. Außerdem erhalten die Mädchen und jungen Frauen für das Stricken von Pullovern oder das Besticken von Tischdeckchen ein kleines Einkommen, was der ganzen Familie hilft.

Für alle jungen Frauen, die einen regelmäßigen Lohn erhalten, wurde ein Bankkonto eingerichtet. Es war Mama Maggies Idee, zunächst für die Mitarbeiter und schließlich auch für die Mädchen in den Ausbildungszentren Konten anzulegen. „Die meisten von ihnen kommen aus sehr armen Elternhäusern. Ich möchte, dass sie sparen, um bei Notfällen abgesichert zu sein, aber auch, um sich einmal etwas Besonderes leisten zu können."

Kerestin erinnert sich noch gut, wie Mama Maggie ihr als Mitarbeiterin vor einigen Jahren erklärt hat, wie sie am besten ihr Geld verwalten kann. „Sie brachte uns bei: ‚Gib mindestens 10 Prozent den Armen, spare mindestens 10 Prozent und gib deiner Familie mindestens 10 Prozent. Den Rest kannst du frei verwenden.' Sie wollte uns damit zeigen, dass wir – egal, wie viel oder wenig wir haben – trotzdem abgeben und sparen können."

In Ägypten ist es nicht üblich, ein Bankkonto zu besitzen, vor allem nicht für arme Menschen. Der überlegte und vor allem sparsame Umgang mit Geld ist deswegen für die allermeisten völlig neu.

„Normalerweise leihen sich die Menschen untereinander Geld aus. Das kann zu sehr großen Konflikten führen. Außerdem ist es entwürdigend, sich in Zeiten der Not Geld leihen zu müssen. Die Ersparnisse auf dem Bankkonto sichern sie ein wenig ab, auch wenn Sparen für arme Menschen natürlich schwer ist. Doch das Abgeben, Anlegen und Ausgeben von Geld führt zu mehr Respekt vor mir selber. Ich kann zwar nicht alles haben, was ich will, aber ich muss nicht von der Hand in den Mund leben", sagt Mama Maggie.

12
Die Träumerin

Beginne an einem finsteren Ort, vom Licht zu träumen.

Maggie Gobran

Wenn die heute 21-jährige Marina an ihre Kindheit zurückdenkt, beschreibt sie ihre Familie als „arm in vielen Bereichen": „Meine Eltern hatten immer sehr wenig Geld, und zu Hause gab es nie genug Essen, Kleidung oder Decken. Spielzeug hatten meine acht Geschwister und ich natürlich auch nicht." Doch viel schlimmer als die Armut hat Marina die bedrückende Familiensituation in Erinnerung. „Von drei Schwestern und sechs Brüdern bin ich die Jüngste. Ich hatte immer Angst vor meinen Brüdern, denn sie waren grob und aggressiv zu mir."

Keiner von ihnen schaffte die Schule, weil sie das Lernen langweilig fanden und nur selten in den Unterricht gingen. Die Eltern störte das nicht und sie schickten die Jungen zum Arbeiten. Was sie den ganzen Tag über taten, interessierte sie nicht – auch wenn es offensichtlich war, dass das Geld, das sie ihnen abends ablieferten, gestohlen war. „Bis heute verstehe ich nicht, warum meine Mutter nie etwas dagegen gesagt hat. Wenn sie ihr Geld gaben, hat sie nie gefragt, woher es stammt. Sie hat einfach dazu geschwiegen."

Was Marina in ihrer Kindheit am meisten geprägt hat, kann sie in einem Satz zusammenfassen: „Mädchen reden nicht, sondern haben still zu sein! Alles, was ich sagte, wurde als dumm oder falsch abgetan. Deshalb habe ich irgendwann geschwiegen und alles in mich hineingefressen: meine Wünsche, meine Ängste und meine Sorgen. Ich wusste nicht, mit wem ich reden sollte, und fühlte mich wertlos und ungeliebt", erzählt Marina.

Ihre Familie sind Kopten. Manchmal gingen sie zur Kirche. Auf der Kirchenbank sprach Marina eines ihrer ersten und lange Zeit auch ihrer letzten Gebete: „Gott, warum sollte ich an dich glauben? Wenn es dich gibt, dann passt du auf mich sehr schlecht auf."

Zu ihrem großen Glück hinderten ihre Eltern Marina nicht, in die Schule zu gehen. Sie wollte unbedingt einen Abschluss machen, um wenigstens in einer Sache besser zu sein als ihre Geschwister. Doch ohne fremde Hilfe fiel es ihr sehr schwer, den Anforderungen in der Schule gerecht zu werden.

Eingesperrt in Verzweiflung

Auch noch als Jugendliche war Marina sehr schüchtern und hatte kaum Freunde. Sie wünschte sich nichts mehr, als Menschen um sich zu haben, die sie mögen.

„Eines Tages verliebte ich mich in einen Jungen. Ich hätte alles für ihn getan. Meine Eltern verboten mir aber, ihn zu treffen. Doch ich wollte diesen Jungen unbedingt wiedersehen und wagte es zum ersten Mal, meinen Eltern zu widersprechen", erzählt sie.

Ihre Eltern reagierten mit Schlägen und sperrten sie für drei Tage in einen Raum ein. Nur ihre Neffen und Nichten, Kinder ihres ältesten Bruders, hatten Mitleid und schoben ihr heimlich etwas Essen und Wasser zu. „In diesem Gefängnis hatte ich nichts zu tun, außer meiner Verzweiflung freien Raum zu lassen und mich in Selbstmitleid zu baden."

Sie war wütend auf ihre Familie und auf Gott, weil er das alles zuließ. „Ich machte dem Gott, an den ich gar nicht mehr richtig glaubte, Vorwürfe und sagte zu ihm: ‚Wenn es dich gibt, dann zeig mir doch endlich, dass du da bist!'"

Einige Tage nachdem man Marina wieder aus dem Zimmer gelassen hatte, kam eine Mitarbeiterin von Stephen's Children zu Besuch. Der Kontakt bestand erst seit wenigen Wochen. Die Eltern hatten diese Unterstützung hauptsächlich wegen der zu erwartenden Lebensmittel akzeptiert und nicht so sehr, um sich mit den Kindern und ihrer eigenen Überforderung zu beschäftigen.

Die Mitarbeiterin erkannte, dass seit ihrer letzten Begegnung etwas vorgefallen sein musste, und fragte, ob sie mit Marina in die Kirche gehen dürfe. Die Mutter zögerte zuerst, aber erlaubte es dann. Schnell wurde klar, dass es so für Marina nicht mehr weitergehen konnte.

Und tatsächlich beginnt etwas Neues. In der kommenden Woche findet in der Kirche ein Jugendabend statt. Marina fühlt sich in der friedlichen Atmosphäre sehr wohl: „Ich spürte, dass Gott da war. Und der Priester sagte sehr eindrucksvoll, dass Gott uns Menschen liebt. Das war meine große Sehnsucht. Ich hatte eine riesige Leere in mir, weil ich mich so ungeliebt fühlte."

Einige Monate später lädt die Mitarbeiterin Marina zum Mädchencamp ein. Gleich am ersten Tag begegnet ihr die Frau, die von allen „Mama" genannt wird. Marina beobachtet sie ganz genau, wie sie sich mit den anderen Mädchen unterhält, mit ihnen lacht und sie herzlich umarmt. Gern würde sie sie ansprechen, doch das traut sie sich einfach nicht.

„Sie war ein sehr ängstliches Mädchen und sprach fast nichts", erinnert sich Mama Maggie im Rückblick.

Am letzten Tag bleibt Marina unsicher am Ausgang des Camps stehen.

Mama Maggie geht auf sie zu und sagt ihr in aufmunterndem Ton: „Du darfst immer zu mir kommen."

Marina sagt nichts, aber sie lächelt.

Einige Jahre später schließt sie tatsächlich die Schule ab – eine beeindruckende Leistung für sie. Dann entscheidet sie sich, von zu Hause auszuziehen, obwohl sie noch nicht verheiratet ist. Die bedrückende Situation dort hält sie nicht mehr länger aus.

Am liebsten würde sie bci Mama Maggie arbeiten, zum Beispiel in den Camps. Unsicher fragt sie im Büro von Stephen's Children, ob sie zukünftig mitarbeiten darf. „Ich hatte solche Angst, dass sie mich nicht nehmen. Denn ich konnte ja weder Erfahrungen noch besondere Talente vorweisen. Stattdessen brachte ich die Verletzungen aus meiner Kindheit mit", beschreibt Marina ihre Gefühle.

Doch zu ihrer Überraschung wird sie ermutigt: „Marina, aus dir wird eine tolle Mitarbeiterin werden." Diesen Satz wird sie nie vergessen. Die Mitarbeiter glauben an sie. Bevor sie ihr verantwortungsvolle Aufgaben geben, helfen sie ihr, mit ihren eigenen Kindheitserlebnissen besser umzugehen und mehr Selbstbewusstsein zu gewinnen.

Heute sagt Marina über diese Anfangszeit: „Ihre Fürsorge hat mein Leben verändert. Solch eine Liebe habe ich vorher noch nie erlebt." Sie lernt in der Folge, ohne Angst über ihre Gefühle zu sprechen und sie auszudrücken. Und sie muss üben, „Nein" zu sagen. „Das hat drei Jahre gedauert", gibt sie zu.

Mama Maggie bestätigt sie sehr darin, nicht aufzugeben. „Du bist ein ganz besonderes Mädchen, vergiss das nie", sagt sie immer wieder zu ihr.

„Wovon soll ich träumen?"

Mama Maggie ermutigt Marina zu träumen, doch das Mädchen ist überzeugt, dass das sinnlos ist.

„Wovon soll ich denn träumen?", fragt sie Mama Maggie. „Ich kann sowieso nichts erreichen. Träumen ist nur etwas für reiche und erfolgreiche Menschen."

Mama Maggie widerspricht: „Träumen darf jeder! Probier es aus!"

Aber auch wenn Marina nicht mehr bei ihren Eltern lebt, lastet die Situation zu Hause wie ein schwerer Stein auf ihrem Herzen. „Ich wünschte mir so sehr, dass sich meine Eltern und meine Geschwister verändern, doch ich fühlte mich machtlos. Sie hatten mich noch nie ernst genommen", sagt sie.

Es wird ein langer Prozess der Heilung, aber Marina überwindet am Ende ihre Schüchternheit und bekommt tatsächlich mehr Selbstvertrauen. „Früher hatte ich schon Mühe, mit zwei oder drei Menschen zu sprechen, heute macht mir das Reden vor vielen Leuten nichts aus. Ich könnte auch vor 20 000 Menschen sprechen", scherzt sie lachend.

Während Mama Maggie viele andere anstiftet, ihr Leben groß zu träumen, lässt sie ihre Gedanken kreisen. Für jedes einzelne Kind hat sie persönlich einen Traum, eine Wunschvorstellung: „Ich versuche, mir jedes von ihnen in zehn Jahren vorzustellen, und überlege mir, was ich dann sehen möchte", sagt sie. „Bei Marina habe ich mir gewünscht, dass sie eine selbstbewusste Frau wird. Eine, die viele andere ermutigt zu träumen."

Häufig hört Mama Maggie Kinder wie Marina sagen: „Das schaffe ich nie", oder: „Dafür bin ich zu schlecht." Sie glauben dies inzwischen selbst, da sie schon so oft erlebt haben, dass andere sie verachten oder verspotten, weil sie angeblich nichts können.

„Ähnlich, wie Erwachsene ihre Träume zur Seite schieben, weil sie glauben, zu wenig Möglichkeiten und Einfluss zu haben, sagen mir viele Kinder, dass sie einfach nicht daran glauben können, das zu schaffen, was sie sich wünschen. Das erscheint mir widersprüchlich. Es sind doch gerade die Kinder, die durch ihre Fantasie so oft beweisen, dass selbst mit den einfachsten Mitteln etwas gelingen kann."

Sie beobachtet zum Beispiel Kinder, die stundenlang mit alten Joghurtbechern oder Murmeln, die sie im Müll finden, spielen oder aus Coladosen und Kronkorken Autos basteln. Genau diese Fantasie und Unbeschwertheit brauchen sie auch zum Träumen.

Als Marina eines Tages niedergeschlagen bei Mama Maggie im Büro vorbeikommt, fragt diese sie, was los ist.

„Bei Stephen's Children bin ich mutig und helfe anderen Menschen", klagt sie, „doch wenn ich meine Familie besuche, bin ich so schüchtern und unsicher wie früher. Wie kann ich da etwas verändern?"

Mama Maggie umarmt Marina und sagt zu ihr: „Halte diesen Traum fest, und glaube mir, dass Gott ihn sieht und sich darum kümmert."

Als Marina das nächste Mal zu ihren Eltern kommt, trifft sie dort ihre Neffen und Nichten, die allein zu Hause sind. Sie setzt sich zum Spielen mit ihnen auf den Boden und schließlich betet sie mit ihnen. Das hat sie vorher noch nie gemacht. Plötzlich war der Gedanke da, und sie hatte den Mut, ihn gleich in die Tat umzusetzen. Wenig später kommen ihre Schwestern und Schwägerinnen dazu. „Sie hatten nichts dagegen, dass ich mit den Kleinen betete, im Gegenteil, sie waren offen und wollten von mir wissen, warum ich bete."

Sehr langsam baut sich auch zu ihren Brüdern ein neuer Kontakt auf. Marina betet weiter darum, dass sie sich vertragen, und die Beziehungen untereinander werden immer besser. „Wenn es heute Probleme in unserer Familie gibt, setzen wir uns zusammen. Meine älteren Brüder fragen mich, ihre kleine Schwester, nach meiner Meinung. Das ist unvorstellbar, ein Wunder, wenn ich an unsere Kindheit zurückdenke."

Aber es gelingt nicht alles. Einer der Brüder hat sich von der gesamten Familie distanziert und spricht mit niemandem mehr ein Wort.

Über zehn Jahre wurde Marina von Stephen's Children begleitet und später als Mitarbeiterin gefördert. Heute ist sie verheiratet und hat ein eigenes Kind. Und sie kümmert sich um zehn weitere Kinder, die sie im Kinderheim umsorgt. Stephen's Children hat die Einrichtung vor einigen Jahren für Waisen und Kinder, die nicht mehr bei ihren Eltern leben können, gegründet.

Marinas eigene Erfahrungen helfen ihr, die Kinder dort zu verstehen. Heute ist sie diejenige, die viele Kinder ermutigt zu träumen. Zum Beispiel die achtjährige Sarah, die unbedingt Ärztin werden möchte, wenn sie groß ist. Marina hat ihr ein Spielstethoskop, ein weißes Hemd als Arztmantel und Pappe gegeben, damit sie sich ihr eigenes Krankenhaus basteln kann. Sarah tut nichts lieber, als damit zu spielen. Und immer, wenn sie keine Lust hat, ihre Hausaufgaben zu machen, erklärt ihr Marina geduldig, dass sie gute Noten braucht, um später Ärztin zu werden.

Wenn die Armen den Armen helfen

Marina gehört zu den 20 Prozent der Mitarbeiter von Stephen's Children, die selbst in einem Müllslum oder Elendsviertel aufgewachsen sind. „Die Tiefen der Slums sind für Menschen, die von außen kommen, nahezu unzugänglich. Wer nicht hier aufgewachsen ist, bleibt ein Fremder, der das System nicht versteht und dem viele Dinge gar nicht auffallen. Das Geheimnis, diesen Menschen wirklich helfen zu können, waren die Armen selbst. Sie verschafften uns Zugang und erklärten uns, wie die Menschen ihren Alltag gestalten", sagt Peter. Dieses Wissen war gerade am Anfang der Arbeit sehr wichtig, um auf die Not vor Ort sinnvoll reagieren zu können. Menschen, die selbst einmal arm waren, haben dazu beigetragen, anderen zu helfen, die arm sind.

Mittlerweile sind die ersten Kinder, um die sich Mama Maggie gekümmert hat, längst erwachsen. Einige von ihnen arbeiten nun als Mitarbeiter in den Kindergärten, bei den Hausbesuchen, bei den Bildungsprogrammen oder in den Camps mit.

So wie Marina wurde auch die heute 21-jährige Iman als Kind von Mama Maggie ermutigt: „In meinem Notizbuch stehen viele Sätze von Mama Maggie, die sie während der Camps gesagt hat und die mich bis heute aufbauen, wenn ich deprimiert bin. Meine Kindheit war nicht einfach, aber ich weiß, dass man niemals aufgeben soll, auch dann nicht, wenn es Probleme gibt. Das möchte ich gerne an andere Kinder weitergeben." Zusammen mit einer älteren Mitarbeiterin besucht sie verschiedene Familien und ist für die Kinder da.

Auch Maged ist dankbar für die Liebe und Förderung, die er als Kind durch Stephen's Children erfahren hat. Als Mitarbeiter kümmert er sich heute vor allem um die Jungen in den Camps.

„Ich weiß, dass es für die Kinder sehr wichtig ist zu wissen, dass jemand für sie da ist und ihnen zuhört." Alle Mitarbeiter bekommen ein kleines Taschengeld, das gerade reicht, um davon zu leben. Geld soll keine Motivation sein, um mitarbeiten zu wollen.

Die Mitarbeiter, die regelmäßig Familien besuchen, sind in Vierergruppen aufgeteilt. Wenn jemand Neues dazukommt, wird er Teil eines Teams und von dem jeweiligen Leiter drei Monate lang in die Arbeit eingeführt. Alle zukünftigen Mitarbeiter nehmen außerdem an einem viertägigen Kurs teil, in dem sie auf eventuelle Fragen vorbereitet werden und die Struktur und Arbeitsweise von Stephen's Children kennenlernen.

Jeder Mitarbeiter betreut etwa 25 Familien, die er alle sieben bis zehn Tage besucht. Wenn es Probleme gibt, mit denen ein Mitarbeiter überfordert ist, wendet er sich an seinen Gruppenleiter. Einige Familien, bei denen es besonders schwierig ist, besuchen Mitarbeiter oftmals auch zu zweit. In Mitarbeitersitzungen werden anschließend die Besuche nachbesprochen, sodass alle dazulernen.

Sinnvolles Leben

An einem Mittwochnachmittag treffen sich alle Mitarbeiter aus Mokattam. Heute sind es rund 200 Männer und Frauen, die sich auf dem Gelände, wo auch die Camps für die Kinder stattfinden, zusammengefunden haben. In einer großen Halle sitzen sie auf weißen Plastikstühlen.

„Selig, die arm sind vor Gott; denn ihnen gehört das Himmelreich. Selig die Trauernden; denn sie werden getröstet werden. Selig, die keine Gewalt anwenden; denn sie werden das Land erben. Selig, die hungern und dürsten nach der Gerechtigkeit;

denn sie werden satt werden..." Zu Beginn der Sitzung erheben sich alle und sprechen auswendig die drei Kapitel der Bergpredigt Jesu aus dem Matthäusevangelium. Der Text ist wie eine Verfassung für die Arbeit von Stephen's Children und jedes offizielle Treffen der Mitarbeiter beginnt mit diesen Bibelworten.

Mama Maggie geht nach vorn und setzt sich den Mitarbeitern gegenüber an einen Tisch, auf dem ein üppiger Blumenstrauß steht. Die meisten Mitarbeiter sind zwischen 18 und 30 Jahre alt. Viele arbeiten etwa zwei Jahre für die Organisation, um sich vor oder nach einer Ausbildung oder dem Studium sozial zu engagieren. Es ist Mama Maggie ein Anliegen, diese jungen Menschen zu fördern, sowohl fachlich für ihre Tätigkeit bei Stephen's Children als auch persönlich. Die Zeit in ihrem Werk soll für sie eine Art Lebensschule sein, in der sie sich auch selber besser kennenlernen und ihre Persönlichkeit entfalten können.

Deshalb wählt sie heute ihr persönliches Lieblingsthema: Wie kann ich ein sinnvolles Leben führen? Sie schaut in die Gesichter ihrer Mitarbeiter und beginnt den Vortrag mit der Frage: „Hast du in deinem Leben ein Ziel?" Dann fährt sie fort: „Dein Leben ist zu kostbar, um ohne ein Ziel zu leben. Denn wenn du kein Ziel hast, dann erreichst du auch nichts. Jeden Tag kannst du als Übung betrachten. Ich versuche, mir morgens ein Ziel zu setzen, und überlege, was für heute dran ist. Wem kann ich etwas Gutes tun?" Die jungen Frauen und Männer, die vor Mama Maggie sitzen, haben ihre Notizbücher aufgeschlagen und schreiben eifrig mit.

„Um ein sinnerfülltes Leben zu führen, müssen wir uns selbst kennen. Wer bin ich? Was hat sich Gott für mein Leben gedacht, als er mich schuf? Das ist das wichtigste Wissen, das wir erlangen können. Doch wir brauchen Zeit, um all diese Fragen gründlich beantworten zu können. Du kannst es mit dem Spielen eines Musikinstruments vergleichen. Du brauchst Übung, bis du es gut kannst und es schön klingt. Genauso braucht es Zeit, bis ich weiß, wer ich bin und was ich will. Erst dann werde ich erfolgreich sein, weil ich mich auf das konzentriere, was ich gut kann", sagt Mama Maggie und blickt kurz auf ihr kleines Blöckchen, auf das sie sich einige Stichworte notiert hat.

„So wie jeder unterschiedliche Fingerabdrücke hat und jede Regenbogenhaut des Auges einmalig ist, so gibt es für jeden Menschen ein eigenes Lebensziel. Deshalb schaue nicht, wie andere ihr Leben gestalten, vergleiche dich nicht mit ihnen, sondern finde dein eigenes Ziel. Wenn du es gefunden hast und danach lebst, wirst du andere inspirieren. Erlaube deshalb nicht der Welt, dass sie dein Leben zu sehr beeinflusst, sondern beeinflusse du mit deinem Leben die Welt", sagt Mama Maggie, bevor sie eine kurze Pause macht.

Sie blickt zu einem jungen Mann, der rechts von ihr steht und die wichtigsten Punkte ihres Vortrags für alle lesbar auf einer Tafel mitschreibt. Dann fährt sie fort: „Jede Blume im Garten hat ihre eigene Schönheit und einen besonderen Duft. Keine Blume ist wie die andere. Das Leben ist dazu da, um sich an ihm zu erfreuen und auch daran, wie ich geschaffen bin. Zusammen bilden wir einen wunderschönen Garten." Mama Maggie steht auf und nimmt den Blumenstrauß aus der Vase. Langsam geht sie durch die ersten Reihen und verteilt Blumen. Für jeden Mitarbeiter findet sie ein persönliches, wertschätzendes Wort.

Dann spricht sie weiter: „Was ist für dich Erfolg? Wärst du gerne so bekannt und erfolgreich, dass sich die Menschen auch noch nach deinem Tod an dich erinnern? Aber ist es nicht viel wichtiger, sich darüber Gedanken zu machen, was in Gottes Augen erfolgreich ist? Wie setze ich meine Gaben und meine

Möglichkeiten, die er mir geschenkt hat, ein? Überlege dir zwei Minuten lang, in welchem Bereich deines Lebens du dich morgen verändern möchtest. So, wie sich die Zellen unseres Körpers immer wieder erneuern, sollten wir täglich auch einen Neustart mit unserem Herzen wagen. Es ist nie zu spät, von Gott verändert zu werden und einen neuen Traum zu träumen", beendet sie ihren Vortrag.

Die Mitarbeiter stehen von ihren Sitzen auf. Mama Maggies Worte haben sie beeindruckt. „Jedes Mal ermutigt sie mich, weiter nach dem Sinn und der Bestimmung meines Lebens zu suchen. Wenn ich von ihrer eigenen Lebenswende höre und beobachte, wie liebevoll sie mit den Kindern umgeht, glaube ich wirklich, dass ein einziges Leben einen Unterschied in dieser Welt machen kann. Auch mein Leben", sagt Reda, die seit drei Jahren für Stephen's Children Familien besucht.

Unzählige Menschen hat Mama Maggie bereits herausgefordert, nach ihrem Lebensziel zu suchen. Viele haben eine ähnliche Antwort wie sie gefunden: Anderen Gutes zu tun.

13
Wer teilen kann, ist reich

Mein Bruder, liebe die Stille. Sie gibt deiner Seele Leben. In der Stille erkennst du dich selbst. Außerhalb der Stille erkennst du nur, was außerhalb von dir selbst ist. Solange du die anderen siehst, wirst du niemals dich selbst sehen.
Isaak der Syrer, ca. 640–700 n. Chr.,
Bischof von Ninive und Eremit

Am Anfang ihrer Arbeit ist Mama Maggie fast den ganzen Tag in den Elendsvierteln Kairos unterwegs, um dort Familien zu besuchen. Die Not, die sie dort sieht, treibt sie dazu an, in kurzer Zeit so viele Mitarbeiter wie möglich für ihre Arbeit zu gewinnen. Je mehr Hände und Herzen sich um diese Menschen kümmern, desto besser.

Ihr ehrgeiziger Plan, jedes Jahr die Zahl der Mitarbeiter und der Projekte zu verdoppeln, sorgt dafür, dass aus dem ersten Team mit vier Personen bald ein Stab von Hunderten Mitarbeitern wird, der Tausende von Familien betreut und in verschiedenen Bereichen tätig ist.

Mama Maggie wird auf diese Weise immer mehr zur Managerin eines großen Sozialunternehmens. „Ich hatte jedes Jahr genaue Zielvorstellungen. Ich plante, wie und bis wann ich neue Mitarbeiter ausgebildet haben werde und welches Budget ich pro Jahr benötigen würde, um zum Beispiel einen weiteren Kindergarten zu eröffnen oder ein ganz neues Projekt umzusetzen."

Die Arbeit wächst weit über das hinaus, was Mama Maggie jemals für möglich gehalten hätte. Doch damit steigt auch ihr persönliches Arbeitspensum rapide an. Bis spätabends sitzt sie im Büro über Abrechnungen oder leitet Sitzungen mit dem Vorstand oder ihren Mitarbeitern. Privat bleibt einiges auf der Strecke. „Irgendwann musste ich meiner Mutter sagen: ‚Bitte vergib mir. Ich werde nicht mehr zu allen Familientreffen kommen können, ich brauche mehr Zeit für Stephen's Children.'"

Oft geht Mama Maggie morgens nach der Frühmesse, die um fünf Uhr beginnt, direkt ins Büro und setzt sich an ihren großen Holzschreibtisch. Stundenlang liest sie Berichte von ihren Mitarbeitern, informiert sich, wie deren Arbeit gerade läuft und welchen Herausforderungen sie sich stellen müssen. Dies hilft ihr und den anderen leitenden Mitarbeitern, den Überblick darüber zu behalten, was gerade geschieht. Besonders wichtig ist dies für die zahlreichen Projekte außerhalb Kairos. In der Küstenstadt Alexandria und in armen Dörfern Oberägyptens bei El Menia, Beni Sueif und Assiut arbeiten mittlerweile Mitarbeiter von Stephen's Children.

Eine Wand ihres Büros ist mit Bildern tapeziert, die Mama Maggie von den Kindern geschenkt bekommen hat. Auf einem der Papierbögen sind mit Filzstift Blumen und Herzen gemalt, „Tenk you" steht darunter in krakeliger Kinderschrift. Daneben hängen Papierblumen, die ein Mädchen gefaltet hat, das an einem der Camps teilgenommen hat.

All die bunten Kinderzeichnungen erinnern Mama Maggie daran, warum sie Stephen's Children gegründet hat. Trotz ihres übervollen Terminkalenders nimmt sie sich immer wieder die Zeit, „ihre" Kinder zu sehen. Für sie will sie da sein. Das ist der Grund, warum sie all diese zeitintensiven Führungsaufgaben übernommen hat. Sie will den Menschen dienen.

Im Nachhinein sieht sie ihre früheren Jobs als Vorbereitung für ihre jetzige Aufgabe. Noch immer profitiert sie von ihren beruflichen Kontakten. Anwälte, Ingenieure, Ärzte, Regierungsbeamte und Geschäftsleute sind immer wieder bereit, Mama Maggies Arbeit mit ihren Kenntnissen, ihren Beziehungen und auch mit Geld zu unterstützen.

Außerdem hilft es Mama Maggie, dass sie bereits zuvor Personalverantwortung bekommen hat. Ihr Tochter Ann stellt fest: „Meine Mutter trainierte am Anfang ihrer beruflichen Karriere jahrelang Mitarbeiter und gründete neue Teams. Diese Erfahrung kommt ihr heute zugute. Auch bei Stephen's Children sind die Mitarbeiter hoch motiviert und werden regelmäßig geschult."

„Never give up" ist über einem Cartoon zu lesen, der ebenfalls an der Wand von Mama Maggies Büro befestigt ist. Er zeigt einen Frosch, der mit dem Kopf im Schnabel eines Storches steckt und seinen Angreifer dennoch mit beiden Händen würgt, um sich zu wehren.

Oft fühlt sich Mama Maggie von ihren Aufgaben schier erdrückt. „Als Hauptverantwortliche für ein so großes Werk war ich mir manchmal nicht sicher, ob ich die Schwierigkeiten des kommenden Tages meistern kann oder nicht. Aber ich wusste: Wenn Gott mir hilft, dann kann ich es schaffen."

Rechts auf ihrem Bürotisch steht ein Foto des koptischen Papsts Kyrillos VI. (1902–1971). Er ist ihr ein großes geistliches Vorbild. Das Gebet bestimmte sein Leben. Der Tag begann zur ersten Stunde mit den koptischen Mitternachtshymnen, anschließend betete er sechs Stunden weiter bis zur Morgenmesse. „Gebet kann alles verändern. Denn es bewegt die Hand dessen, der die Welt in seiner Hand hat", sagte er einmal.

Mama Maggie hat sich diesen Satz gemerkt. Und wenn sie vor einer wichtigen Entscheidung steht, macht sie es wie Papst Kyrillos: Sie betet und wartet auf eine Antwort von Gott. In der Bibel sucht sie nach einem passenden Vers, der ihr bei ihrer Entscheidung helfen soll.

Oft holt sie sich zudem Rat von ihrem geistlichen Vater, Bischof Michael Mitjas el Makari aus Assiut. Er ist mit 92 Jahren der älteste koptisch-orthodoxe Bischof in Ägypten und gilt als weiser Mann.

Bischof Michael beriet Mama Maggie zum Beispiel auch, als es an einigen Orten, wo Stephen's Children tätig ist, Auseinandersetzungen mit den dortigen Kirchen gab. Wenn Mama Maggies Mitarbeiter begannen, sich in einer neuen Umgebung um bedürftige Menschen zu kümmern, sahen die Kirchengemeinden vor Ort dies manchmal als Konkurrenz an. Bischof Michael schlug vor, die Leiter der Gemeinden zu besuchen und ihnen zu sagen, dass Stephen's Children die Zusammenarbeit sucht.

„Wir wollen niemanden aus seiner Kirchengemeinde abwerben. Überall, wo wir sind, ermutigen wir die Mitarbeiter und die Menschen, denen wir helfen, zur Messe oder zum Gottesdienst in die nächstgelegene Kirche zu gehen", sagt Mama Maggie.

Die Mitarbeiter aus ihrer Organisation stammen aus unterschiedlichen Kirchen und Gemeinden. Aber sie alle verbindet das Motto von Stephen's Children: Mit der Liebe Jesu die von der Gesellschaft „Ungeliebten zu lieben".

„Papa Ibrahim"

Mama Maggie bleibt wegen ihres Engagements für die ärmsten der Armen immer weniger Zeit für ihre Familie, doch wenn sie an ihrem Schreibtisch sitzt, hat sie ständig deren Bilder vor Augen. Direkt gegenüber hängen mehrere Fotos an einer Pinnwand. Amir und Ibrahim lachen gemeinsam in die Kamera. Auf einer anderen Aufnahme ist Ann, eine zierliche Frau mit hellem Teint, als Braut mit einem langen Schleier und einem wunderschönen Diadem auf dem Kopf zu sehen. Seit mehreren Jahren lebt Ann mit ihrem Mann und ihren drei Kindern in Dubai, weshalb Mama Maggie sie nur selten sieht.

Es war oft nicht leicht für Ibrahim, dass seine Frau häufig mehr Stunden in den Slums und im Büro als zu Hause bei ihm und den Kindern war. „Die Arbeit war zunächst nur mein Baby, nicht seines", stellt Mama Maggie nüchtern fest.

Für sie ist es ein Wunder, dass sich das mit der Zeit geändert hat. Nach der Eröffnung des erstens Kindergartens begann er, ihre Arbeit mehr und mehr zu unterstützen, und gab seiner Frau alle Freiheit, die sie dafür brauchte. Mittlerweile könnte man Mama Maggies Mann als Gegenüber zu ihr auch „Papa Ibrahim" nennen:

„Seit etwa fünf Jahren ist er mit seinem ganzen Herzen dabei und schenkt fast alle seine Zeit den Kindern in den Slums", sagt Mama Maggie. „Er ist wie ein Vater für die Arbeit von Stephen's Children." Unter anderem trägt er die juristische Verantwortung für die neu gegründete Schule, verhandelt mit Behörden oder trifft sich zu Gesprächen in Ministerien.

Häufig rufen ihn Mitarbeiter an und bitten um seine Einschätzung bei bestimmten Problemen. Auch der Vorstand sucht seinen Rat, weil er weiß, dass Ibrahim viel Erfahrung hat. Früher war er Gründer und Geschäftsführer verschiedener Unternehmen. Er lehrte wie seine Frau auch einige Jahre an der Amerikanischen Universität, allerdings immer nur nebenbei, indem er Aufbaukurse in Statistik und Mathematik gab.

Für Mama Maggie ist es sehr wichtig, dass Ibrahim bei Problemen hinter ihr steht. Denn fast täglich erreichen sie schlechte Nachrichten. Mitarbeiter berichten am Telefon, dass die Polizei vor der Tür des Kindergartens steht, dass eine Genehmigung fehlt oder es Probleme mit den Nachbarn gibt. Mehrmals musste sie ihre Telefonnummer wechseln, weil sie Drohanrufe von Menschen erhielt, die ihre christlich geprägte Arbeit als Provokation empfanden.

Etwa zehn Jahre ging Mama Maggie deshalb nicht an ihr Handy. Zu sehr schlauchten sie die zahlreichen Anrufe, die es ihr nicht leicht machten, positiv zu denken. Ibrahim nahm in dieser Zeit die Telefonate für sie entgegen, regelte vieles selbst und überbrachte seiner Frau zum passenden Zeitpunkt die schlechten Nachrichten.

Überhaupt sorgt Ibrahim dafür, dass seine Frau zu Hause zur Ruhe kommt. „Wir sind schon so viele Jahre verheiratet und haben schon vieles zusammen durchgestanden", erklärt er und fährt fort: „Manchmal sage ich ihr: ‚Wir können viel schaffen, aber jetzt ist auch mal Schluss.'"

Für Tochter Ann sind ihre Eltern ein gutes Team: „Meine Mutter war zuerst auf ihre Karriere fixiert, dann widmete sie sich voller Hingabe den Armen. Mein Vater hat ihr immer den Rücken gestärkt. Und wenn sie nicht da war, hat er sich um Amir und mich gekümmert. Wenn ich zurückblicke, fällt mir noch mehr auf, dass es nicht selbstverständlich ist, dass mein Vater das alles bis heute mitgetragen hat."

Wenn Besucher aus dem Ausland kommen, staunen sie über die Arbeit von Stephen's Children. Das Werk gilt als das größte einheimische christliche Hilfswerk im Nahen Osten. Mama Maggie freut sich, dass die Arbeit wächst. Sie weiß aber auch um die damit wachsende Verantwortung. Allein könnte sie die niemals tragen. Bewusst legt sie vieles in Gottes Hand.

Unter ihre Schreibtischauflage aus Glas hat sie einen Zettel geschoben. Darauf hat sie in ordentlicher Handschrift ein koptisches Stundengebet geschrieben, das um Gottes Segen bittet. Ihm folgen einige persönliche Zeilen mit der Bitte, dass Gott ihr den richtigen Weg weist. Mama Maggie versucht, diese Worte stündlich zu beten.

In den vergangenen drei Jahren hatte sie mehrmals den Eindruck, dass sie ihre Aufgaben und Verantwortungsbereiche reduzieren sollte. Seitdem liegt das Tagesgeschäft in den Händen leitender Mitarbeiter.

Denn ihr ist klar: „Wenn ich zu beschäftigt bin, dann höre ich nicht, was Gott mir sagen möchte. Aber ich will wissen, was für Pläne er für die Kinder und für mich hat. Deshalb möchte ich mehr Zeit mit Gott verbringen. Das sehe ich als meine Aufgabe. Jede Woche nehme ich mir einen Tag, jeden Monat drei zusätzliche Tage, dazu alle paar Monate eine ganze Woche und mindestens einmal im Jahr 40 Tage Zeit für die Stille. Auch der biblische Mose verbrachte 40 Tage auf dem Berg Sinai allein mit Gott."

Der Segen der Stille im Kloster

Es ist angenehm ruhig im Wadi Natrun. Immer wieder zieht es Mama Maggie und Ibrahim weg von dem Lärm der Hauptstadt in die Abgeschiedenheit der Sketischen Wüste. Dort, 92 Kilometer nordwestlich von Kairo, ist die Welt eine andere: Vor ihnen stehen hochgewachsene Palmen, ein großer Kirchturm ragt hinter einer festungsartigen Mauer hervor. Außer dem Gezwitscher von Wüstensperlingen ist nichts zu hören.

Schon seit über 1600 Jahren, seit etwa 360 nach Christus, steht hier das Sankt-Makarios-Kloster. Dieses koptische Kloster, das auf Arabisch „Deir Abu Maqar" genannt wird, gehört zu den ältesten christlichen Klöstern der Welt. Seit dem dritten Jahrhundert lebten christliche Eremiten – die sogenannten Wüstenväter – in der Einöde, um dort Gott näherzukommen.

Unter dem Schatten eines großen Baumes sitzen wenige Meter vom Haupteingang entfernt einige Mönche auf Steinbänken und unterhalten sich mit ihren Gästen. Ein Mönch mit pechschwarzem Vollbart und schmaler Lesebrille führt die Besucher durch das Kloster. Er trägt ein weites schwarzes Gewand und eine spitze Kapuze, die mit weißen koptischen Kreuzen bestickt ist. Sie soll die Gedanken des Mönches schützen und rein halten. Es heißt, dass schon der „Vater aller Mönche", Antonius der Große (gestorben 356), eine ähnliche Kopfbedeckung getragen hat.

Antonius ging um 270 in die ägyptische Wüste, nachdem er seinen gesamten Besitz verkauft und den Armen gegeben hatte. Während seines Lebens folgten Tausende anderer Menschen seinem Vorbild und entschieden sich für ein Leben in der Abgeschiedenheit. Aus den extrem asketischen Einsiedlern, die schon ab 150 für sich allein in der Wüste lebten, entstanden unter Antonius kleine Gemeinschaften.

Die Einsiedler lebten in der Folgezeit zwar immer noch getrennt, trafen sich aber regelmäßig zu Gebet und Gottesdienst in der Gemeinschaft. Daraus entwickelte der Mönch Pachomius im Jahr 325 in der Nähe des oberägyptischen Ortes Tabennisi das erste Gemeinschaftskloster des Christentums. Damit gilt Ägypten als die Wiege des christlichen Mönchstums.

Zu den Schülern von Antonius gehörte auch Makarios (ca. 300–391). „Er gründete dieses Kloster und wurde zum geistlichen Vater von mehr als 4000 Mönchen", sagt der junge Mönch und geht durch einen großen Rundbogen eine weit ausladende Treppe hinunter, die von großen, Schatten spendenden Bäumen gesäumt ist. Jetzt muss er sich bücken. Durch eine kleine massive Holztür betritt er eine alte Zelle. In diesen dunklen Räumen aus Stein beteten bereits vor ihm jahrhundertelang Mönche, lasen die Bibel oder schrieben christliche Bücher.

Auch wenn die Mönche des St.-Makarios-Klosters heute in moderneren Räumen wohnen und sogar Handys benutzen, gilt für sie immer noch der seit Jahrhunderten überlieferte Lebensrhythmus: Um drei Uhr morgens weckt eine Glocke die Mönche für eine persönliche Gebetszeit in ihrer Zelle. Um vier Uhr morgens treffen sie sich in der Kirche und loben zwei Stunden lang mit koptischen Gesängen Gott als den Schöpfer und Retter des Universums.

Über den Tag verteilt gibt es weitere Gebetszeiten. Jeder Mönch arbeitet tagsüber einige Stunden in der Landwirtschaft, in der Küche, der Schreinerei oder einem anderen Bereich. Um acht Uhr abends ist Nachtruhe.

Mama Maggie orientiert sich an dem Tagesrhythmus der Klöster: Auch sie geht seit einigen Jahren um acht Uhr abends ins Bett, damit sie am nächsten Tag um drei Uhr morgens aufstehen kann. „Mitten in der Nacht ist es ruhig. Es ist ideal, um Zeit in der Stille und mit Gott zu verbringen", sagt sie.

Früher war Mama Maggie ein Nachtmensch, sie traf sich abends mit Freunden, ging aus und blieb lange auf. „Doch dann entdeckte ich, wie wertvoll und wichtig für mich die Stille ist. Daher bekomme ich Kraft. Wenn du nur unter Menschen bist, dann hörst du ihnen zu, und sie prägen dich. Aber wenn du in die Wüste oder in dein Zimmer gehst, dann hörst du, was Gott dir zu sagen hat."

In der Stille
Beruhige deinen Körper, um auf deine Worte zu hören.
Beruhige deine Zunge, um auf deine Gedanken zu hören.
Beruhige deine Gedanken, um auf deinen Herzschlag zu hören.
Beruhige dein Herz, um auf deinen Geist zu hören.
Beruhige deinen Geist, um auf Gottes Geist zu hören.
Maggie Gobran

Am Anfang fiel es ihr nicht leicht, zur Ruhe zu kommen. „Ich musste lernen, die Stille auszuhalten", sagt sie. „Wenn wir offen für Gottes Reden sind, wird er zu uns sprechen. Und dadurch werden wir uns selbst finden."

Der Schlüssel für ein erfülltes Leben

Immer wieder betont Mama Maggie, was für ein reiches geistliches Erbe die koptische Kirche besitzt. Vor allem die Wüstenväter und die Mönche in den Klöstern haben ihren Glauben und ihr Denken stark beeinflusst. Besonders beeindruckt hat sie der Mönch Matthäus der Arme, auch Matta al-Maskin genannt (1919–2006), der wenige Hundert Meter außerhalb der Klostermauer begraben liegt.

In seinem Buch „Orthodoxes Gebetsleben", das zu Mama Maggies Lieblingsbüchern gehört, gibt er folgende Antwort auf die Frage, wie man seinen Lebensweg finden kann:

„Es gibt nur einen wahren, wirklichen und ehrlichen Weg für Menschen, sich selbst zu erkennen. Er besteht darin, zuerst Gott zu erkennen. Denn Gott hat die Seele des Menschen nach seinem Ebenbild geschaffen. Wenn also ein Mensch sich selbst erkennt, begegnet er gleichzeitig dem Ebenbild Gottes. [...] Der Weg, einen Menschen zur wahren und ehrlichen Selbsterkenntnis zu führen, ist ein einfacher. Es ist derselbe und einzige Weg, der ihn zu der Erkenntnis Gottes führt."

Mama Maggie zieht die Schuhe aus und betritt die kuppelüberwölbte Hauptkirche des Klosters. Den alten biblischen Brauch, die Schuhe auf heiligem Boden auszuziehen, praktiziert die koptische Kirche bis heute. Rechts an der Seite sind Reliquien aufgebahrt. Eine Tafel informiert, dass es die Gebeine von Johannes dem Täufer und Elisa dem Propheten sind.

Sie geht auf die Knie und legt ihre Stirn auf den Boden, um zu beten. An diesem heiligen Ort verneigen sich die koptischen Christen vor Gott aufs Tiefste. Gott zu erkennen und dadurch sich selbst zu erkennen, das ist für Mama Maggie im Gebet möglich.

Ein Zitat von Mutter Teresa zum Thema Gebet trägt sie immer bei sich: *„Die Frucht der Stille ist das Gebet. Die Frucht des Gebetes ist der Glaube. Die Frucht der Liebe ist der Dienst. Die Frucht des Dienstes ist der Friede."*

Neben dem Gebet ist für Mama Maggie das Bibellesen ein Weg, um Gottes Vision für das eigene Leben zu erfahren. Deshalb ermuntert sie jeden, dem sie begegnet, täglich in der Heiligen Schrift zu lesen. „Du und deine Bibel in der Stille, das macht den Unterschied. Lies jeden Tag 20 Minuten in dem Weltbestseller, dann hast du ihn in einem Jahr durchgelesen. Dadurch kannst du Gottes Willen erkennen und das gibt deinem Leben Richtung und Kraft."

Auch äußerlich will sie zeigen, dass sie ihr Leben Gott gewidmet hat. Zusätzlich zu ihrer weißen Kleidung trägt sie seit 2004 ein Kopftuch. In der koptischen Tradition bedecken Frauen, wenn sie das Abendmahl empfangen, ihr Haar. Sie glauben, dass Gott den Menschen durch Brot und Wein besonders nahekommt. Und das Kopftuch soll die Ehrfurcht vor der Gegenwart Gottes ausdrücken. Mama Maggie gefällt dieses Zeichen. „Ich trage ein Kopftuch, weil ich nicht nur beim Abendmahl diese intensive Gegenwart Gottes erleben kann, sondern immer. Jeden Moment möchte ich im Gespräch mit Gott sein."

Der weiße Schal, den sie sich locker um den Kopf legt, ist auch ein Schutz, wenn sie als Frau allein in den Armenvierteln unterwegs ist. Außerdem ist es ihr wichtig, auch auf diese Weise zu zeigen, dass das Innere im Menschen wichtiger ist als das Äußere. „Am Anfang haben die Kinder oft mit meinen blonden Haaren gespielt, weil sie sie so schön fanden. Ich will nicht, dass die Kinder sich an meinem Äußeren aufhalten. Ich möchte, dass sie innere Werte schätzen lernen. Wenn du nur auf das Äußere achtest, wie kannst du dann das Innere wertschätzen? Wenn du immer beschäftigt bist, auf andere zu schauen, wie kannst du dann dich selbst im Blick haben?"

Die senkrecht stehende Mittagssonne leuchtet das Kloster ohne Schattenwurf aus. In einem kleinen Speisesaal neben der Bibliothek treffen sich Mönche und Besucher zum Essen. Der Ventilator surrt, alle sitzen auf einfachen Holzstühlen um einen großen Tisch. Es gibt foul, den traditionellen Bohneneintopf Ägyptens, Fladenbrot und süßen Schwarztee. Ein einfaches, aber sättigendes Essen.

Seit einigen Jahren verzichtet Mama Maggie auf Genussmittel wie Kaffee, Kuchen und Schokolade. „Die Kinder, die mir anvertraut sind, haben oft nicht einmal Brot zu essen. Da fällt es mir schwer, eine Sahnetorte zu verspeisen oder einen Cappuccino zu trinken. Ich habe das Gefühl: Wenn dies tatsächlich meine Kinder sind, dann will ich zwar sauberes, aber wie sie nur einfaches Essen zu mir nehmen."

Zu bestimmten Zeiten isst Mama Maggie auch gar nichts – sie fastet. Damit stellt sie sich in die Tradition der koptischen Kirche, in der es zusammengerechnet knapp 200 Fastentage im Jahr gibt, an denen auf alle tierischen Produkte bis auf Fisch verzichtet wird. In der strengsten Fastenzeit – 55 Tage vor Ostern – leben die Kopten schließlich völlig vegan. Außerdem darf von Mitternacht bis zum Abendmahl in der Morgen- oder Nachmittagsmesse des nächsten Tages weder gegessen noch getrunken werden.

„Beim Fasten geht es nicht einfach nur darum, etwas wegzulassen. Fasten bedeutet, Kontrolle über meinen Körper zu haben. Je mehr ich das Verlangen kontrollieren kann, desto mehr komme ich zum Nachdenken über wichtige Fragen. Es ist gut, immer wieder auf den leckeren Geschmack des Essens zu verzichten. Das hilft mir auch, ein wenig zu erahnen, wie es den Kindern geht, die immer zu wenig zu essen haben", sagt Mama Maggie.

„Doch Fasten ist noch mehr: Es ist gut, wenn dein Mund auf üppiges Essen verzichtet. Noch besser ist es, wenn deine Zunge von negativen Worten fastet – oder sogar deine Gedanken von Zweifel oder Unzufriedenheit fasten."

Das Geheimnis der Großzügigkeit

Bibellesen und Beten sind nach Ansicht von Mama Maggie sehr wichtig, sollten aber nicht das Einzige sein, was das Leben eines Christen ausmacht. Für sie gehört zu einem glaubwürdigen Christsein auch dazu, sich nicht an den eigenen Besitz zu klammern, sondern großzügig zu geben.

„Oft halten wir unser Eigentum fest – nicht nur Materielles, sondern auch, wenn es um Anerkennung, Respekt oder Status geht. Manche Menschen bedienen sich sogar an dem Eigentum anderer und denken, sie werden auf diese Weise reich. Doch Gott hat uns geschaffen, um ein Segen zu sein, das heißt zu geben und nicht, anderen etwas wegzunehmen. Das ist unser eigentlicher Lebenssinn."

Gebet, Fasten, Geben – diese drei praktischen Dinge sind für Mama Maggie der Schlüssel für ein erfülltes Leben.

Seit mehreren Jahren verlässt sie ihr Haus nicht mehr ohne eine Tüte Bonbons. Jeder, der ihr begegnet, bekommt eine Süßigkeit. Dazu inspiriert hat sie der 85-jährige Mönch Vater Fanous Amba Pola, den sie 2007 in einem Kloster kennengelernt hat. Der alte Mann sprach kein Wort mit den Menschen, die ihn besuchten. Stattdessen verteilte er seit 35 Jahren schweigend Bonbons an jeden, den er traf.

„Ich überlegte mir, warum er das macht. Es war ein Zeichen, dass er uns wahrnimmt, und er wollte uns mit der kleinen Süßigkeit etwas Gutes tun. So geht es auch mir, ich möchte jedem, den ich treffe, etwas Gutes tun." Bonbons bekommen längst nicht nur die Kinder im Slum von ihr. Das Verschenken der Süßigkeiten ist Mama Maggies Markenzeichen, egal, wo sie sich aufhält. „Ich merkte, dass sich viele Menschen, ob jung oder alt, darüber freuen, wenn man sich ihnen zuwendet und ihnen etwas schenkt – auch wenn es nur ein winzig kleines Bonbon ist."

Vor etwa einem Jahrzehnt besuchte Mama Maggie die Markuskathedrale im Stadtteil Abbassia, in der die Reliquien des Evangelisten Markus liegen, der das Christentum nach Ägypten brachte.

Rechts vom Haupteingang in der Säulenhalle sieht sie einige Menschen, die betteln. Sie hoffen, dass diejenigen, die drinnen um Gnade beten, draußen die Gnade haben, ein paar Münzen zu verschenken. Mama Maggie fällt eine alte Frau auf. Sie trägt ein zerschlissenes beiges Kleid, sitzt auf dem Boden und blickt auf die Vorbeigehenden, während sie etwas vor sich hinzumurmeln scheint. Betet sie? Obwohl sie dort bei den Armen sitzt, scheint sie sehr glücklich zu sein. Mama Maggie wundert sich, denn irgendetwas an dieser Frau ist anders. Auch beim nächsten Mal, als sie in die Kathedralkirche geht, sieht sie die Frau mit den strahlend blauen Augen wieder.

Als ein Passant ihr einen Geldschein in die Hand drückt, ruft sie dem Mann ein fröhliches shukran – Danke – hinterher und steckt einer alten Frau neben ihr, die sich mit zitternder Hand auf ihren Stock stützt, das Geld zu. Warum tut die Frau das? Braucht sie nicht selber das Geld?

Mama Maggie ist neugierig, geht auf die alte Frau zu und fragt sie, wer sie ist. Ihr Name ist Amal. Sie wird auch „Mama Amal Kathedral" genannt, weil sie jeden Tag stundenlang in und vor der Kirche sitzt, um mit Gott zu reden und bei den Armen zu sein.

Schon als junge Frau wollte Amal Nonne werden, doch ihre Eltern waren dagegen. In den 20er-Jahren geboren, wuchs sie in einem reichen Elternhaus auf, legte Wert auf schöne Kleidung und hätte die Wahl zwischen mehreren an ihr interessierten

Männern aus der Oberschicht gehabt. Doch sie heiratete nie. Das Geld, das sie von ihren wohlhabenden Eltern erbte, gab sie den Armen. Sie hätte eine reiche und sorglose Frau sein können.

„Manche würden sie als verrückt bezeichnen, aber sie hat sich für dieses Leben aus vollem Herzen entschlossen. Sie hängt nicht mehr an materiellen Dingen, sondern teilt ihren Besitz großzügig", stellt Mama Maggie fest. Nach und nach haben sich die beiden kennen- und schätzen gelernt. Heute sind sie „Seelenverwandte", wie Mama Maggie gern sagt. Sie bezeichnet Amal als ihre zweite Tante, weil sie ebenso wie Tedda sehr gläubig ist, sich um Bedürftige kümmert und mit wenigem glücklich ist.

Mama Maggie sieht in Amal ein Vorbild dafür, sich nicht von Besitz bestimmen zu lassen. „Ihr Blick ist frei, um mit den Augen des Herzens zu sehen – in eine Welt, die über unsere hinausgeht. Sie ist zu groß, um sie mit unserem kleinen Wortschatz zu beschreiben. Je mehr unser Blick auf das Irdische und Materielle fokussiert ist, desto weniger können wir von jener Welt erkennen."

Bereits vor einiger Zeit hat Amal in der ehemaligen Wohnung ihrer Eltern zwei ältere Männer und drei Frauen aufgenommen, die pflegebedürftig sind. Jetzt wird sie selbst dort zusammen mit ihren Gästen von einer Betreuerin und anderen ehrenamtlichen Helfern gepflegt. Vor etwa drei Jahren hatte sie einen Schlaganfall und liegt seitdem im Bett. Fast täglich besucht Mama Maggie die mittlerweile über 90-Jährige und lässt sich von ihr segnen.

Alle Menschen, die Mama Maggie sich als Vorbilder ausgewählt hat, wie Antonius, der „Vater aller Mönche", Papst Kyrillos, Franz von Assisi, Mutter Teresa und Amal, teilten ihren

Reichtum und führten ein bescheidenes Leben. Und alle waren glücklich dabei.

„Das ist das Geheimnis: Es macht Großzügigen unglaublich viel Freude, wenn sie anderen dienen und das Leben anderer bereichern. Sie geben anderen mehr als die Dinge an sich, sie geben sich selbst in Liebe", sagt Mama Maggie.

Sie denkt wieder an Sherine, das Mädchen ohne Schuhe, die vor allem ihre Mutter im Blick hatte und selbst verzichten wollte. Wer teilen kann, ist reich.

14
Mokattam – zwischen Hoffnung und Enttäuschung

Wenn du wissen willst, ob du in einer reichen Gegend bist oder in einer armen, dann schau dir die Mülltonnen an. Siehst du weder Müll noch Tonnen, dann ist sie sehr reich. Siehst du die Tonnen und keinen Müll, dann ist sie reich. Siehst du den Müll neben den Tonnen, ist sie weder reich noch arm, sondern von Touristen überlaufen. Siehst du den Müll ohne Tonnen, dann ist sie arm. Und leben Menschen im Müll, dann ist sie sehr, sehr arm."

Aus dem Buch: „Monsieur Ibrahim und die Blumen des Korans" von Eric-Emmanuel Schmitt

Das Mokattam von heute ist ein anderes als das der 70er- und 80er-Jahre. Mama Maggie erinnert sich gut an ihre ersten Besuche in der Müllstadt. Sie war schockiert von den Abfallbergen, die in der Mittagshitze dampften, und von dem Dreck, in dem die Menschen lebten. „Damals hielt ich es dort wegen des Gestanks kaum länger als fünf Minuten aus", bekennt sie.

Nicht nur der faulende Müll, sondern auch qualmende Feuer verpesteten die Luft. Sie wurden angezündet, um jene Abfälle zu beseitigen, die nicht mehr recycelt werden konnten. Häufig lösten die Feuer Brände aus, die im schlimmsten Fall die Häuser und Hütten von mehreren Familien zerstörten. Damals fehlte es an fast allem: fließendem Wasser, Strom, einem Abwassersystem, Kindergärten, Schulen und Gesundheitszentren.

Inzwischen hat sich viel getan. Die Müllstadt Manshiet Nasser, die alle einfach „Mokattam" nennen, weil sie am Fuße des gleichnamigen Plateaus im Südosten Kairos liegt, gilt als die „Ur-Müllstadt". Im Vergleich zu den anderen Müllsiedlungen in und um Kairo ist Mokattam die älteste, größte und am meisten entwickelte. Hier leben etwa 60 000 Menschen von geschätzt 100 000 Zabbalin in ganz Kairo. Ihre genaue Zahl ist nicht zu ermitteln, denn die Müllstädte wachsen stetig, und meistens sind weder die Menschen, die zuziehen, noch die Kinder, die dort geboren werden, als Bewohner Kairos registriert.

Seit den 80er-Jahren hat sich das Leben für die Menschen in Mokattam langsam verbessert. Mit finanzieller Unterstützung aus dem Ausland wurde eine Wasserleitung in das Viertel gelegt. Und der ägyptische Energieminister ließ sich von der französischen Ordensschwester Emmanuelle überzeugen, Mokattam an die Stromversorgung anzuschließen.

Auch ein Abwassersystem wurde geplant und in Teilen realisiert. Eine Grundversorgung ist damit vorhanden – auch wenn sie nicht mit der anderer Stadtteile von Kairo vergleichbar ist. Außerdem erhielten die Zabbalin Steine und andere Baumaterialien, um ihre provisorischen Hütten aus Wellblech, Karton und Plastik durch fest gebaute Häuser zu ersetzen. Zuvor bauten die Menschen dort lange Zeit keine festen Unterkünfte, weil ihnen die Mittel fehlten und sie Zwangsräumungen befürchteten.

Bevor sie in den 70er-Jahren nach Mokattam umsiedelten, waren viele von ihnen mehrmals durch die Regierung von ihren früheren Wohnorten vertrieben worden, oft auch gewaltsam. Obdachlos suchten sie jedes Mal ein neues Stück Land, auf dem gerade niemand wohnen wollte. Dass diese Flächen brach lagen, hatte meistens einen einfachen Grund: Dort fehlte es an jeglicher Infrastruktur. So war es damals auch in Mokattam gewesen. Hier wollte niemand hin. Deshalb duldete die Regierung dort die Ansiedlung der Zabbalin.

Mit den Neubauten kam ein neues Wohnkonzept nach Mokattam. Die meisten Häuser bestehen nun aus mindestens zwei Stockwerken. Im Erdgeschoss werden der Müll gelagert und die Tiere untergebracht, im oberen Stockwerk wohnt die Familie. Diese räumliche Trennung hat die Lebensumstände der Zabbalin deutlich verbessert. Manche Häuser haben mittlerweile sogar sechs bis sieben Stockwerke. Satellitenschüsseln stehen auf den Dächern, und Wäsche flattert an Leinen, die vor die Fenster gespannt sind.

Die Wohnsituation hat sich verbessert, aber die Schwerstarbeit im Müll ist geblieben. Als die Zabbalin in den 80er-Jahren kleine Starthilfen von wohltätigen Verbänden und Stiftungen bekamen, um sich bessere Arbeitsmaterialien und kleine Maschinen kaufen zu können, bewiesen sie ihre Geschäftstüchtigkeit: Einer schaffte sich eine Papier- und Plastikpresse an, der Nächste kaufte eine Schneide- oder Schleifmaschine. Innerhalb weniger Jahre bildeten sich innerhalb der Nachbarschaft verschiedene Kleinunternehmen.

Ein ausgeklügeltes System wechselseitiger Unterstützung entstand, am Ende ermöglichte dies den Müllverwertern ein besseres Auskommen. Heute stellen einige von ihnen aus den Rohstoffen, die sie im Müll finden, sogar eigene Produkte her: Zum Beispiel weben manche Frauen aus Stoffresten kleine Teppiche oder fertigen Postkarten aus handgeschöpftem Altpapier.

„In allen Bereichen ist Fortschritt zu sehen", sagt Mama Maggie. „Besonders den Kindern geht es besser: Sie können Kindergärten und Schulen besuchen, sodass fast alle von ihnen lesen und schreiben lernen. Das wird die Zukunft hier verändern. Wenn ich auf die letzten Jahrzehnte zurückblicke, überlege ich, wie es wohl in zehn oder 20 Jahren hier aussieht. Wenn es so erfreulich weitergeht wie bisher, bin ich Gott von Herzen dankbar."

Rohani und die mysteriöse Mama

Auch Rohani, der Zabbal, der bei Mama Maggies Familie seit Jahrzehnten den Müll einsammelt, ist seit der Jahrtausendwende ein eigenständiger Plastikhändler. Heute sind es nicht mehr seine Mutter und seine Schwestern, die den Müll sortieren, den er nachts nach Hause bringt, sondern seine Frau Shama. Am frühen Nachmittag hat sie die Kunststoffe vom übrigen Abfall getrennt, sie gesäubert und auf verschiedene Haufen verteilt, die nach Farben und Material sortiert sind.

Anschließend häckselt Rohani das Plastik mit seiner Maschine in feine Stücke, damit er dafür vom Zwischenhändler mehr Geld bekommt. Das Einkommen der Familie ist knapp, doch es reicht, um die drei Kinder, Mariam, Samira und Kyrillos, zu versorgen. Rohani ist stolz, dass sie nicht mehr hungern müssen wie er als Kind.

Samira ist jetzt fünf Jahre alt und geht in den Kindergarten. Als Rohani sie dafür anmelden wollte, sollte er seinen Personalausweis vorzeigen, aber er hatte keinen. Zwar war es für ihn im Alltag kein Problem, ohne Papiere als Müllsammler zu arbeiten. Allerdings gab es einige brenzlige Situationen, in denen er durchaus ein solches Dokument gebraucht hätte.

Jedes Mal, wenn er mit seinem Eselskarren von der Polizei angehalten wurde und keinen Ausweis vorzeigen konnte, ließen die Beamten ihn erst weiterfahren, nachdem er eine Strafe gezahlt hatte. Solche Erlebnisse machten ihm zu schaffen, und viele Jahre lang hatte er Angst, dass es ihm eines Tages zum großen Verhängnis werden würde, keine Dokumente zu besitzen. Deshalb war er dankbar, als die Leitung des Kindergartens, in den seine Tochter aufgenommen wurde, ihm half, einen Ausweis zu beantragen.

Jeden Abend berichtet Samira ihm, was sie im Kindergarten lernt. Und sie erzählt von einer Frau, die von allen „Mama Maggie" genannt wird und die ihr Bonbons geschenkt hat.

Auch seine älteste Tochter Mariam hat Mama Maggie kennengelernt. Sie ist ihr zum ersten Mal auf einem Wochenendcamp für Mädchen begegnet. Eine junge Frau, die Rohanis Familie einmal in der Woche besucht, hatte Mariam dazu eingeladen. Die Frau half ihr regelmäßig bei den Hausaufgaben. Mariams erste Schreibversuche sind bis heute sichtbar: Mit großen Buchstaben hat sie ihren Namen „M-A-R-I-A-M" auf die grob verputzen grauen Wände im Wohnraum der Familie geschrieben.

Inzwischen hat sie die erste und zweite Klasse erfolgreich abgeschlossen, worauf Rohani und seine Frau sehr stolz sind. Er selber kann weder lesen noch schreiben – bis auf ein paar wenige Buchstaben und Zahlen, die er braucht, um bei seinen Geschäften nicht übers Ohr gehauen zu werden. Das hat ihm sein Vater beigebracht.

Auch Rohanis Frau Shama kennt Mama Maggie. Seitdem Samira den Kindergarten besucht, nimmt Shama jeden Monat an einem Müttertraining teil. Einmal war dort auch Mama Maggie zu Besuch. Seitdem räumt Shama den Wohnraum zu Hause viel sorgfältiger auf und putzt regelmäßig. Und bei der Erziehung der Kinder wirkt sie selbstbewusster. Neuerdings müssen sich alle vor dem Essen die Hände waschen.

Rohani ist froh über diese Hilfe von außen. Er wünscht sich, dass seine Kinder später frei entscheiden können, was sie machen wollen, und nicht zu der Arbeit im Müll verdammt sind wie er. Aber Rohani will sich nicht beklagen, immerhin geht es ihm, seiner Frau und seinen Kindern deutlich besser als ihm und seinen Eltern damals. Sie haben heute alle viel mehr Möglichkeiten.

Ähnlich wie Rohani ist es vielen Zabbalin gelungen, sich durch harte Arbeit und geschickten Handel vom Tagelöhner zum Müllhändler, Bäcker, Gemüseverkäufer oder Kioskbesitzer hochzuarbeiten. In Mokattam ist kaum jemand arbeits- oder antriebslos und jeden Tag kämpfen die Bewohner neu um ihr bescheidenes Einkommen.

Lob aus Rio

Auf der UN-Konferenz für Umwelt und Entwicklung in Rio de Janeiro im Jahr 1992 wurden die Zabbalin international bekannt. Damals wurde ihre Arbeit als vorbildliches Beispiel für Müllverwertung gelobt, weil sie es schaffen, bis zu 85 Prozent des Mülls, den sie sammeln, zu recyceln – ein Weltrekord.

Das Müllsystem, das die Armen in Kairo aufgebaut haben, könnte mit weiterer Förderung und Professionalisierung auch als Vorbild für andere Riesenstädte wie Manila oder Mumbai dienen. Wie in Kairo häufen sich auch dort jeden Tag Tausende Tonnen Müll an, in denen die Ärmsten der Stadt wühlen, um zu überleben. Trotzdem wurden auf dem Umweltgipfel die Armut und die untragbaren Lebensumstände der Müllsammler nicht schöngeredet, sondern ihre Leistung hervorgehoben.

Nach wie vor wächst die Bevölkerung von Kairo rapide. Am schnellsten ist die Stadt in der Zeit von 1950 bis 1990 gewachsen, als die Zahl der Einwohner sich fast vervierfachte, von 2,5 Millionen auf über 9 Millionen. Bis zum Jahr 2014 verdoppelte sich die Einwohnerzahl ein weiteres Mal auf etwa 20 Millionen – etwa ein Viertel der Ägypter lebt nun in der Hauptstadt. Prognosen gehen davon aus, dass im Jahr 2025 etwa 27 Millionen Menschen in Kairo leben werden.

Mit der steigenden Bewohnerzahl wächst auch der Müllberg, den sie produzieren. Allein mit ihren Eselskarren, rostigen Pick-ups, kleinen Recyclingmaschinen und den bloßen Händen ihrer Frauen und Kinder können die Zabbalin diese Masse an Müll nicht bewältigen. Sie sammeln ein, was am meisten Wert hat, und das finden sie vorwiegend im Hausmüll der besseren Wohnviertel. In den armen Gegenden bleibt der Müll oft liegen, weil die Zabbalin zu wenige Rohstoffe darin finden, als dass sich der Abtransport lohnt.

Etwa 30 000 Tonnen Müll produziert die Nilmetropole jeden Tag. Immerhin ein Drittel davon geht durch die Hände der Zabbalin. Wenn ihnen mit finanzieller Hilfe und Schulung geholfen würde, ein professionelles Müllentsorgungssystem aufzubauen, so die Meinung vieler Experten, könnten sie es schaffen, den gesamten Müll zu entsorgen und ihn zu verwerten. Das hätte positive Folgen für die Müllsammler, aber auch für die Stadt und die Umwelt.

Schluckende Monster aus Europa

Die Sonne geht auf, als Rohani sich eines Tages mit seinem vollbepackten Eselskarren auf den Weg nach Hause macht. Wie jede Nacht ist er „seine" Straßenzüge abgefahren. Drei Meter hoch stapeln sich die Müllsäcke auf der Ladefläche. Mehr kann er beim besten Willen nicht transportieren. Sein Rücken schmerzt. Obwohl er erst 31 Jahre alt ist, läuft er leicht gebeugt. Seine Wirbelsäule erzählt die Geschichte seines Lebens: Müll durch Hausflure schleppen, auf den Wagen laden und später wieder entladen, und das jede Nacht seit etwa 25 Jahren. Rohani kämpft mit dem Schlaf. Nur noch etwa eine Stunde, und er ist zurück bei seiner Familie und einer heißen Tasse Tee.

Doch plötzlich bleibt er stehen und reißt die Augen weit auf. Er zwinkert heftig, denn er ist sich nicht sicher, ob er seinen übermüdeten Augen trauen kann. Vor ihm fahren Lastwagen mit großen Containern. Immer wieder biegt einer von ihnen in eine Seitenstraße ab. Rohani sieht, wie die Wagen an den Bordsteinen halten und Männer in Arbeitsanzügen aus den Autos springen. Sie sammeln den umherliegenden Müll auf und werfen ihn in den Laderaum. Wie Monster schlucken die Fahrzeuge den Müll und damit die Lebensgrundlage seiner Familie und der vieler anderer Zabbalin.

Rohani ist entsetzt. Was hat das zu bedeuten? Kann er ab jetzt mit dem Müll kein Geld mehr verdienen? Geschockt fährt er heim zu seiner Familie. In den nächsten Tagen erfährt er, dass die Regierung mit drei Firmen aus Spanien und Italien 50-Millionen-Dollar-Jahresverträge abgeschlossen hat und die Ausländer nun das offizielle Recht auf den Müll der Stadt haben – für 15 Jahre.

Die Regierung unter Hosni Mubarak begann im Jahr 2003 zielstrebig die Stadt zu modernisieren. Dazu sollte vor allem das Müllproblem der Stadt beseitigt werden – jedoch ohne die Zabbalin dafür einzuplanen. Dass sie mit etwas Ausbildung und finanzieller Hilfe die gleiche Arbeit erledigen könnten, für die nun Firmen aus dem Ausland angeheuert wurden, hatte man nicht bedacht. Die koptischen Müllsammler wurden nicht einmal über die Pläne der Stadt informiert.

Ohne Vorwarnung stehen Rohani und seine Kollegen nun den Müllwagen gegenüber, die durch ihre bessere Technik viel schneller viel mehr Müll abtransportieren können als die Zabbalin mit ihren Pick-ups und Eselskarren. Für die traditionellen Müllverwerter ist ein Albtraum wahr geworden: Sie dürfen keinen Müll mehr einsammeln. Ihre Arbeit gilt ab sofort als illegal. Sammeln sie dennoch Abfälle ein, müssen sie mit Geldstrafen rechnen.

Rohani ist wie alle übrigen Zabbalin sehr wütend. Sie schimpfen auf die Regierung und versuchen, die Arbeit der Müllfirmen zu behindern. Als sie erfahren, dass die internationalen Firmen nur 20 Prozent des gesammelten Mülls recyceln und nicht wie sie mehr als 80 Prozent, fühlen sie sich darin bestätigt, dass sie die wahren Müllprofis sind.

„Wir sind besser als die ausländischen Firmen: Wir kennen jede Straße, jedes Haus und fast jede Wohnungstür. Wir vergessen nicht eine einzige Mülltüte beim Einsammeln", erzählen sie gekränkt. Noch ungerechter finden die Zabbalin, dass die ausländischen Firmen viel Geld aus der Staatskasse für eine Arbeit erhalten, für die sie selbst jahrzehntelang kaum entlohnt wurden.

Die Stimmung in den Müllstädten Kairos verändert sich, vor allem in Mokattam. Die Armut wird wieder härter, bitterer und trostloser. Alles, was die Menschen sich mühsam aufgebaut haben, fällt wieder in sich zusammen. Es ist ein Rückschlag, der unmittelbar existenzbedrohend ist und zu viel Streit, Rangeleien und Konkurrenz um den wenigen Müll führt, den die Zabbalin noch ergattern können.

Der Ärger der Erwachsenen überträgt sich auch auf ihre Kinder. „Ich sah, wie sich zwei Jungen auf der Straße um eine

Plastikflasche schlugen", erzählt Maher. Einige junge Männer klettern nachts heimlich in die Müllcontainer der Stadt und fischen heraus, was sie greifen können. Wenn jemand erwischt wird, muss er Strafe zahlen. Auch für Rohani geht das Geschäft dramatisch zurück. Ihm bleibt nichts anderes übrig, als seine Schreddermaschine zu verkaufen, um mit dem Geld Essen für die Familie kaufen zu können.

Die „wahren" Müllprofis

Die ausländischen Müllfirmen führen nach und nach ein neues Entsorgungssystem ein. Sie unterteilen Kairo in verschiedene Abschnitte, damit sie sich nicht gegenseitig in die Quere kommen. Neben der staatlichen Kostenbeteiligung sollen die Bewohner für die Entsorgung erstmals eine Müllgebühr zahlen, die sich prozentual nach der Höhe der Stromrechnung der einzelnen Haushalte richtet. Das Ganze kostet die Bewohner durchschnittlich etwa dreimal mehr als zuvor. Wer nicht zahlt, bleibt nicht nur auf dem Müll sitzen, sondern sitzt plötzlich auch im Dunkeln – der Strom wird ihm abgedreht.

Aber es gibt ein logistisches Problem: Die großen importierten Müllautos kommen nicht durch die vielen Gassen und kleinen Straßen der Stadt. Sie sind einfach zu breit und zu hoch. In diesen Gebieten werden Müllcontainer an der nächsten größeren Kreuzung aufgestellt. Die Bewohner sollen dort ihren Müll hinbringen. Das ist unmöglich für ältere und kranke Menschen und unbequem für alle anderen, die sich daran gewöhnt haben, dass ein Zabbal den Müll an ihrer Wohnungstür abholt.

Obwohl die neuen Müllautos weiterhin den Großteil des Mülls abtransportieren, bleibt doch immer mehr liegen – auf den Bürgersteigen, in den Straßenrinnen und auf Verkehrsinseln.

Langsam fangen die Zabbalin wieder an, den herumliegenden Müll einzusammeln. Daran hindert sie keiner. Bald darauf holen sie auch aus einigen Häusern wieder den Müll ab, denn viele Bewohner schätzen die zuverlässige und bequeme Abholung des Mülls durch die Zabbalin. Bevor die Stadt im Müll versinkt, akzeptieren die Behörden die Rückkehr zum früheren System. Die Zabbalin erhalten so wieder ihren alten Status zurück: geduldet, aber nicht gefördert.

Bis heute wird die ägyptische Regierung immer wieder von lokalen und internationalen Organisationen dafür kritisiert, dass sie noch nie gemeinsam mit den Zabbalin versucht hat, das Müllproblem der Stadt zu lösen.

Gleichzeitig sind die Zabbalin selbst skeptisch gegenüber möglichen Veränderungen, denn sie haben ihr eigenes System. Zum Beispiel sind sie es gewohnt, dass die gesamte Familie arbeitet – auch die Kinder. Offiziell ist Kinderarbeit natürlich nicht erlaubt. Auch eine Trennung zwischen Arbeitsplatz und Wohnort können sie sich nur schwer vorstellen. So etwas wurde von staatlicher Seite bereits angedacht, doch die Zabbalin wollen nicht Teil eines Experiments der Regierung sein. Dazu riskieren sie zu viel: Der Müll ist und bleibt ihr Leben.

Für jede mögliche Lösung ist es nötig, dass sich die Müllfirmen, die Regierung und Vertreter der Zabbalin an einen Tisch setzen. Immerhin gibt es seit Kurzem einen offiziellen Beauftragten für die Zabbalin und damit die Hoffnung, dass sich die Regierung künftig der Anliegen der Müllsammler stärker annimmt.

15
Die große Schlachtung

Ägyptische Schweine gibt es heute nur noch in Kühltruhen oder unter meterhohem Wüstensand.
Martin Wittmann, *Frankfurter Allgemeine Zeitung*,
25. Oktober 2009

Wer Mary besuchen will, muss sich zuerst einen Weg über den meterhohen Müllberg vor ihrer Haustür bahnen. Pappe liegt wie ein schmaler Pfad auf dem Müll und führt direkt zum Eingang, doch mit jedem Schritt versinkt der Gast trotzdem bis zu den Knöcheln im Abfall. Die fünfjährige Mary sitzt vor dem Haus auf einem Haufen Müll und ist umgeben von vier kleinen Ferkeln. Sie spricht mit ihnen und nimmt sie abwechselnd auf den Arm.

Doch die kleinen Schweinchen scheinen die Streicheleien nicht zu mögen und versuchen, ihr zu entwischen. Quietschvergnügt schnappt Mary immer wieder nach ihnen und erkennt nicht die Gefahr. Die Muttersau sieht ihre Ferkel bedroht, rennt in ihrem Beschützerinstinkt von hinten auf Mary zu und springt sie an. Mit einem Schrei fällt das sitzende Mädchen zur Seite. Die angriffslustige Sau steigt mit ihren Vorderläufen auf Mary und versucht zuzubeißen.

In diesem Moment erscheint zufällig ein Mitarbeiter von Stephen's Children, der die Familie besuchen will. Sofort schnappt er sich Mary und befreit sie aus den Klauen der Sau. Mit dem Kind auf dem Arm schafft er es, der wütenden Schweinemutter zu entkommen.

Der Mitarbeiter war zur rechten Zeit am rechten Ort. Die kleine Mary wäre sonst wohl schwer verletzt worden. Seit ihrer Geburt ist ihre rechte Hüfte steif, weshalb sie nicht schnell laufen kann. Allein wäre sie der Sau höchstwahrscheinlich nicht entkommen.

Wie Marys Familie besitzt fast jeder Zabbal ein halbes Dutzend Schweine, weshalb ihre Häuser im Volksmund auch abfällig „Zarayib" – „Sauställe" genannt werden. Die Schweine fressen den organischen Abfall, mit dem die Müllsammler nichts anfangen können, und sind eine Art Versicherung für finanzielle Notfälle. Wenn zum Beispiel jemand krank ist und dringend teure Medikamente braucht, verkauft die Familie kurzerhand ein Schwein. Dafür bekommen sie ungefähr so viel Geld, wie sie sonst in zwei bis vier Wochen mit dem Sortieren von Müll verdienen. Dankbare Abnehmer für die Schweine finden sie schnell: Mitglieder der koptischen Gemeinde, ausländische Christen, die in Kairo leben, oder ägyptische Hotels. Die Zabbalin sind einige der wenigen Schweinezüchter in dem muslimischen Land.

Das Leben der Zabbalin scheint ohne Schweine kaum denkbar. Aber die Mitarbeiter von Stephen's Children versuchen die Menschen zu überzeugen, die Schweine getrennt vom Wohnraum der Familie unterzubringen oder wenigstens die Kinder nicht mit den Tieren allein zu lassen. Doch dann kommt es zu einer Katastrophe.

Abgeschlachtet

Als im April 2009 die Weltgesundheitsorganisation (WHO) vor der Schweinegrippe – auch H1N1-Pandemie genannt – warnt, entscheidet die ägyptische Regierung, alle etwa 300 000 Schweine im Land zu schlachten, um damit die Grippe vorbeugend zu bekämpfen. Ein radikales Vorgehen, das die WHO scharf kritisierte, da die Schweinegrippe trotz ihres Namens nicht von Tieren übertragen werden kann, sondern nur von Mensch zu Mensch. Keine einzige Erkrankung am H1N1-Virus in Ägypten wurde bekannt – aber der Beschluss der Regierung wurde dennoch radikal und schnell umgesetzt.

Drei Tage wehren sich die Zabbalin gegen die Keulung ihrer Tiere. „Sie riefen uns in Panik an und baten um Hilfe. Wir versuchten, was wir konnten, telefonierten mit den Behörden, doch diese stellten sich taub", erinnert sich Mama Maggie.

Mit Steinen bewaffnet liefern sich die Zabbalin Straßenkämpfe mit der Polizei. Als die ersten Bewohner festgenommen werden, erkennen sie, dass sie keine Chance haben. Wütend übergeben sie die Schweine als Lösegeld für ihre Leute.

Dann rollen Traktoren heran: Beauftragte der Regierung treiben die Schweine aus Häusern, Verschlägen und Hinterhöfen. Die Beamten finden auch die Schweine von Marys Vater, greifen die strampelnden Tiere an den Hinterläufen und werfen sie auf die Schaufeln eines Traktors, der die Schweine zu anderen schrill quiekenden und zappelnden Artgenossen in große Lastwagencontainer hievt.

Einige der Schweine landen in Schlachthöfen. Die meisten von ihnen werden jedoch in riesige Gruben geworfen, die Bagger in der Wüste ausgehoben haben. Darin werden sie bei lebendigem Leib begraben.

Später erklärt die ägyptische Regierung, dass die Schlachtung der Schweine nicht nur dazu dienen sollte, den Ausbruch der Schweinegrippe zu verhindern, sondern auch dazu, die hygienischen Bedingungen der Zabbalin zu verbessern.

International und auch von einigen Ägyptern wird die brutale Aktion als religiös motiviert angesehen. Eine christliche Minderheit sollte wirtschaftlich geschwächt werden. Youssef Sidhom ist ein enger Freund der Familie Gobran und Herausgeber der Tageszeitung „Al-Watani". Sie ist mit einer Auflage von 60 000 Exemplaren die einzige christliche Tageszeitung im Land: „Die Schweinepest wurde von vielen, denen die Zucht der im Islam verbotenen Tiere schon lange ein Dorn im Auge war, als Chance gesehen."

Infolge der Massenschlachtung kommt es zu einer Riesenschweinerei auf Kairos Straßen: „Die Zabbalin blieben auf ihren organischen Abfällen sitzen, weil sie nicht wussten, wohin damit. Deshalb hörten sie für kurze Zeit sogar damit auf, überhaupt Müll einzusammeln", erzählt Mama Maggie. Als die Zabbalin ihre Arbeit wieder aufnehmen, transportieren sie Tüten, in denen sich organische Abfälle befinden, nicht mehr ab. Bei den vielen Tonnen Müll, die Kairo täglich produziert, macht sich der herumliegende Müll schnell bemerkbar und wird zu einer Gefahr. Denn mit den Müllhalden wächst das Risiko für Infektionskrankheiten. Überall sind Ratten zu sehen.

Ohne die Schweine sind die Zabbalin unfähig, wie gewohnt zu arbeiten. Wieder einmal sind sie mittellos. „Wir halfen ihnen mit Lebensmitteln und dem Nötigsten, was sie brauchten", schildert Mama Maggie.

Mittlerweile wird der Bio-Müll, der früher viele Schweine nährte, entweder kompostiert, verbrannt, auf kostenpflichtigen Müllkippen abgegeben – oder er wandert doch wieder in

Schweinemäuler. Mönche, die außerhalb von Kairo Schweine züchten, haben den Zabbalin einige Tiere geschenkt. Wenn man heute, fünf Jahre nach der Massenschlachtung, die Menschen fragt, ob es noch Schweine gibt, verneint das keiner. Aber auch niemand gibt es offen zu, denn Schweinehaltung ist immer noch illegal. Allerdings geht auch keiner konsequent gegen jemanden vor, der in einem Verschlag ein paar Schweine versteckt. Man darf die Tiere nicht sehen. Aber man riecht sie.

Die Zukunft der Müllstadt

Es ist kurz vor zehn Uhr morgens. Marys Mutter ist immer noch nicht zu Hause. Sie steht seit vier Stunden an der Straßenecke Schlange, um etwas subventioniertes Fladenbrot zu kaufen. Da Ägypten wie die meisten Länder in Nordafrika etwa die Hälfte seines Bedarfs an Nahrungsmitteln importiert, sind die Preise stark schwankend – wegen der Abhängigkeit vom internationalen Markt, aber auch wegen Missernten auf den eigenen Feldern.

Seit 2008 sind die Preise unaufhörlich gestiegen, sodass eine durchschnittliche Familie in Ägypten fast die Hälfte ihres Einkommens für Essen und Trinken ausgeben muss. Die Lage der Armen ist noch dramatischer. Für Lebensmittel müssen sie etwa 70 bis 80 Prozent von dem wenigen Geld, das sie besitzen, ausgeben.

Als es zu Hungerunruhen kommt, reagiert Präsident Mubarak mit der Ausgabe von subventioniertem Brot. Ein Laib kostet nur ein paar Cent. Das ist das einzige Brot, das sich Marys Familie leisten kann. Seit die Regierung die Schweine töten ließ, geht es ihnen finanziell noch schlechter als zuvor. Die Lage spitzt sich zu, der Druck wächst.

Um an Wertstoffe heranzukommen, klettert Marys Vater eines Tages in einen großen Müllcontainer. Als er darin steht, versucht er, eine Eisenstange herauszuziehen, die zwischen Brettern eingeklemmt ist. Dadurch kommt ein mit Altöl gefülltes 200-Liter-Stahlfass in Bewegung, das auf Schulterhöhe rechts von ihm im Müll liegt. Es fällt ungebremst auf seine Beine und zertrümmerte sie.

Mehrmals muss Marys Vater operiert werden, zwei Jahre kann er nicht arbeiten. In dieser Zeit müssen seine Kinder im Alter zwischen vier und 15 Jahren den Müll sammeln und sortieren, um die Familie finanziell über Wasser zu halten.

Auch noch zehn Jahre nachdem Mitarbeiter begannen, Marys Familie zu betreuen, stapelt sich der Müll vor dem Haus. „Mama Maggie!", ruft die inzwischen 13-jährige Mary und winkt ihr und den anderen Besuchern zu, die durch den Müll zu ihrem Haus stapfen.

Kaum sind sie dort angekommen, fällt Mary ihrer Besucherin Mama Maggie um den Hals und drückt sie fest. Auch wenn sie erst fünf Jahre alt war, als sie von der Sau angegriffen wurde, kann sie sich bis heute daran erinnern.

„Der Mitarbeiter rettete mein Leben, das werde ich nie vergessen." Mary führt, während sie dies erzählt, ihren Besuch durch das Erdgeschoss. Vorbei an einem Raum, in dem sich bis zur Decke einbeinige Stühle, zerbrochene Holztische und anderer Sperrmüll stapeln. Langsam hinkt das Mädchen die baufällige Treppe hinauf in den Raum, den sie sich mit ihren acht Geschwistern teilt.

Die Wände sehen aus, als hätte sich ein Kind mit mehreren Eimern Farbe ausgetobt: Überall auf den türkisen Wänden sind rote, gelbe und weiße Farbstriche und Kleckse zu sehen. Dazu haben Fett und anderer Dreck ihre Spuren hinterlassen. Die einzigen Möbel im Raum sind ein Tisch und zwei Matratzen, auf denen einige Kissen liegen. An der Wand hängt ein kleines Regal aus verrostetem Metall, dessen Inhalt an zwei Händen abzuzählen ist: etwas Geschirr und Kleidung sowie eine Tüte Bohnen für das traditionelle foul-Gericht.

Die 13-jährige Mary ist ein lebensfroher Teenager. Noch zwei Jahre muss sie zur Schule gehen, doch sie überlegt, die Highschool abzubrechen. Mama Maggie spornt sie an weiterzumachen und denkt dabei an ihre eigene Jugend, als auch sie wenig Lust zum Lernen hatte. „Wenn du den Schulabschluss schaffst, dann stehen dir alle Türen offen."

Eindringlich versucht Mama Maggie sie zu überzeugen und bittet das Mädchen, bevor sie mit ihrem Team wieder aufbrechen muss, mit allen im Raum laut zu beten. Mary ist dazu gern bereit und stellt sich vor den Esstisch in Richtung Osten. Das ist Tradition bei den koptischen Christen, weil im Osten die Sonne aufgeht und man in ihr das Symbol für den zum Himmel aufgefahrenen und von dort wiederkommenden Christus sieht.

Mary betet: „Gott, ich danke dir für so viele schöne Sachen, die du uns gibst: die Sonne, die Luft, dass wir Brot haben, den Schlaf heute Nacht, unser Zimmer, meine Geschwister, unseren Besuch…" Mary betet weiter und weiter.

Mama Maggie ist erstaunt, dass sie so viel Schönes inmitten all der Armut sieht. Obwohl sie in den Augen der Welt arm ist, wirkt sie reich, denn sie freut sich über das, was sie hat, und schaut nicht auf das, was ihr fehlt. Wer hat dieses Kind gelehrt, so dankbar zu sein?

„Eltern können ihren Kindern beibringen, aus Höflichkeit Danke zu sagen. Ein dankbares Herz können sie ihnen nicht vorschreiben", sagt Mama Maggie. „Ich habe von den Ärmsten gelernt, dass Dankbarkeit nicht von Äußerlichkeiten abhängt, sondern von meiner Haltung zum Leben. Je dankbarer ich bin, desto mehr finde ich, über das ich mich freuen kann." Drei Dinge braucht es, um glücklich im Leben zu sein, ist Mama Maggie überzeugt: „Sei immer fröhlich und positiv, sei immer dankbar und sei immer mit der Lebensquelle verbunden – mit Gott."

Menschen wie Mary geben ihr Hoffnung für viele Orte auf dieser Welt, die von großer Armut geprägt sind. „Es ist nicht leicht, an diesen oft so dunklen Orten an seinen guten Werten festzuhalten, Glauben zu bewahren oder Charakter zu zeigen. Doch Kinder wie Mary schaffen das. Sie sind die Zukunft, und ich glaube zutiefst, dass sie ihre Heimat nachhaltig verändern werden."

16
Revolution

Wenn es Ägypten gut geht, geht es dem gesamten Nahen Osten gut.
Wenn Ägypten leidet, leidet der gesamte Nahe Osten.

Arabisches Sprichwort

Mitten in der Müllstadt Manshiet Nasser befindet sich die größte Kirche im Nahen Osten: eine in das Mokattam-Massiv gehauene Kathedrale mit mehr als 10 000 Sitzplätzen. Schmale Gassen, die nicht für Autos, sondern für Eselskarren geschaffen wurden, führen den Berg hinauf zur Felsenkirche „Sankt Simon der Schuster".

Die Mokattam-Felsen sind schon seit der Pharaonenzeit bekannt. Aus den Steinbrüchen des Berges wurden bereits Blöcke für die Pyramiden geschlagen. Heute trennen die Felsen die reichen Muslime und die Kopten, die auf dem Massiv ihre Häuser gebaut haben, und die armen Kopten, die am Fuße des Berges inmitten von Müll wohnen. Doch für die Zabbalin ist „Mokattam" mehr als der Inbegriff eines Ortes voller Dreck: „Mokattam ist kein Müllberg, er ist ein Fels des Glaubens", sagt Gad el Karim, Hausmeister der Felsenkirche, voller Überzeugung.

Der Mann mit dem schwarz-grauen Schnurrbart trägt einen braunen thaub, ein weites, langes Gewand. Sein linker Daumen ist eingegipst, die restlichen vier Finger umklammern einen Schlüsselbund.

Gad deutet auf das Mosaik am Eingang der Felsenkirche. Es zeigt al-Muizz li-Din Allah, einen Kalifen der schiitischen Dynastie der Fatimiden, der von 953 bis 975 herrschte und 972 Kairo zur Hauptstadt seines Reiches machte. Auf dem Bild steht er, umgeben von Soldaten, koptischen Mönchen, Priestern und Menschen mit gefalteten Händen gegenüber. Der Legende nach soll der Kalif damals die Christen von Kairo auf die Probe gestellt haben. Er befahl ihnen, den Berg vor seinem Palast zu versetzen, weil Jesus im Neuen Testament sagt, dass der Glaube, selbst wenn er nur so klein wie ein Senfkorn ist, Berge versetzen kann.

Nach drei Tagen Beten und Fasten sei es den Christen tatsächlich dank der Hilfe eines einfachen Mannes – Simon dem Schuhmacher – gelungen, das Gebirgsmassiv durch „Herr-erbarme-dich"-Rufe drei Mal emporzuheben – so hoch, dass die Sonne unter dem schwebenden Berg zu sehen war. Dieses Wunder soll dafür gesorgt haben, dass der fatimidische Herrscher davon Abstand nahm, die koptische Bevölkerung zu verfolgen und die Kirchen Alt-Kairos zu zerstören. Bis heute wird der einäugige Schuster Samaan (Simon) in der koptischen Kirche als Heiliger verehrt. Die Felsenkirche wurde nach ihm benannt.

Gad erzählt, dass er 1968, als noch Gamal Abdel Nasser Präsident war, von Oberägypten in die Hauptstadt zog. Dort erhoffte er sich wie viele andere Landflüchtlinge ein besseres Leben.

„Wir kamen hierher und hatten nichts – keine Arbeit und keine Häuser." In den Müllbergen von Mokattam fand er zwar Arbeit, die ihm ein paar ägyptische Pfund am Tag einbrachte, doch das Leben blieb hart und trostlos. Er versuchte, sich über die Hoffnungslosigkeit in Mokattam hinwegzutrösten: „Ich ernährte mich 20 Jahre nur noch von Alkohol und Drogen", erinnert er sich – bis er in seiner großen Verzweiflung zur Felsenkirche ging.

Dort traf er den Priester der Kirche, Vater Samaan Ibrahim. Er gilt als einer der beliebtesten Priester Ägyptens. Samaan Ibrahim begleitet die Zabbalin in Mokattam seelsorgerlich und unterstützt sie praktisch, indem er beispielsweise ein Krankenhaus und eine Schule für sie gegründet hat.

Gad el Karim schwor dem Priester und Gott, ein neues Leben zu beginnen. Heute ist er frei von seiner Sucht und stolz, Hausmeister in der Felsenkirche zu sein. Er hat lesen gelernt und kann nun sogar die Bibel studieren. Das ist für ihn ein großes Wunder. „Ich war in keiner Schule. Und ich kann bis heute auch keine arabischen Buchstaben schreiben."

1977 entdeckte Vater Samaan Ibrahim mehrere Grotten in dem Felsengestein, die in den nächsten zwei Jahrzehnten immer weiter ausgehöhlt wurden. Heute sind in den Felsenhöhlen sieben Kirchen und ein Kloster versteckt. Die Felsenkirche Sankt Samaan, in der wie in einer Arena die Bänke in Halbkreisen angeordnet sind, ist die größte von ihnen.

Am 11. November 2011 kam es dort zu dem größten Treffen ägyptischer Christen, das es bisher gegeben hat: 70 000 orthodoxe, katholische und evangelische Christen beteten in und vor der Höhlenkirche gemeinsam für Ägypten. Die Sorge um die Zukunft ihres Landes ließ sie konfessionelle Unterschiede vergessen. Viele von ihnen waren mehrere Monate zuvor unter den Hunderttausenden Demonstranten auf dem Tahrirplatz gewesen.

Von der tunesischen Revolution inspiriert, forderten sie damals voller Euphorie: „Aish, horreya, karama insaniya – Brot,

Freiheit, Menschenwürde" – und den Sturz des Mubarak-Regimes. Nur 18 Tage dauerte es, bis der damalige Präsident Hosni Mubarak am 11. Februar 2011 seinen Rücktritt erklärte. Viele Ägypter hofften, dass nun ihre Forderungen wahr würden und tatsächlich Demokratie, Freiheit und zunehmender Wohlstand Wirklichkeit würden.

Doch neun Monate nach dem Rücktritt Mubaraks machte sich bei den Demonstranten Ernüchterung breit: Noch immer war Ägypten in Unruhe und fast täglich kam es zu gewaltsamen Auseinandersetzungen. Wenige Tage vor der Gebetsnacht wurde am sogenannten „Schwarzen Sonntag" eine Demonstration vor der staatlichen Fernsehanstalt im Maspero-Hochhaus niedergeschlagen. 27 Menschen wurden dabei getötet. Vor den Wahlen, die Ende November 2011 stattfinden sollten, zeichnete sich schon in den Umfragen ab, dass das islamistische Lager der Muslimbrüder und Salafisten die große Mehrheit der Sitze erhalten würde.

In dieser Situation trafen sich am 11.11.11. Zehntausende in der Felsenkirche zu einer „Nacht des Gebets und der Rückkehr zu Gott". Die Augen des Hausmeisters glänzen vor Begeisterung, wenn er von der Gebetsnacht spricht: „Von sechs Uhr abends bis sechs Uhr morgens sangen und beteten wir für unser Land." Er holt sein Handy hervor und startet ein Video, das er aufgenommen hat. Menschen schwenken ägyptische Fahnen und halten Banner in die Höhe, mit dem Slogan „Gesegnet sei Ägypten, mein Volk!" – ein Bibelzitat aus Jesaja 19,25.

Freunde, die inzwischen im Ausland leben, hätten ihn angerufen, berichtet Gad. Sie sahen die Übertragung der Gebetsnacht auf dem christlich-arabischen Fernsehsender Sat 7. „Sie fragten mich: ‚Stimmt es wirklich, dass sich so viele Menschen zum Gebet versammeln? Wir können das nicht glauben!'" El

Karim wird diese Nacht nie vergessen: „Es war so schön zu sehen, dass wir Christen zusammenkommen und mit einer Stimme sprechen." Durch die Gebetsnacht entstand bei den verschiedenen christlichen Konfessionen der Wunsch, sich stärker zu vereinen.

Die koptische Kirche besteht seit 2000 Jahren. Christen, die die koptische Kirche verließen und Mitglied der katholischen oder der evangelischen Kirche wurden, galten bisher als Abtrünnige. Doch Papst Tawadros II., der ein Jahr nach dem Gebetstreffen am 4. November 2012 zum Oberhaupt der koptischen Kirche gewählt wurde, trieb den Wunsch nach mehr Ökumene voran. Getreu seinem Wahlspruch „Die Liebe höret nimmer auf" betonte er die Gemeinsamkeiten und nicht die Unterschiede der Konfessionen.

Trotzdem übersah er nicht die Schwierigkeiten innerhalb der Kirche. „Er sprach aus, was kein anderer Kirchenleiter offen aussprach", sagt Sidhom. „In unseren Kirchen gibt es Machtkämpfe und Eifersüchteleien. Doch jetzt ist es wichtig, alle Kraft darauf zu konzentrieren, gemeinsam Kirche zu sein."

Wenige Wochen später, im Februar 2013, wurde dafür ein deutliches Zeichen gesetzt: Unter dem Vorsitz des koptischen Papstes gründete sich ein „Nationaler Rat der christlichen Kirchen in Ägypten". Noch unter dem Eindruck der in der Gebetsnacht erlebten Einheit und weiterer gemeinsamer Treffen, die in der Folge stattfanden, unterzeichneten Vertreter der koptisch-orthodoxen, koptisch-katholischen, griechisch-orthodoxen, protestantischen und anglikanischen Kirchen das Gründungsdokument. Der Rat soll die Beziehungen untereinander stärken und gemeinsame Positionen gegenüber Nichtchristen ausarbeiten.

Auch für Mama Maggie ist die wachsende Einheit eine direkte Folge der Gebetsnacht: „Tausende von Menschen aus ganz

Ägypten trafen sich mitten in der Müllstadt zum Gebet. Was für Wunder würden wohl passieren, wenn wir jeden Tag so intensiv beten würden?"

Das eintätowierte Kreuz

Zu Mubaraks Zeiten gingen viele Menschen nicht mehr zur Wahl. Frustriert witzelten sie: „Wir wissen sowieso das Ergebnis." Tatsächlich verbuchte Mubarak in seiner fast 20-jährigen Präsidentschaft fast jedes Mal unrealistisch hohe Ergebnisse. Als nach der Revolution die ersten freien Wahlen anstanden, ermutigte Mama Maggie die Menschen aus den Müllstädten dazu, zur Wahl zu gehen. „Wir klärten sie über ihre Rechte auf und machten ihnen bewusst, dass sie über die Zukunft unseres Landes entscheiden können."

Viele Zabbalin wussten nicht einmal, wie Wählen geht. Etliche waren keine registrierten Staatsbürger und besaßen keine Geburtsurkunde, weshalb sie in der Vergangenheit auch nicht wählen durften. Die Mitarbeiter von Stephen's Children halfen ihnen, Geburtsurkunden und Pässe zu beantragen.

Die Mühe lohnte sich: Insgesamt konnten sie Hunderttausende Zabbalin und andere bedürftige Menschen in ganz Ägypten motivieren, von ihrem Wahlrecht das erste Mal Gebrauch zu machen. Dass durch ebendiese Wahlen im Juni 2012 der Muslimbruder Muhammed Mursi an die Macht kam, empfanden Mama Maggie und viele Christen als einen Albtraum. „In nur einem Jahr Amtszeit hat er eine Verfassung verabschiedet, die die Rechte der Frauen einschränkt und Minderheiten wie die Christen im Land benachteiligt."

Ägypten ist ein großartiges Land. Es ist einer der Ursprungsorte der Zivilisation. Das Land der Weisheit, der Religionen und der Revolution. Die Pyramiden gehören zu den bedeutendsten Bauwerken der Menschheit. Ägypten verdient eine bessere Zukunft", sagt Mama Maggie.

Mehrere Eltern mit Kindern warten vor einem kleinen Stand, der sich direkt gegenüber dem Eingang zur Felsenkirche befindet. „Tattoo-Crosses" steht in geschwungenen roten Lettern auf einem Schild. Jetzt ist die sechsjährige Jomama dran. Sie sitzt auf dem Schoß ihres Vaters. Der hält den Arm seiner Tochter dem Besitzer des Open-Air-Tattoo-Studios, Girgis Gabriel, entgegen. An der Wand hängen Stempel mit verschiedenen Kreuzmotiven.

Girgis stempelt Jomama ein kleines koptisches Kreuz aufs Handgelenk. Als er das Motiv mit einer Tattoo-Maschine nachfährt, fängt das Mädchen vor Schmerz an zu schreien. Wenige Sekunden später ist das Kreuz auf der Innenseite von Jomamas Handgelenk eintätowiert. Für immer. Girgis drückt etwas Watte auf die Wunde und fixiert den Bausch mit Tesa-Streifen.

„Einen Tag dranlassen", sagt er und nimmt das Geld entgegen, knapp ein Euro. „Mabruk – Glückwunsch!" Die Eltern gratulieren ihrer noch immer weinenden Tochter. Ab sofort gehört sie unübersehbar zur Gemeinschaft der koptisch-orthodoxen Christen.

Die koptisch-orthodoxe Kirche ist die ursprüngliche Kirche Ägyptens. „Koptisch" leitet sich von dem griechischen „Aigyptos" ab und bedeutet einfach „ägyptisch". Die koptische Kirche wurde im ersten Jahrhundert von dem Evangelisten Markus gegründet. Sie ist damit eine der ältesten christlichen Kirchen der Welt.

Sie ist nie Staatskirche gewesen und zu allen Zeiten wurden ihre Anhänger von den politischen Herrschern Ägyptens verfolgt und unterdrückt. Deshalb wird sie auch „Kirche der Märtyrer" genannt. Der koptische Kalender beginnt seine Zeitrechnung im „anno martyrum", im Jahr des Märtyrers, dem Amtsantritt des römischen Kaisers Diokletian im Jahr 284. Der römische Herrscher trieb die Christenverfolgungen in seinem Reich auf brutalste Weise voran.

Die meisten Christen innerhalb der arabischen Welt leben in Ägypten. Die Angaben über ihre Zahl schwanken erheblich: Zwischen sechs und 15 Prozent der über 90 Millionen Ägypter sind Christen, etwa 90 Prozent von ihnen koptisch-orthodox.

Während der Präsidentschaft von Mohammed Mursi und in den Tagen nach seinem Sturz war es in manchen Gebieten Ägyptens lebensgefährlich, das eintätowierte koptische Kreuz zu zeigen oder wie Mama Maggie sichtbar ein Kreuz um den Hals zu tragen.

Vor mehreren Jahren lernte Mama Maggie bei einem ihrer Camps einen „sehr armen, aber unheimlich klugen" 17-jährigen Jungen kennen, dem der christliche Glaube viel bedeutete. Kurze Zeit darauf hörte sie, dass er seine 14-jährige Cousine geheiratet hatte.

Drei Jahre später demonstrieren die Menschen in Kairo zum zweiten Mal – diesmal gegen Muhammad Mursi. Doch der inzwischen 20-jährige Mann hat keine Zeit zu demonstrieren. Er muss Müll sammeln, um seine kleine Familie zu ernähren. Inzwischen hat er zwei kleine Kinder. Auf dem Weg nach Hause zieht er seine Handkarre durch die Gassen.

Da kommen auf einmal fünf Männer auf ihn zu. Durch ihre Kleidung und ihre Bärte fallen sie in der Müllstadt Manschiyyet Nasser sofort auf. Wahrscheinlich sind es Gegendemonstranten, die von der dreieinhalb Kilometer entfernten al-Azhar-Moschee ins Müllviertel gekommen sind. Die Männer laufen ihm mit immer schnelleren Schritten entgegen, bis sie direkt vor ihm stehen. Plötzlich zücken zwei von ihnen ein Messer und drücken ihn an eine Hauswand. „Bist du Christ?", fragen sie ihn. Reine Provokation! Es ist offensichtlich, dass er Christ ist, schließlich sind fast alle Müllsammler Christen. Außerdem sehen sie sein eintätowiertes Kreuz.

Trotzdem fragen sie ihn noch einmal: „Bist du Christ?"

Dem jungen Mann ist bewusst: Wenn er diese Frage bejaht, werden sie ihn sehr wahrscheinlich umbringen. Er zögert trotzdem nicht und sagt: „Ja."

Mit mehreren Messerstichen töten sie ihn.

Mama Maggie erinnert sich, dass nach dem Tod des Mannes seine 17-jährige Frau zu ihr kam: „,So, wie ihr euch um meinen Mann gekümmert habt, als er noch ein Kind gewesen ist, kümmert euch bitte jetzt um seine Kinder', bat sie uns. Während ihre Kinder bei uns im Kindergarten sind und dort auch zu essen bekommen, arbeitet die Frau im Müll, um etwas Geld zu verdienen. Gemeinsam schaffen wir es, die kleine Familie am Leben zu halten."

Freude in dunkler Zeit

An einem Tag im September 2012 besucht Rohani um acht Uhr morgens „seine" Häuser in Heliopolis, in denen er täglich die Mülltüten abholt. Einmal pro Monat trifft er die Menschen, deren Müll er besser kennt als die Gesichter. Sie wissen schon, dass er kommt, um sein Trinkgeld für die Müllentsorgung zu kassieren. Durch den Spion in ihrer Wohnungstür beobachten sie, wie er durchs Haus läuft, drücken ihm schnell einen zerknitterten Schein in die Hand und schließen die Tür vor seiner Nase. So ist er es gewohnt.

In einem Haus war es schon immer anders. Er nennt es das „Doktorhaus". Ein goldenes Schild rechts an der Wand bei der Haustür, die Abfalltüte mit Praxismüll und natürlich auch die Patienten, denen er tagsüber manchmal begegnet, verraten ihm, dass hier ein Arzt arbeitet. Er geht ins Haus hinein, die Treppen hinauf und läutet an der Wohnungstür gegenüber der Praxis.

Eine ältere, edel gekleidete Frau macht auf und steckt ihm Geld zu – etwas mehr als üblich. „Falls meine Tochter nicht zu Hause ist", sagt sie und zeigt mit dem Finger nach unten Richtung Treppenhaus. Doch als er die Stufen hinuntergeht, öffnet sich auch diese Wohnungstür, und eine Frau in weißen Kleidern kommt heraus, die offensichtlich gerade am Gehen ist.

„Sabah el-kheir, Mr Rohani", grüßt sie ihn freundlich.

„Sabah el-nour", murmelt Rohani verlegen und freut sich auch heute wieder, dass die Frau ihn schon seit Jahren beim Namen nennt.

„Geht es der Familie gut?"

„Ja, allen geht es gut, Gott sei gedankt."

„Einen Moment", sagt sie und greift in ihre Baumwolltasche. Sie drückt ihm Bonbons in die Hand und geht die restlichen Treppen hinunter zum Hausausgang.

Noch immer weiß er nicht, dass er gerade „Mama Maggie" begegnet ist, der Frau, von der seine Familie immer wieder erzählt und über die gerade die ägyptischen, aber auch internationale Zeitungen und Fernsehsender berichten.

Drei Personen, so sagt man, haben im Herbst 2012 besonders große Chancen auf den Friedensnobelpreis: Maggie Gobran, die afghanische Burka-Gegnerin Sima Samar und der US-Politikwissenschaftler Gene Sharp, der für seine Theorien zum gewaltlosen Widerstand bekannt wurde. Auf der schwedischen

Internetseite Unibet, die nicht nur Sportwetten entgegennimmt, sondern auch Tipps für den Gewinner des Friedensnobelpreises, ist Mama Maggie mehrere Wochen die Favoritin. Dass schließlich die Europäische Union die begehrte Auszeichnung erhält, hätte im Vorhinein kaum jemand vermutet.

Viele Ägypter sind verdutzt. Die Medien berichten von einer Frau, die vielleicht den Friedensnobelpreis gewinnt, und die meisten von ihnen kennen sie nicht einmal.

Lange Jahre hat Mama Maggie die Öffentlichkeit gemieden. Sie hat die Ärmsten im Blick, es geht ihr nicht um die Anerkennung durch andere. Außerdem will sie das christlich geprägte Werk nicht durch zu viel mediale Öffentlichkeit gefährden.

Als Rohani das „Doktorhaus" verlässt und auf den Gehweg tritt, sieht er wieder die weiß gekleidete Frau, die mit dem Pförtner eines großen Gebäudes wenige Meter weiter spricht. Rohani geht den beiden entgegen und hört Gesprächsfetzen.

„Mabruk, mabruk – Glückwunsch!", sagt der Pförtner mit lauter, euphorischer Stimme. „Mama Maggie, Sie sind der Stolz und die Freude unserer Nation! Wer weiß, vielleicht werden Sie nach Mohammed El-Baradei die erste weibliche ägyptische Friedensnobelpreisträgerin!" Etwas leiser sagt er zu ihr: „Endlich mal eine gute Nachricht in dieser schwierigen Zeit."

„Sollte ich einen Preis bekommen, gebührt er nicht mir", erwidert sie und blickt Rohani an, der Schritt für Schritt näher gekommen ist. „Dieser Preis ist für die Kinder, die im Müll leben müssen und die jede Hilfe, Förderung und Wertschätzung verdienen!", sagt sie.

„Mama Maggie", so hat der Pförtner sie genannt. Rohani geht weiter, steckt seine Hand in die Hosentasche und findet die Bonbons wieder, die ihm diese Frau gerade geschenkt hat.

Hat nicht seine Tochter auch immer von einer Mama Maggie gesprochen? Und Bonbons hat sie ihr auch gegeben! Er schüttelt ungläubig den Kopf. Das war sie also, die Frau, die er immer kennenlernen wollte und doch schon seit Jahren kennt.

Die Eröffnung der Farah-Schule

Mitten in der Mursi-Ära, zum Schuljahr 2012, konnte Mama Maggie an dem Ort, an dem sie ihren ersten Kindergarten bauen ließ, ihre erste Schule eröffnen. Dort, in der Nähe von Shubra el-Kheima, wo früher Hütten aus Palmwedeln standen, drängen sich heute unfertige sechs- bis achtgeschossige Häuser aneinander.

Die Farah-Schule, die „Schule der Freude", die nach Mama Maggies Enkelin benannt ist, hebt sich mit ihrem vanillefarbenen Putz von den unverputzten Häusern der Nachbarschaft ab. Hier leben keine Müllsammler, aber Familien, die bedürftig sind und deren Kinder Mama Maggie gern fördern möchte. Wer durch das Tor das Gelände betritt, sieht einen gut gepflegten Rasen, einige Bäume und Blumen.

Zwei Drittel der Schüler sind Christen, ein Drittel Muslime. „Hier wird jeder gleich behandelt", betont Schulleiter Mikail. Auch das Lehrpersonal besteht aus Muslimen und Christen. „Wie ein väterlicher Freund möchte ich für alle da sein", sagt der Mann mit der faltigen Denkerstirn. Ihm ist es wichtig, dass sich alle Lehrer regelmäßig zum gemeinsamen Essen treffen, damit untereinander gute Beziehungen wachsen.

Mikail ist Christ und leitend tätig. Dies ist nur in privaten Schulen möglich. In staatlichen Schulen sind alle Schulleiter Muslime. Auch in der Politik und in der Armee werden Leitungspositionen fast ausschließlich mit Muslimen besetzt. Mama Maggies

Vater bekam diese Form der Diskriminierung als Arzt zu spüren: 1956 wurde ihm eine aussichtsreiche Stelle im Gesundheitsministerium angeboten. Die Weltgesundheitsorganisation (WHO) erforschte damals zusammen mit einer Gruppe von ägyptischen Ärzten Infektionskrankheiten wie Malaria und Cholera.

König Farouk lud Dr. Gobran zu sich ein und bat ihn, zwischen den Patienten, der WHO und dem Königshaus zu vermitteln und die Gruppe von Ärzten und anderen Fachleuten zu leiten. Als Mama Maggie acht Jahre alt war, zog ihre Familie deshalb von Nag Hammadi in Oberägypten nach Kairo.

„Mein Vater war die rechte Hand des Gesundheitsministers", sagt Mama Maggie. „Der Minister, der kurz vor seinem Ruhestand war, sagte meinem Vater: ‚Ich habe dich als meinen Nachfolger empfohlen. Doch sie haben abgelehnt. Ein Christ darf kein Minister werden. Tut mir leid.' Bis heute gibt es Positionen, die Christen allein wegen ihrer Religion nicht bekommen können."

Schon oft hat Mama Maggie erlebt, dass in staatlichen Schulen Kindern das Leben schwer gemacht wird, nur weil sie einen christlichen Namen haben, wie Mary oder John. Ihr ist es wichtig, dass keines der Kinder in ihren Kindergärten und Schulen wegen seiner Religionszugehörigkeit diskriminiert wird.

Auch Mikail möchte durch die Arbeit seiner Schule Vorurteile abbauen. „Manche muslimische Eltern sind am Anfang skeptisch, ob ihre Kinder unter einem christlichen Schulleiter nicht benachteiligt werden. Sie staunen dann, dass ihre Kinder genauso gut behandelt werden wie die christlichen Schüler." Außerdem besuchen die Lehrer regelmäßig die Eltern der Kinder zu Hause, was ebenfalls das Vertrauen fördert.

Wie jede andere Schule behandelt auch die Farah-Schule im Arabisch-Unterricht den Koran, so will es der staatliche

Lehrplan. Die Sprache des Korans gilt als unnachahmliches, ideales Arabisch und darf nur von Muslimen gelehrt werden. Doch in der Farah-Schule sind die Lehrer angehalten, sich im Sprachunterricht auf die literarischen Gesichtspunkte des Korans zu konzentrieren und die Kinder nicht im Islam zu unterweisen.

Die Lehrer achten auch besonders darauf, dass gute und schwächere Schüler gleichermaßen gefördert werden. Maher lernte bei einem Hausbesuch einmal einen Jungen kennen, der selten zur Schule ging. Er fragte ihn, warum und der Junge sagte: „Ich werde dort geschlagen und von dem Lehrer gemobbt."

An staatlichen Schulen ist es nicht leicht, erfolgreich zu lernen. Die Klassen sind überfüllt und in den meisten Schulen regiert der Frontalunterricht. Wer es sich leisten kann, schickt sein Kind daher auf eine Privatschule oder zur Nachhilfe. Weil sich arme Kinder keinen Extraunterricht leisten können, gehören sie meist nicht zu den Besten. Das wissen auch die Lehrer.

Maher ging deshalb mit dem Jungen zur Schule und redete mit dem Lehrer. Er versprach ihm, dass die Mitarbeiter von Stephen's Children dem Jungen bei den Hausaufgaben und schulischen Problemen helfen würden, damit er die Klasse schaffen konnte. Noch nie zuvor hatte der Junge erlebt, dass sich jemand für ihn starkmachte.

In Ägypten gibt es neun Jahre Schulpflicht. Die Farah-Schule bietet alle Klassenstufen an, sechs Jahre Grundschule und drei Jahre weiterführende Schule. Sie hat Platz für bis zu 900 Schüler – und auch eine Bibliothek. An zwei langen Tischen sitzen Kinder mit hellblauen Pullis und blauen Stoffhosen. Sie schmökern in Heften und Büchern.

An der Wand ist eine Tafel angebracht, auf der ein Bibelvers des Apostels Paulus zu lesen ist: „Was immer wahrhaft, edel, recht, was lauter, liebenswert, ansprechend ist, was Tugend heißt und lobenswert ist, darauf seid bedacht!" (Philipper 4,8). Eine Lebensweisheit, mit der sowohl christliche als auch muslimische Schüler etwas anfangen können.

In den Sommerferien ist die Schule an einigen Tagen für die Nachbarschaft geöffnet. Dann gibt es auf dem großen Hof Essen und Angebote zum Spielen. Mikail möchte auch zur überwiegend muslimischen Nachbarschaft ein gutes Verhältnis aufbauen. Denn in dem Viertel ist es in der Vergangenheit immer wieder zu Spannungen zwischen Muslimen und Christen gekommen. Mikail weiß: „Die Sicherheit der Schule hängt von einer guten Beziehung zu den Nachbarn ab."

Der Kindergarten der Liebe

Am Samstag, den 6. April 2013, klingelt in aller Frühe Mama Maggies Handy. Ihr Mann geht ans Telefon. Er ahnt, dass ein Anruf im Morgengrauen nichts Gutes bedeutet. Andrew ist dran, er leitet den Mahabba-Kindergarten, den „Kindergarten der Liebe", der in der Nachbarschaft der neu eröffneten Farah-Schule liegt: Es hat einen Anschlag auf den Kindergarten gegeben!

Noch heute ist Andrew geschockt, wenn er an jene Nacht zurückdenkt. „An jenem Freitagabend hörten wir um acht Uhr Schüsse vor dem Kindergarten. Als Familie verschanzten wir uns in der Wohnung nebenan. Eine blecherne Stimme aus einem Moscheemikrofon rief: ‚Reinigt die Gegend von den unreinen Christen.' Plötzlich standen viele Männer mit Waffen auf der Straße vor unserem Fenster. Sie schrien laut: ‚Allahu akbar', und: ‚Greift die Kopten an!' Einige erkannte ich, aber die meisten kamen nicht aus unserem Viertel", berichtet Andrew.

„Ununterbrochen wurde geschossen, bis vier Uhr morgens. Meine zwei kleinen Kinder saßen hinter mir und klammerten sich an mich, sie waren völlig verängstigt. Wir alle zitterten. Auch meine Frau und ich hatten Angst, dass sie ins Haus kommen und uns erschießen würden. Erst am Morgen, als die Schüsse aufhörten und die Polizei kam, wagte ich mich in den Kindergarten. Das Haupttor, das mit Eisenketten verschlossen gewesen war, hatte man aufgebrochen. Rauchschwaden zogen durch die Räume: Das untere Stockwerk brannte. Und alles Wertvolle war weg: die Computer, Stühle, Tische, Schränke und Spielsachen. Dinge, die sie nicht stehlen konnten, wie Kloschüsseln, hatten sie zerstört.

Sechs Männer wurden in dieser Nacht bei uns im Viertel getötet: fünf Christen und ein Muslim. Ich kannte sie alle. Der jüngste war 18 Jahre alt. Er hieß Issam, unser Besuchsteam hatte ihn jahrelang betreut."

Fast einen Monat lang berichteten die ägyptischen Medien über den Mahabba-Kindergarten. Nachrichtensender zeigten Kinder, die weinend vor dem zerstörten Tor des Gebäudes standen. „Einige unserer Kinder kamen und brachten mir ihr Taschengeld, damit ich den Kindergarten schnell wieder aufbaue", sagt Andrew gerührt. „Auch die Eltern, die selbst kaum genug zum Leben hatten, spendeten Geld."

Für Mama Maggie war es ergreifend zu sehen, dass Kinder und Eltern die Arbeit des Kindergartens so sehr schätzen, dass sie sogar von dem wenigen, was sie besaßen, etwas gaben. Bauingenieure und andere Menschen aus der Umgebung halfen tatkräftig mit, den Kindergarten wieder aufzubauen. Nach wenigen Monaten konnte das Zentrum wieder eröffnen. „Die Geschichte des Kindergartens zeigt, dass Liebe aus Bösem etwas Gutes machen kann. Der ‚Kindergarten der Liebe' erinnert mich daran, wie stark die Macht der Liebe ist", sagt Mama Maggie.

Wer heute den Kindergarten besucht, sieht von den Zerstörungen nichts mehr. Nur eine Ecke an der Wand im Treppenaufgang zwischen dem Erdgeschoss und dem ersten Stockwerk ist noch schwarz und vom Feuer verrußt. Das soll auch so bleiben. Als Erinnerung und Mahnmal.

Mursi wird gestürzt

Als das Militär am 3. Juli 2013 Muhammad Mursi absetzte, atmeten viele Christen und liberale Muslime auf. „Rund 31 Millionen Menschen gingen in ganz Ägypten auf die Straße und demonstrierten gegen Mursi", sagt Mama Maggie. „Es waren dieselben Leute, die von Mubarak enttäuscht waren und sich von ihm Veränderung gewünscht hätten."

Doch nicht allen gefiel das erzwungene Ende der Präsidentschaft Mursis: Auch seine Sympathisanten gingen auf die Straße. Am 14. August 2013 räumte die Polizei die beiden Protestlager der Mursi-Anhänger am Rabia-al-Adawija- und am Nahda-Platz in Kairo gewaltsam. Dabei kamen laut der Menschenrechtsorganisation Human Rights Watch mindestens 900 Menschen ums Leben. Als Reaktion auf die Räumung starteten Islamisten einen Rachefeldzug gegen Christen in ganz Ägypten. Sie warfen den Kopten vor, an der Amtsenthebung des Präsidenten beteiligt gewesen zu sein.

„Nach dem Ende von Mursis Herrschaft wurden 85 Kirchen in Ägypten zerstört", sagt Sidhom, der sich noch gut daran erinnern kann, wie in den drei Tagen nach der Räumung der Protestlager eine Schreckensmeldung nach der anderen in der Redaktion eintraf. „So etwas hatte es noch nicht gegeben.

Die Kopten waren entsetzt und zornig. Doch ihr Oberhaupt, der koptische Papst Tawadros II., war sehr besonnen. Er rief die Christen auf, von Rache abzusehen. ‚Wenn das der Preis ist, den wir für ein freies Ägypten zu bezahlen haben, dann ist es dieses Opfer wert', sagte er. ‚Eines Tages werden die zerstörten Kirchen von Muslimen und Christen gemeinsam aufgebaut werden' – so war seine Vision."

Nicht nur der Papst, auch viele andere Bischöfe und Priester erinnerten ihre Gemeinde daran, dass die wahre Kirche aus Menschen besteht und nicht aus Steinen – und dass deshalb Islamisten zwar Gebäude, aber nicht die eigentliche Kirche zerstören können.

Die Botschaft wurde gehört. Viele gewaltbereite koptische Jugendliche verzichteten auf Rache. Vor niedergebrannten Kirchen brachten viele von ihnen Schilder an, auf denen Botschaften zu lesen waren wie: „Mein muslimischer Bruder, auch wenn du alle Kirchen und Häuser verbrennst, wirst du doch nicht meine Liebe zu dir zerstören. Dein christlicher Bruder." Auch auf den sozialen Netzwerken im Internet verbreiteten sie ähnliche Botschaften.

Diese Zeichen der Versöhnung wurden zu wenig in der Öffentlichkeit wahrgenommen, findet Mama Maggie: „Warum macht es nicht weltweit Schlagzeilen, dass Millionen ägyptischer Christen von Rache absehen und stattdessen christliche Vergebung praktisch leben?"

In dieser schlimmen Zeit gab es auch bewegende Aktionen von islamischer Seite, betont Youssef Sidhom: „Muslime schützten in Menschenketten Kirchen vor gewalttätigen Anhängern der Muslimbruderschaft. Ich sah mit eigenen Augen, wie ein verschleiertes Mädchen half, beleidigende Worte von einer Kirche abzuwaschen, die darauf geschmiert worden waren."

Nach der Revolution verließen viele Ägypter ihr Land. Wer Kontakte ins Ausland und das nötige Geld hatte, nutzte in den meisten Fällen die Chance, auszuwandern. „Seit dem Beginn der Revolution im Jahr 2011 haben etwa 200 000 hochgebildete ägyptische Christen das Land verlassen", sagt Mama Maggie. Nicht nur wegen ihres Glaubens, sondern auch wegen fehlender Perspektiven und Arbeitslosigkeit sind viele emigriert.

Anfang 2014 wurde über eine neue Verfassung abgestimmt. Sie sichert Frauen und Christen mehr Rechte zu. Gemeinsam mit vielen anderen Kopten hofft und betet Mama Maggie, dass sich die Lage in Ägypten verbessert.

Mama Maggies Bitte an Ägypten

Das ägyptische Volk sehnt sich nach Stabilität und Verlässlichkeit.

Als Christen wünschen wir uns Sicherheit.

Je tiefer der Schmerz, desto größer die Freude und der Sieg.

In all unseren Problemen finden wir viel Trost und große Freude.

Die Liebe, die Geduld und die Toleranz der ägyptischen Christen und vieler anderer Ägypter sind bereits ein Vorgeschmack davon, dass zum Schluss die Menschlichkeit siegen wird: das Gute, das Wahre und das Schöne.

Wir beten, dass jeder Mensch sich besinnt und inneren Frieden findet.

Denn derjenige, der mit sich selbst versöhnt ist, wird auch Himmel und Erde versöhnen und der ganzen Welt Heilung und Freude bringen.

Unser Appell ist:

Geh, mein Volk, geh in dein Zimmer, und schließe die Tür hinter dir zu,
bis es in dir hell wird.

17
„15.-Mai"-Slum

Gott erschuf nicht die Armut, sondern uns.
Mutter Teresa, 1910–1997

Eine tote Kuh liegt mit ausgehöhltem Oberkörper im Staub. Ihr Hinterteil liegt abgerissen daneben. In den verwesenden Kadaver kriecht ein abgemagerter Straßenköter und verschwindet fast völlig in ihm, um die letzten Innereien herauszuziehen. Selbst die Tiere haben es in der Müllstadt „15. Mai" schwer zu überleben.

Eselskadaver, die schon länger hier liegen, gleichen mit ihren aufgerissenen Mäulern und abgenagten Schädeln gruseligen Skeletten. An ihnen können sich nur noch Mücken und Fliegen satt essen, um später wieder auf den Gesichtern der Kinder zu landen, die hier leben.

Die Mädchen und Jungen sind die Insekten gewohnt, die überall herumschwirren. Täglich schleppen die Kinder von „15. Mai" Müllsäcke – größer und schwerer als sie selbst – von den Eseln zu ihren Häusern. Dort stochern sie mit Zangen aus gebogenem Draht in Müllhaufen nach brauchbaren Wertstoffen, um sie dann herauszugreifen.

Viele Kinder nehmen auch ihre bloßen Hände zum Graben. Vom Wühlen im Müll haben sie Pusteln und Wunden an den Armen, an den Füßen Schürf- und Schnittwunden. Barfuß oder nur mit abgetragenen Flip-Flops laufen sie im Müll herum und durch Pfützen, in denen Fäkalien schwimmen.

Maher sitzt mit Kerestin und zwei weiteren Sozialarbeitern im Auto, um einige Familien in der Siedlung „15. Mai" zu besuchen. Sie sind auf dem Weg nach Helwan, einer Industriestadt, die 25 Kilometer südlich vom Kairoer Stadtzentrum liegt. Die Fahrt führt vorbei an neu gebauten Wohnhaussiedlungen, die Balkone mit Marmorverkleidungen haben.

Hier, am Rande Helwans, ist Wohnraum für die obere Mittelschicht entstanden. Die letzten Bauarbeiten sind im Gange und noch warten die Häuser auf ihre ersten Bewohner. Die gerade gepflanzten Palmen, die den Mittelstreifen der neu gebauten Straße schmücken, zaubern frisches Grün in das triste Beige der felsigen Landschaft hinter den Häusern. An dieser Straße werden bald Geschäfte und Restaurants eröffnen. Doch noch steht alles leer und still.

Ganz anders sieht es fünf Kilometer außerhalb von Helwan aus. An einer Schotterpiste, die von der Ausfallstraße abzweigt, haben sich im sandigen Brachland etwa 500 Familien niedergelassen, die von dem Müll leben, den Helwan abwirft. Der Slum „15. Mai" ist knapp 15 Jahre alt und damit die jüngste Müllstadt in und um Kairo. Hier ist das Leben wesentlich härter und ärmlicher als in anderen, inzwischen besser entwickelten Müllsiedlungen.

Es ist später Nachmittag, die Sonne steht tief und die Kinder haben endlich Feierabend. In der kurzen Zeit bis es dunkel ist spielen die Mädchen mit ausrangierten Puppen, deren Haare ausgerissen sind oder die nur noch ein Auge haben. Sie haben sie im Müll gefunden und lieben ihre Puppen wie einst die reichen Kinder, denen sie zuvor gehörten. Die Jungen kicken Bälle aus zusammengeknülltem Zeitungspapier in ein „Tor" zwischen zwei Regentonnen oder lassen Drachen aus Plastiktüten steigen, die sich wie Vögel über den Dreck und Schmutz des Müllslums erheben.

Die Mutter mit dem schwarzen Gesicht

Langsam rumpelt das Auto der Mitarbeiter über die Schotterpiste und nähert sich „15. Mai". Eigentlich müssten bereits die ersten Häuser und Baracken zu sehen sein. Doch heute nebeln schwarze Rauchschwaden alles ein. Im Hintergrund sieht man Flammenschein. Maher hustet, als der Qualm durch die geöffneten Fenster ins Auto dringt. Es stinkt nach verbranntem Plastik und schlagartig bekommt er von den giftigen Gasen Kopfschmerzen. Er hustet noch mal.

Da erkennt er inmitten einer schwarzen Wolke schemenhaft eine größere und eine kleinere Person, die wie angewachsen vor ihnen stehen.

„Stopp!", ruft er dem Fahrer zu. Kerestin fragt aufgeregt, was denn los sei. Als der Wind dreht, sieht auch sie die Frau, die mitten im Rauch steht und irgendwie gespenstisch aussieht. Im vom Ruß geschwärzten Gesicht ist nur noch das Weiß ihrer Augen zu erkennen. An der Hand hält sie ein kleines Mädchen. Als das Auto angehalten hat, bittet Maher seine Kollegin Kerestin, mit ihm auszusteigen.

„Wir müssen sehen, was mit dieser Familie los ist!" Der Wind dreht erneut und lässt die Flammen auflodern. Der Rauch wird noch dichter. Kerestin hält sich schützend ihren Schal vors Gesicht. Sie grüßen die Frau und stellen sich kurz vor. Diese nickt und wendet sich wieder dem Feuer zu. Da kommt aus der Hütte ein zweites Mädchen gelaufen und bleibt vor Maher stehen.

„Wie heißt du?", fragt er.

„Sumaya", sagt das etwa 10-jährige Mädchen, an dessen Wangen Rußspuren sind.

„Sumaya, was verbrennt ihr denn hier?", fragt Maher weiter, der zwar bereits sieht und riecht, dass es Kunststoff ist, aber nicht weiß, wie er das Gespräch sonst anfangen soll.

„Das ist das Plastik, das wir heute sortiert haben. Mama verbrennt es. Dann wird ein großer Haufen klein und wir können ihn verkaufen", erwidert Sumaya.

„Wie viele Geschwister hast du?", fragt Kerestin die Kleine.

„Einen Bruder und drei Schwestern, guck da, Rana ist die Kleinste, sie steht neben Mama." Ihre Mutter lässt sich von dem Besuch nicht ablenken, sondern schürt das Feuer, damit das Plastik weiter schmilzt. Ihre Tochter, die ungefähr vier Jahre alt zu sein scheint, hält sich an ihrem rechten Bein fest.

„Wo ist denn euer Vater?", fragt Maher Sumaya. „Arbeitet er noch?"

„Nein", sagt Sumaya. „Er ist im Gefängnis."

Der Rauch nimmt ab, als sich das glühende Plastik immer mehr zu einem großen Klumpen zusammenzieht. Nun wendet die Frau ihren Blick zum ersten Mal für längere Zeit vom Feuer ab. Sie schaut die beiden Fremden fragend an. Maher stellt sich und Kerestin noch mal vor und erzählt, dass sie von Stephen's Children sind, der Organisation, der ein paar Hundert Meter weiter der Kindergarten gehört.

Die Frau nickt wissend und erwidert: „Meine Kinder gehen dort nicht hin. Ich brauche sie hier."

„Und deine älteste Tochter? Geht sie in die Schule?", fragt Maher.

„Nein, sie muss mir auch beim Sortieren helfen. Zum Lernen hat sie keine Zeit."

Jeder Tag der Familie verläuft nach dem gleichen festgelegten Schema. Morgens bringt ihr ältester Sohn, der jede Nacht mit dem Nachbarn Müll sammelt, ein bis zwei Dutzend Müllsäcke nach Hause. An einem Tag schafft es die Familie, bis zu 20 Kilogramm Kunststoff aus dem Müll zu sortieren. Am Nachmittag verbrennt die Mutter die Tüten, Flaschen und Becher. Wenn sie das Plastik als zusammengeschmolzenes, festes Stück abgibt, bekommt sie mehr Geld.

Doch „mehr" ist das falsche Wort. Fünf Cent erhält sie pro Kilo – bei 20 Kilogramm pro Tag nicht mehr als einen Euro. Das entspricht gerade einmal der weltweiten Armutsgrenze von 1,25 US-Dollar. Wer weniger als einen Euro am Tag zur Verfügung hat, gehört zu den ärmsten Menschen der Welt. Und diese Mutter muss mit dem Geld auch noch ihre Kinder versorgen!

Maher ist schockiert, als er mit der eingerußten Frau spricht, die sich mit ihren schwarzen Händen ihre geröteten Augen reibt. Er hat viel Armut gesehen, doch diese Frau ist die ärmste Person, die er jemals getroffen hat.

„Armut bedeutet, keine Wahl zu haben", meint Maher. Seit die Mutter alleinerziehend ist, muss sie noch härter arbeiten und auch ihre Kinder zur Arbeit anhalten. Die Frau sieht keine andere Möglichkeit, als sich und ihre Kinder jeden Tag für ein paar Cent dem giftigen Rauch auszusetzen, der sie bald sehr krank machen wird. Dazu kommt die enorme Luftverschmutzung, die auch ihrer Umgebung schadet. Maher erkennt, dass die Mutter gefangen ist in ihrem Kampf ums Überleben. Wird sie ihren beiden kleinen Töchtern jemals andere Möglichkeiten eröffnen und sie zur Schule schicken können?

Die Kinder sind hungrig. Sie hungern nach Brot, aber auch nach Liebe, Annahme und Würde.   Maggie Gobran

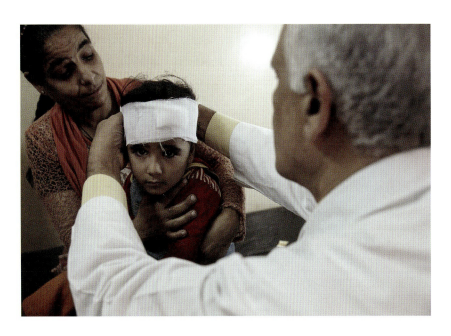

*Du hast keine Kontrolle über die Länge,
aber über die Tiefe deines Lebens.
Maggie Gobran*

1994

Maggie als
Geschäftsfrau,
1980

Die Familie, 2012:
Sohn Amir,
Ehemann Ibrahim,
Tochter Ann mit
Ehemann Halim
Greiss und
Kindern, Maggie

Ann mit
ihrer Mama

Die Geschwister: Nabil,
Moheb, Nadia, Maggie
und Gamal

Maggie mit
Enkeltochter Farah

1994

Erstes Foto von Maggie, 40er Jahre

Tante Tedda

Maggie mit ihrer Mutter Fifi (Mitte) und Schwester Nadia (rechts vorne)

Hochzeitsfoto von Sophie und George Gobran, Maggies Eltern

Hoffnung im Reisegepäck

Vor etwa 15 Jahren zogen rund 250 verarmte Kleinbauernfamilien aus den ländlichen Gegenden im Süden Ägyptens an den Rand Helwans. Ähnlich wie die Familien, die in den 30er- und 40er-Jahren nach Kairo kamen und sich später in Mokattam ansiedelten, hofften auch sie auf ein besseres Leben in der Stadt.

Landflucht ist nicht nur in Ägypten eine große Herausforderung, sondern auch weltweit in allen Entwicklungs- und Schwellenländern. Millionen Menschen treibt es jedes Jahr vom Land in die Stadt. Inzwischen lebt mehr als die Hälfte der Weltbevölkerung in Städten.* Zwei Drittel der Menschen haben ihr Zuhause in einem Slum. Mittellos und ohne Kontakte kommen sie in die Städte. Ihre landwirtschaftliche Erfahrung hilft ihnen hier wenig. Im Reisegepäck tragen sie den Traum von einem besseren Leben mit sich. Daran klammern sie sich – denn in der Heimat ist es noch trostloser und ärmer.

Die Stadt bietet allein durch ihre bessere Infrastruktur mehr Möglichkeiten: Arbeitsplätze, Krankenhäuser und Schulen. Die Neuankömmlinge trösten sich mit der Annahme, dass sie wahrscheinlich nur für eine kurze Übergangszeit im Slum leben müssen. Doch die meisten Familien bleiben über Generationen hinweg dort. In den Slums bilden sich mit der Zeit Hierarchien, Strukturen und gute Nachbarschaften. Das Leben ist zwar hart, aber hier ist niemand allein. Jeder kennt jeden. Es entstehen Orte, an denen Hoffnung und Hoffnungslosigkeit dicht beieinander wohnen.

Die Stadt verschlingt Tausende von Menschen in provisorischen Siedlungen und Elendsvierteln. Auch „15. Mai" ist ein

---

* http://www.bmz.de/de/was_wir_machen/themen/stadtentwicklung/hintergrund/;
http://www.bpb.de/gesellschaft/staedte/megastaedte/64768/slums

solcher Ort. Da das Land brach liegt, können die Landflüchtlinge zunächst einmal dortbleiben – allerdings nur so lange, bis jemand die Flächen erwirbt und den Besitz selbst nutzen will. Weil Kairos Bevölkerung durch Zuzug und eine hohe Geburtenrate rasant wächst, herrscht Wohnungsnot im gesamten Einzugsgebiet der Stadt. Die Kauf- und Mietpreise steigen auch im benachbarten Helwan. Es kann daher sein, dass „15.-Mai" eines Tages zwangsgeräumt wird, um einer Siedlung für Wohlhabende Platz zu machen.

Wind und Wetter ausgesetzt

Bis vor Kurzem standen in der Siedlung „15. Mai" nur provisorische Wellblechhütten und andere behelfsmäßige Behausungen aus Brettern und Lumpen, die von Wind und Regen regelmäßig zerstört wurden. Doch nun entstehen mit der Hilfe nationaler und internationaler Organisationen die ersten Steinhäuser. Viele Familien haben bereits mit dem Bau begonnen. Die unverputzten Wände stehen, aber der Boden und das Dach fehlen noch. Plastikplanen oder Wellblechstücke, die mit Backsteinen beschwert werden, damit sie nicht davonfliegen, bilden nur einen geringen Schutz.

Seit einigen Monaten gibt es in fast allen Hütten in „15. Mai" einen Wasserhahn. „Fast ein Jahrzehnt hatten die Menschen kein fließendes Wasser", sagt Sarah, eine von Mama Maggies engsten Mitarbeiterinnen.

Bessere Behausungen helfen den Menschen auch, mit den extremen Witterungsbedingungen umzugehen. Im Sommer heizt es sich hier aufgrund der kargen Vegetation und der trockenen Steinlandschaft bis zu 45 Grad im Schatten auf. In der Nacht bleiben es 32 Grad. Immer wieder fangen Müllhaufen wegen der starken Hitze von selbst an zu brennen. Weil kaum Wasser vorhanden ist, kann ein kleiner Brand schnell zu einer großen Katastrophe werden. Im Winter frieren die Menschen, und der Regen durchnässt ihr Hab und Gut und auch sie selbst, weil die Dächer undicht sind und der lose Boden schnell aufweicht.

Stephen's Children hilft den Bewohnern von „15. Mai" durch den Kindergarten, ein Programm für Analphabeten und grundsätzlich, ihre Wohnungssituation zu verbessern.

Vorstandsmitglied und Bauingenieur Michael Zaki hat ein Modellhaus entwickelt. Darin gibt es vier Räume: einen zum Wohnen und Kochen, einen zum Schlafen, einen für den Müll und ein Badezimmer. Das Abwasser wird in einem Klärbehälter unter dem Haus gesammelt. Der Müllraum ist durch eine Tür von den anderen Räumen getrennt, damit Geruch und Tiere nicht in den Wohnraum der Familie gelangen.

„Das war meine Bedingung. Ich sagte zu den Familien: ,Ich baue euch ein Haus, aber nur, wenn ihr mir versprecht, dass ihr den Müll immer streng von eurem Wohn- und Schlafzimmer trennt.'" Die Kosten für ein solches Haus liegen bei mindestens 4000 bis 5000 Euro. „Seit drei Jahren steigen die Preise für Zement unaufhörlich. Inzwischen hat sich der Preis fast verdreifacht. Wie sollen sich die Menschen das leisten können? Die Kunst ist es, mit wenig Geld die besten und alltagstauglichsten Häuser zu bauen", erklärt Michael.

Er hat das Four-Seasons-Hotel in Kairo errichtet und auch im ägyptischen Badeort Scharm el Scheikh und in Dubai Millionenprojekte wie Luxushotels und Krankenhäuser erbaut. Ihn freut es, dass er sein Wissen nun einbringen kann, um den Ärmsten zu helfen. Weitere Modellhäuser sollen folgen.

Nächtliche Gefahr im Dunkeln

Maher und Kerestin fahren weiter zu der „Mutter von George" und ihren neun Kindern. Als sie eintreffen, werden sie von ihr bereits an der Tür erwartet. George ist 13 und ihr ältester Sohn. 17 Kinder hat sie geboren, doch nur neun von ihnen haben überlebt. Ihr jüngstes Kind ist Leila. Sie ist 10 Monate alt. In ihrem Gesicht kleben ein Dutzend Fliegen an Mund und Nase. Selig schlafend liegt sie auf einer Bastunterlage auf dem Boden, während ihr älterer Bruder laut rufend in die Hütte stürmt und schreit: „Kerestin ist da, Kerestin ist da!" Leila ist es gewohnt zu schlafen, wenn sie müde wird, egal, wie laut es um sie herum ist.

Maher und Kerestin betreten mit den beiden anderen Mitarbeitern die kleine Wellblechhütte der Familie. Die „Mutter von George", so wird sie im ganzen Viertel genannt, begrüßt die beiden. Kerestin küsst sie auf die Wange. „Ahlan bekum – willkommen", sagt sie und führt ihre Gäste in den Schlafraum. Dort steht ein Hochbett, auf dessen oberer Etage jedoch niemand schlafen kann. Die gesamte Fläche ist mit alten Reifen und gebündelter Pappe bedeckt. Unten liegt eine Matratze mit einigen zerknüllten Laken, die nachts als Bettdecken dienen.

Neben dem Eingang hängt ein Poster, auf dem Jesus mit schulterlangen braunen Haaren zu sehen ist. Die Bewohner der Hütte sind Kopten, wie fast jede Familie hier. Das ist unübersehbar – man erkennt es an den vielen Kreuzen, die auf die Wohnungstüren gemalt sind, und den einzelnen Graffiti an den Wänden wie „Gott ist Liebe" oder einfach „Jesus".

Die „Küche" besteht lediglich aus einem Spirituskocher und zwei alten Kochtöpfen. In der Mitte des Raumes haben sich die Kinder der „Mutter von George" sowie einige Nachbarjungen auf den Boden gesetzt, um die biblische Geschichte zu hören, die die anderen beiden Mitarbeiter ihnen erzählen.

Einer der Jungen fällt mit seinen langen, sehr dünnen Armen und Beinen auf. Erst vor zwei Wochen musste ein Arzt kommen, weil er so starken Durchfall hatte, dass er kaum noch Kraft besaß. Ein anderer Junge mit kurzen Haaren lehnt mit dem Rücken an der Tür. Seine Augen sind rot und halb zugeschwollen. Er ist total erschöpft von der ständigen Nachtarbeit.

Die Mutter von George erzählt Maher und Kerestin, dass die letzten Nächte für alle sehr unruhig waren. Noch mehr Ratten als sonst seien im Haus gewesen. Sie streiften ihre Körper, die Krallen der Nager kratzten die Kleinen im Gesicht.

Die Gefahr durch Ratten, Schlangen und streunende Hunde ist hier in „15. Mai" besonders groß, weil die Menschen in offenen Häusern leben. Es gibt keinen Strom und folglich auch kein elektrisches Licht. Die Bewohner von „15. Mai" können die Tiere nachts nur schwer verjagen, weil sie im Licht der Spirituslampen kaum etwas sehen. Doch alhamduillah – Gott sei Dank – ist ihnen bisher nichts passiert, erzählt die Mutter von George.

Maher weiß, wie gefährlich die Tiere sein können, die er bei seinen Besuchen in den Slums schon an allen möglichen Orten getroffen hat: im Bett, in den Essensvorräten, über der Lampe hängend – überall. Oft sieht er auch Kinder mit entstellten Gesichtern, weil ihnen ein Teil der Wange, der Lippe oder des Ohrs von Ratten abgebissen wurde. Der viele Müll scheint den Nagetieren nicht auszureichen, um satt zu werden. Immer wieder knabbern sie schlafende Kinder an, die besonders gefährdet sind, wenn sie ungewaschen ins Bett gehen und an ihren Lippen noch Essensreste kleben.

„Die Ratten in den Müllstädten sind so groß wie Kaninchen und so aggressiv, dass sie manchmal sogar Katzen und Hunde einschüchtern. Sie rennen nicht weg, sondern gucken dich mit ihren roten Augen angriffslustig an, als ob sie dir sagen wollen: ‚Du bist hier fremd, das hier ist unser Gebiet.' Schlimmer noch ist, dass die Ratten auch Überträger von lebensgefährlichen Krankheiten sind", erklärt Maher.

Er erinnert sich an eine besonders tragische Geschichte. „Ich kannte eine Frau, deren Tochter genauso alt war wie mein Sohn – damals ungefähr fünfeinhalb Jahre. Außerdem hatte sie noch einen zwei Wochen alten Säugling. Wir verloren uns etwas aus den Augen und ich sah die Familie ein ganzes Jahr nicht. Dann traf ich die Frau wieder und fragte sie nach ihren Kindern. Sie war sehr traurig und erzählte, dass ihr Baby vor einigen Monaten gestorben sei, weil eine Ratte ihm ins Genick gebissen hatte, während es schlief."

Der Unrat in und um die Häuser ist ein Rattenparadies. Maher kann daran nichts ändern. Aber er kann den Eltern Tipps geben, wie sie ihre Kinder besser schützen können. Der Mutter von George rät er: „Wenn es irgendwie möglich ist, dann lass die Kinder, vor allem die Kleinsten, nicht auf dem Boden schlafen; wasch allen vor dem Schlafengehen das Gesicht, und verpacke alle Lebensmittel so gut es geht, damit die Ratten möglichst durch nichts angelockt werden."

Eingeseifte Füße

Während Maher in das Gespräch mit der Mutter vertieft ist, nimmt Kerestin die fünfjährige Mona an die Hand und geht mit ihr hinter die Hütte. Dort hat sie eine lila Waschschüssel mit frischem Wasser aufgestellt. Mona setzt sich inmitten von blauen Plastiktonnen, alten Autoreifen und Müllsäcken auf einen umgedrehten Plastikeimer. Kleine geflochtene Zöpfe, die mit

Schleifen aus schmalen Stoffstreifen zugebunden sind, schmücken ihr verfilztes Haar.

Kerestin säubert ihr das Gesicht und die Hände. Sie will, dass sich Mona daran gewöhnt, sich zu waschen. Als Kerestin die Füße des Mädchens einseift, kneift es seine großen dunklen Augen zusammen. Kerestin schaut sich die Fußsohlen an und sieht die abgeschürfte Haut. Mona schmerzt anscheinend jede Berührung. Doch sie weint nicht, sondern zuckt nur leicht zusammen, wenn Kerestin an die offenen Stellen kommt. Mona scheint trotz der leichten Schmerzen die Zuwendung zu genießen.

Kerestin liebt es, den Kindern die Füße zu waschen, „so wie Jesus es bei seinen Jüngern getan hat". Zuerst entfernt sie mit Wasser den gröbsten Dreck. Dann massiert sie die kleinen Füße mit einem Stück Seife, legt ein Handtuch auf ihren Schoß und holt einen nassen Fuß nach dem anderen zu sich her, um ihn sorgsam trocken zu rubbeln. Anschließend dürfen die Kinder sich ein Paar neuer Flip-Flops oder Sandalen aussuchen. Heute auch Mona. Voller Freude tauscht sie ihre alten Schuhe – zwei viel zu große Latschen mit riesigen Löchern in der Sohle – gegen ein neues Paar Flip-Flops ein.

Die Fußwaschung ist ein Ritual, das auch Mama Maggie voller Hingabe praktiziert, erzählt Kerestin: „Während sie die Füße wäscht, setzt Mama Maggie den Kindern oft Ideen in den Kopf. Sie erzählt ihnen viel und betet für sie. Ich kann sehen, wie ermutigt und fröhlich die Kinder danach sind." Für sie ist Mama Maggie in vielem ein Vorbild: „Mama Maggie glaubt an jedes Kind und holt aus jedem das Beste heraus, indem sie es ermutigt Dinge zu tun, die es ohne ihren Zuspruch nie getan hätte."

Auch sie wünscht sich, Kindern auf diese Weise Freude und Selbstvertrauen zu schenken. Oft wäscht sie am Tag so viele

Füße, dass ihre Hände am Abend vom Wasser völlig aufgeweicht sind. „Das macht nichts", sagt sie. „Auch der Dreck an ihren Füßen macht mir nichts aus. Aber es ist schlimm, dass die Kinder in diesem Dreck leben müssen."

Genau zur selben Zeit, in der Kerestin den Kindern in „15. Mai" die Füße wäscht, hält auch Mama Maggie ein Stück Seife in der Hand: Sie wäscht auf dem Campgelände bei Mokattam den Mädchen und Jungen die Füße, die in den beiden Kinderheimen von Stephen's Children leben. Auf dem Gelände stehen mehrere Waschbecken im Freien. Dort lernen die Jungen und Mädchen, wie man sich die Hände wäscht und die Zähne putzt.

Daneben ist ein weiteres, deutlich niedrigeres Becken in Wannenform, speziell für die Fußwaschungen. Darüber hängt auf Augenhöhe ein ausgerolltes Transparent, auf dem die Jünger Jesu zu sehen sind. Sie sitzen um den Abendmahlstisch und Jesus wäscht ihnen die Füße. „Ich möchte dem Vorbild Jesu folgen. Er diente seinen Jüngern, indem er sich vor sie kniete und ihre staubigen Füße wusch. Genauso möchte ich den Kindern dienen", erklärt Mama Maggie.

Als Arzttochter weiß sie, wie wichtig Sauberkeit für die Kinder ist. Aber nicht nur deshalb wäscht sie deren Füße. Vielmehr hat sie bei jeder Fußwaschung den Eindruck, „dass Gottes Segen vom Himmel kommt" und Jesus ihr besonders nahe ist. Denn: „Was ihr einem meiner geringsten Brüder getan habt, das habt ihr mir getan" (Matthäus 25,40).

Das Ritual der Fußwaschung hat in Ägypten eine lange Tradition: In der koptisch-orthodoxen Kirche waschen die Priester und Bischöfe an Gründonnerstag vor Ostern jedem Besucher der Messe die Füße – ebenfalls in Erinnerung an die Fußwaschung Jesu. Außerdem verbinden die Kopten mit der

Fußwaschung die Legende vom ägyptischen Wüstenvater Anba Bishoy (320–417), der für seinen asketischen Lebensstil und seine Liebe zu Gott und den Menschen bekannt ist. Wenn Gäste nach einem langen Weg durch die Wüste in das Kloster kamen, in dem Bishoy lebte, kniete sich der Mönch vor ihnen nieder und säuberte ihnen die Füße. Als er eines Tages einem alten Mann die Füße wusch, soll er an dessen Füßen die Wundmale des gekreuzigten Jesus gesehen haben. Diese Szene ist in der Kirche des Klosters Sankt Bishoy im Wadi Natrun mehrfach abgebildet.

„Ta'al ya habibi – komm Liebling!" Mama Maggie winkt einem Jungen zu, der ein wenig abseits steht. Musa setzt sich auf einen Plastikhocker neben Mama Maggie und streckt seine Füße ins Becken. „Das Wasser ist kalt, aber du wirst es mögen", warnt sie und dreht den Wasserhahn auf. Sie seift seine Füße ein und spült sie anschließend ab. „Du bist jetzt schon vier Jahre alt, nicht wahr?"

Der Junge mit der Igelfrisur und dem karierten Hemd nickt stolz.

„Du bist sehr gewachsen, seit ich dich das letzte Mal gesehen habe", sagt sie und lächelt ihn an. „Zeig mir mal, wie man die Hände wäscht." Dann hält sie ihm ein Stück Seife hin. Der Junge nimmt das glitschige Stück und wendet es mehrmals in seinen Handflächen, bis es ihm schließlich aus der Hand gleitet.

„Uih!", ruft er der Seife nach, die ins Waschbecken rutscht.

„Gut", lobt ihn Mama Maggie und lacht. Sie lässt Wasser über seine Füße und Hände laufen und trocknet sie danach behutsam ab. Als sie ihm die Schuhe anzieht, fragt sie ihn: „Willst du noch ein paar Bonbons?" Neben ihr steht wie eigentlich immer eine große Tüte, gefüllt mit bunten Bonbons. Sie hält Musa ein orangefarbenes Bonbon hin: „Eins? Oder noch mehr?"

„Mehr", sagt Musa grinsend. Mama Maggie füllt in eine kleine Plastiktüte zwei Hände voll Bonbons und gibt sie dem Jungen. Fröhlich läuft er zu den anderen Kindern zurück. „Gib jedem, den du triffst, eins ab", ruft sie ihm hinterher.

Jetzt ist Ibtisam an der Reihe. Auch sie wohnt wie Musa im Kinderheim von Stephen's Children. Weil Fliegen und Läuse in ihrem Haar nisteten, mussten ihr vor einigen Wochen die langen Haare bis auf Kinnhöhe abgeschnitten werden. Das gefiel dem achtjährigen Mädchen überhaupt nicht. „Mit kurzen Haaren sehe ich aus wie ein Junge!", klagte sie.

Als Mama Maggie das Mädchen sieht, fragt sie es: „Na, wie gefällt dir deine neue Frisur inzwischen? Die kurzen Haare stehen dir gut." Ibtisam blickt mit einem schüchternen Lächeln zu Boden. Als Mama Maggie Ibtisam an sich drückt und ihr etwas ins Ohr flüstert, lacht sie. Bald werden die Haare wieder nachgewachsen sein. Und nach der Fußwaschung darf sich Ibtisam ein neues Paar Flip-Flops aussuchen. Sie entscheidet sich für das rote Paar, auf dessen Riemen Plastikrosen aufgeklebt sind.

12 000 Schuhe, und jeden Tag werden es mehr

In all den vielen Jahren, in denen Mama Maggie inzwischen Tausenden von Kindern die Füße gewaschen hat, musste sie oft an Sherine denken, deren nackte Füße an jenem Wintertag taub vor Kälte gewesen sein müssen. Auch in Mokattam haben viele Kinder keine festen Schuhe und in der kalten Jahreszeit keine warmen Socken. Anfangs waren es die Kinder nicht einmal gewohnt, überhaupt Schuhe zu tragen. Hinzu kam, dass sich durch das viele Barfußlaufen ihre Füße verbreitert hatten und daher kaum in die gängigen Größen passten.

Mama Maggies Dienst an den Armen fing mit Sherine und einem Paar Schuhe an. Bei Vorträgen auf der ganzen Welt erzählt sie oft von diesem besonderen Mädchen und seiner Mutter, der Kohleverkäuferin, die mit bloßen Füßen in der Kälte ausharrten. „Diese Geschichte bewegt viele Menschen. Ein Mann war von dem Schicksal des Mädchens so berührt, dass er uns eine großzügige Geldspende zukommen ließ, die wir für Schuhe verwenden sollten. Es reichte aus, um für 12 000 Kinder Schuhe zu kaufen! Großzügigkeit ist wirklich ansteckend! Das erlebe ich oft", freut sich Mama Maggie. Nach wie vor benötigen die Kinder Schuhe. Keinem Kind, dem sie begegnet, soll es so gehen wie Sherine. Sie brauchen nicht nur Flip-Flops für die heiße Jahreszeit und Lederschuhe, die sie zur Schuluniform tragen können, sondern vor allem im Winter warme und wasserfeste Schuhe.

Bereits zu Beginn ihrer Arbeit, Anfang der 90er-Jahre, baute Mama Maggie eine Werkstatt für Jungen auf, in der sie als Schuster ausgebildet werden. Sie können sich so neben der Schule am Wochenende etwas Geld dazuverdienen oder später den Beruf des Schusters ergreifen. Inzwischen produziert die Schuhwerkstatt jedes Jahr sehr große Mengen an Schuhen: Frauenschuhe, Sportschuhe, Sandalen und Lederschuhe. Mit der Zeit ist das Angebot stark gewachsen.

Joseph, der Ausbildungsleiter in einer der Werkstätten ist, erzählt stolz: „Unsere Schuhe sind so gut verarbeitet, dass sie in jedem Schuhladen hier verkauft werden könnten. Aber sie sind außer Konkurrenz, denn sie werden nicht verkauft, sondern an diejenigen verschenkt, die in einem Geschäft niemals Schuhe bezahlen könnten."

Wenn der Winter kommt, verteilen die Mitarbeiter bei ihren Hausbesuchen neben den Schuhen auch Pullover, Schals und Mützen. Sie stammen aus Nähwerkstätten, in denen junge Frauen ausgebildet werden.

Mama Maggie ist dankbar, dass sie heute nicht nur ein Mädchen glücklich macht, dem sie Schuhe schenken kann, sondern dass sie jeden Winter viele Kinder und Erwachsene sieht, die mit den selbst geschusterten Schuhen und den selbst gestrickten Pullis und Schals trockenen Fußes und warm gekleidet durch die Müllstädte und Slums Kairos laufen.

18
Auf dem Weg mit den Armen

Wir helfen den benachteiligten Kindern auf oft ganz einfache Art und Weise. Wir zeichnen ihnen ein Lächeln in ihr Herz und in ihre Seele. Ich hoffe, dies geht so über Generationen hinweg weiter.

Maggie Gobran

Sie ist „Mama Maggie", die Mutter Teresa für die Ärmsten in Kairo. Rund 25 Jahre nach ihrem ersten Besuch in Mokattam hat sich Maggies Leben vollständig verändert. An die einst elegant gekleidete Marketingexpertin und beliebte Professorin, die die Elite Ägyptens unterrichtete, erinnert heute kaum mehr etwas.

Einige ihrer früheren Freunde haben den Kontakt zu ihr abgebrochen, seit sie unter den bedürftigen Kindern und Familien arbeitet. „Sie verachten mich, weil ich in ihren Augen zu den Armen ‚abgestiegen' bin", sagt Mama Maggie. „Manche fragen mich, wann ich endlich damit aufhöre. Doch das ist für mich keine Option. Aufhören kommt nicht infrage, denn den Armen zu dienen ist für mich kein Job, sondern mein Leben."

Ihre Veränderung geschah nicht über Nacht, sondern dauerte Jahre. Es waren vor allem konkrete Erlebnisse mit armen

Menschen, die dafür sorgten, dass sie ihre Ansichten und ihren Lebensstil hinterfragte. „Du veränderst dich, wenn du bei den Armen bist. Das passiert nicht von jetzt auf gleich, sondern auf dem Weg mit ihnen."

Oft war Mama Maggie verzweifelt, wenn sie sah, unter welchen schrecklichen Lebensbedingungen Kinder aufwachsen müssen. Und sie fragte sich, warum Gott solches Leid zulässt. Die erste Antwort, die sie bekam, war ein Bibelvers: „Er hat mich gesandt, damit ich den Armen eine frohe Botschaft bringe und alle heile, deren Herz zerbrochen ist" (Jesaja 61,1).

„Er hat mich beauftragt, zu den Armen und zu den Menschen mit zerbrochenem Herzen zu gehen. Was für ein Privileg!", sagt sie. Aber Gottes Antwort auf die Frage nach dem Leid ging noch weiter. Mama Maggie traf Kinder wie Sherine und jene, die heimlich Essen für ihre hungrigen Geschwister einsteckten oder ihr weniges selbst verdientes Taschengeld sparten, um anderen zu helfen. Sie sah Kinder, die mit ihrem wenigen Ersparten für den niedergebrannten „Kindergarten der Liebe" sammelten.

So oft hat Mama Maggie sich gefragt, woher diese Menschen eine solche Großzügigkeit haben, während sie selbst Mangel leiden. „Das ist ein Geheimnis. Am Anfang bin ich zu den Armen gegangen, damit ich ihnen helfe, ein besseres Leben zu haben. Heute weiß ich, dass sie mir helfen, ein besserer Mensch zu werden. Diese Kinder zeigen mir, dass Gott selbst unter den Armen wohnt und dass sein liebevoller Blick auf ihnen ruht. Ich weiß nicht, warum Gott das viele Leid zulässt, aber ich weiß, dass er selbst bei ihnen ist. Es ist ein Vorrecht, dies zu erleben und von den Kindern zu lernen", sagt Mama Maggie.

„Ich bin so gerne eure Mutter"

Mama Maggie betrachtet es als Gottes Führung, dass sie den Armen begegnet ist. „Manchmal fragen mich die älteren Kinder: ‚Warum kommst du immer wieder zu uns? Was bringt dir das?' Ich antworte dann: ‚Ich bin so gerne eine Mutter für euch.' Das Wichtigste im Leben ist, alles, was man tut, mit ganzer Liebe und Hingabe zu tun. Das ist für mich wahrer Erfolg und wirkliches Glück. Heute empfinde ich genau diese Freude, wenn ich bei den Kindern bin. Bei ihnen vergesse ich die Zeit. Kinder sind eine Belohnung des Himmels, denn sie geben meinem Leben Bedeutung und Sinn."

Für ihre Lebensaufgabe wurde Mama Maggie am Muttertag im März 2014 vom ägyptischen Sozialministerium geehrt. Die Medaille, die sie „als vorbildliche Mutter des Kairoer Regierungsbezirks" erhielt, freute sie besonders, weil die Regierung dadurch zum ersten Mal überhaupt ihre Arbeit offiziell gewürdigt hat.

Mama Maggies eigenen Kindern Ann und Amir fiel es am Anfang schwer, ihre Mutter mit so vielen anderen Kindern zu teilen. Als sie jünger waren, sagten sie manchmal zu ihr: „Du darfst aber nie vergessen, Mama, dass wir deine richtigen Kinder sind!" Doch das sei nur Spaß gewesen, erzählt Ann.

Sie und ihr Bruder wussten, dass sie für ihre Mutter etwas ganz Besonderes sind. Beide kannten viele der Kinder, die zum Beispiel zu den Camps kamen, und sie waren gern mit ihnen zusammen, wenn sie ab und zu mit ihrer Mutter mitgingen. Heute ist es Mama Maggies Enkelin Farah, die ihre Oma in den Ferien zu den Camps begleiten darf und dabei lernt, dass es nicht allen Kindern so gut wie ihr im reichen Dubai geht.

Zu ihren Enkelkindern hat Mama Maggie einen besonderen Zugang. Wenn sie und Ibrahim bei Ann zu Besuch sind, spielen deren Kinder Farah, Ibrahim und Yousef begeistert mit ihrer Oma, die sie auch einfach nur „Mama Maggie" nennen. Farah lädt jedes Mal ihre Freundinnen ein, weil ihre Großmutter so gut Geschichten erzählen kann.

„Meine Mutter inspiriert mich sehr", sagt Ann. „Sie geht so liebevoll mit den Kindern um und bringt sie dazu, über sich hinauszuwachsen. Für mich ist meine Mutter heute wie eine enge Freundin, mit der ich über alles reden kann. Und auch als Mutter ist sie mir ein Vorbild. Wenn ich in der Erziehung oder einer anderen Situation nicht weiterweiß, überlege ich oft, was sie nun machen würde."

Auch Mama Maggies Sohn Amir wurde von seiner Mutter besonders geprägt. Doch weder sie noch Ibrahim hatten mit der Entscheidung gerechnet, die Amir ihnen am 1. März 2013 mitteilte. An diesem Tag sagte er ihnen, dass er Mönch werden möchte. Ibrahim ist es gewohnt, dass seine Frau ihn mit ihrem Verhalten überrascht. Aber von seinem Sohn kannte er das bisher nicht.

Der junge Mann hatte bis dahin eine steile Karriere hingelegt: Er studierte in Amerika und dann an der Amerikanischen Universität in Kairo Bauingenieurswesen, arbeitete nach dem Abschluss eine Zeit lang in Deutschland bei Siemens und erlangte einen weiteren Mastertitel an der renommierten französischen Insead-Wirtschaftshochschule in Fontainebleau. Kurz vor seinem zweiten Universitätsabschluss bekam er einen zweijährigen Vertrag bei der Deutschen Bank in London. Anschließend arbeitete er in Ägypten bei einer renommierten Baufirma.

„Amir hatte hohe Ziele im Leben, er gehörte immer zu den Besten in seinem Bereich und hatte alles, was man sich wünschen kann: ein schönes Haus, ein großes Auto, eine gut bezahlte Arbeitsstelle. Ich konnte zuerst nicht glauben, dass er das wirklich aufgeben wollte", erzählt Ibrahim.

Wochenlang betete Amir für seine Entscheidung. Am Ende war er sich sicher, dass das Leben als Mönch seine Berufung ist.

„Bereits als Kinder waren wir mit unseren Eltern zu Besuch in einigen Klöstern gewesen. Uns alle faszinierte das Klosterleben und wir waren beeindruckt von dem asketischen Lebensstil der Mönche. Doch dass Amir dieses Leben einmal wählt, damit rechneten wir nicht", sagt Ann.

„Amir gibt sehr viel aus Liebe zu Gott auf", sagt Mama Maggie. „Nicht nur von seiner Karriere und seinem Besitz verabschiedet er sich, sondern auch von Freunden, seiner Familie und einer möglichen Ehe. Ich bin sehr dankbar, dass mein Sohn so hingebungsvoll seinen Glauben lebt. Das ist etwas ganz Besonderes."

„Wir sollten aufschreien"

Mittlerweile ist Stephen's Children eine große Organisation: Zurzeit besuchen 1560 Mitarbeiter wöchentlich 32 000 Familien. Es gibt 95 Kindergärten, in 80 von ihnen befinden sich ambulante Kliniken. Außerdem gibt es fünf Berufsausbildungszentren. Das Konzept der Besuchsdienste, Camps und Familienzentren funktioniert auch über Kairo hinaus in anderen Städten, ebenso wie in ländlichen Gebieten.

Auch andere Länder haben das Konzept von Stephen's Children übernommen. In Äthiopien, der Türkei und dem Sudan helfen Mitarbeiter nach Mama Maggies Vorbild der einheimischen Bevölkerung, Besuchsdienste und Kindergärten zu gründen.

„Früher habe ich gebetet, dass sich die Zahl der Mitarbeiter jedes Jahr verdoppelt, weil das Elend so groß ist. Heute geht mein Gebet über Kairo, ja, sogar über Ägypten hinaus. Ich bete, dass die Armut auf der ganzen Welt aufhört", sagt Mama Maggie.

„Die Menschheit sollte aufschreien, solange es noch ein Kind ohne Brot auf dieser Erde gibt.

Die Menschheit sollte weinen, solange es noch ein Kind ohne Bildung auf dieser Erde gibt. Die Menschheit sollte an ihrer Menschlichkeit zweifeln, solange es noch ein Kind ohne Zuwendung auf dieser Erde gibt."

Mama Maggie wird oft gefragt, ob sie sich mit der Zeit an das Leid gewöhnt hat. Dann schüttelt sie den Kopf und erzählt davon, dass sie nachts oft schlecht schlafen kann, weil sie an die traurigen Schicksale mancher Kinder denken muss.

„Als ich früher Tennis spielte, bekam ich nach kurzer Trainingszeit am Zeigefinger eine Hornhaut, weil der Schläger beim Spielen daran rieb. Mit der Zeit entwickelten sich auch stärkere Armmuskeln, sodass ich den Schläger länger halten und besser spielen konnte. Aber wenn ich Armut und Leid begegne, möchte ich keine Hornhaut bekommen. Ich will mich nicht an das Elend gewöhnen und abgehärtet werden. Stattdessen brauche ich Durchhaltevermögen und viel Kraft, um die Not zu ertragen und den Kindern an Leib, Seele und Geist helfen zu können."

Die Mutter Teresa von Kairo

Durch ihre Besuche und Vorträge ist Mama Maggie weltweit bekannt und hat auch in Amerika, Großbritannien, Norwegen, Deutschland und Australien ihre Unterstützer.

Dies hat dafür gesorgt, dass sie von 2009 bis 2014 jedes Jahr für den Friedensnobelpreis nominiert wurde, zuerst von dem britischen Parlamentarier David Alton und mittlerweile auch von vier republikanischen US-Abgeordneten. Sie schreiben im Jahr 2014 an das Nobelpreiskomitee: „Mama Maggies Leben und Werk schenkt Familien und jungen Menschen ein unbezahlbares Gut – nämlich Hoffnung. In Weiß gekleidet ist sie fast eine engelsgleiche Erscheinung in den Slums von Ägypten, die Großzügigkeit, Güte und Nächstenliebe verkörpert."

„Ich verdiene diesen Preis nicht, sondern die Kinder, die leiden, verdienen ihn", sagt sie selbst zu den Nominierungen. „Sie sind hungrig, obwohl sie in ihrem Leben nichts falsch gemacht haben. Ich werde eines Tages diese Erde verlassen. Aber was bleibt, ist der Wert des Gebens. Ich hoffe, dass auch die Generationen nach mir erleben: Es macht glücklicher zu geben, als zu nehmen."

Nicht nur ihren Schmuck, sondern auch ihr Erbe, das sie nach dem Tod ihres Vaters im Jahr 2001 erhielt, hat sie für das Wohl „ihrer" Kinder eingesetzt. „Ich möchte niemals vergessen, dass der Reichtum in meinem Herzen wichtiger ist als äußerer Reichtum."

Weil Mama Maggie sich den Kleinsten und Schwächsten der Gesellschaft hingibt, wird sie oft auch die „Mutter Teresa von Kairo" genannt. David Alton sieht die Ähnlichkeit zwischen den beiden Frauen vor allem darin, dass sie zeigen, wie wenig es braucht, wenn jemand ein großes Herz für die Menschen hat. Mutter Teresa hat diesen Gedanken einmal so formuliert: „Nicht wie viel wir getan haben, ist wichtig, sondern wieviel Liebe wir bei unserem Tun aufgewendet haben."

Mama Maggie erinnert sich, dass ein englischer Journalist sie einmal fragte, wie es sich anfühle, „Mutter Teresa von Kairo" genannt zu werden. „Er fragte mich, ob es mich nicht stören würde, weil dadurch meine eigene Persönlichkeit in den Hintergrund treten würde. Ich sagte ihm, dass ich Mutter Teresa als meine Mutter bezeichne. Deshalb macht es mich sehr stolz, wenn ich ‚Mutter Teresa von Kairo' genannt werde. Sie war ein Segen für die Menschheit."

„Wenn Gott mich fragen würde, wer ich gerne wäre, dann würde ich ihm antworten, dass ich gerne eine Heilige wäre. Heilig zu sein heißt nicht, unfehlbar zu sein oder keine Schwächen zu haben. Eine Heilige ist eine Frau, deren Leben in Gottes Augen und für die Menschheit eine Bedeutung hat."

Selbst wenn Mama Maggie bei Ann in Dubai zu Besuch ist, denkt sie an jene, die hungrig sind. Dort verteilt sie Lebensmittel an die ausländischen Gastarbeiter. „Das ist einfach ihre Art zu leben", sagt Ann. „Überall, wohin sie geht, gibt sie. Das macht sie glücklich."

Es klingelt an Mama Maggies Wohnungstür. Als sie öffnet, steht Rohani vor ihr. Täglich holt er den Müll bei Familie Gobran ab. „Er möchte sicherlich bezahlt werden", denkt sie sich. Doch statt sich umzudrehen und das Geld zu holen, bleibt sie verdutzt stehen. Rohani ist nicht allein, sondern er hat seine Tochter an der Hand. Mama Maggie erkennt das Mädchen. Es ist Samira, die ihren Kindergarten besucht hat und letzte Woche zum ersten Mal im Mädchencamp war. Dieses aufgeweckte Kind ist die Tochter von Rohani! Das hat sie bisher nicht gewusst.

Mama Maggie ist sichtlich bewegt. Seit Jahrzehnten holt Rohani als Zabbal den Müll, er gehört zu ihrem Alltag. Aber dass er von ihrer Arbeit profitiert, hat sie nicht gewusst. Heute sieht er anders aus als sonst – so schick, als ob er zu einer Hochzeit gehen will: Er trägt eine Stoffhose mit Bügelfalten und seine schwarzen Haare sind mit einem Mittelscheitel ordentlich zur Seite gekämmt. Erst jetzt bemerkt sie, dass Rohani in seiner linken Hand einen kleinen Blumenstrauß hält. Mama Maggie schaut Vater und Tochter verwundert an. Samira lächelt schweigend.

Ohne ihr ins Gesicht zu blicken, drückt Rohani ihr den Strauß in die Hand. „Vielen Dank, dass Sie meiner Frau und meinen Kindern helfen", sagt er hastig. „Danke für alles. Rabbina yubarik hadretik – Gott segne Sie."

Epilog

Wenn ich heute in die Müllstadt gehe, hüpft mein Herz
  vor Freude.
Dort, mitten im Müll, bin ich zu Hause.
Der Gestank ist mir vertraut,
denn er sagt mir, dass ich nah bei meinen Kindern bin.
Es ist so erfüllend, für Zehntausende Kinder eine Mutter
  zu sein.

Ich ging in den Luxushotels und Nobelrestaurants ein
  und aus,
doch die wertvollsten und kostbarsten Momente des Lebens
habe ich nicht dort erlebt, sondern in der Müllstadt.

Ich traf während meiner Karriere die Elite Ägyptens:
die Schönsten, Reichsten und Erfolgreichsten.
Aber wenn meine Kinder mich mit ihren glücklichen Gesichtern
  anstrahlen,
sehe ich innere Schönheit aufblitzen.

Für mich sind meine Kinder die tatsächlich Reichen.
Es macht mich demütig zu sehen, dass sie zwar wenig besitzen,
aber nicht arm an Freude und Glück sind.

*Das ist ein Geschenk des Himmels,
denn der Himmel ist geprägt von Liebe, Freude und
  Barmherzigkeit.
Wenn ich bei den Ärmsten bin,
kann ich oft ein Stück von diesem Himmel erkennen.*

*Und wirklich erfolgreich sind meine Kinder.
Wenn eines von ihnen heranwächst, die Schule beendet,
  einen Beruf und auch seinen Lebensweg findet
ist das mehr, als ich mir erträumt habe.*

*Es ist ein Privileg, diese Kinder zu fördern und zu sehen,
  wie sie später andere fördern.
Das ist mein Lohn, wer könnte das jemals mit Geld bezahlen?*

*Alles, was du weggibst, wirst du wieder erhalten,
alles, was du behältst, wirst du verlieren.*

*Wenn du Liebe verschenkst, wirst du Liebe bekommen,
wenn du Freude austeilst, kommt Freude zurück. „Wenn du
  reich bist, dann bist du angesehen", sagt die Welt.
Gott sagt: „Wenn du abgibst, bist du reich."*

*„Wenn du schön bist, dann liegt dir die Erde zu Füßen",
  sagt die Welt.
Gott sagt: „Wenn deine Schönheit von innen kommt,
  steht dir der Himmel offen."*

*„Wenn du erfolgreich bist, dann bist du mächtig", sagt die Welt.
Gott sagt: „Ich bin allmächtig und deshalb ist auch dir
  nichts unmöglich."*   Mama Maggie

Nachwort

Mokattam – hier nimmt die Lebensbeschreibung von Maggie Gobran, der koptischen „Mutter Teresa von Kairo" ihren Ausgang. Die Müllstadt mit ihren Zabbalin, den Müllmenschen, voller Schmutz und Gestank, Rauch und Ungeziefer lässt keinen ihrer Besucher kalt. Sie verdeutlicht das krasse Elend, in dem ein Teil des koptischen Ägyptens lebt – aber auch dessen Selbstbewusstsein. Mitten in diesem Elend befindet sich die dem Schuster Simon geweihte, berühmte Felsenkirche. Der Legende nach hat Simons Glaube Berge versetzt.

Maggie Gobran hat vieles aufgegeben, um in Mokattam einem Stück Himmel zu begegnen. Die selbstbewusste Professorin hat ihr Erbe und ihre ganze Person in den Dienst an den Ärmsten gestellt und ist eine Mutter für viele geworden. Ihr Leben steht für eine beeindruckende Entscheidung zu einem Dienst an den Menschen – vor allem an den Kindern. Beispielsweise wäscht Mama Maggie den Kindern der Zabbalin seit jeher selbst die geschundenen Füße, wo sie kann. Und ihr Werk der tätigen Nächstenliebe begann buchstäblich mit einem Paar Schuhe.

Nach Mokattam wagen sich nicht viele Besucher. Auch die Einheimischen, die in ihrer staubigen Metropole vieles gewohnt sind, ekeln sich vor den Müllmenschen. Die Arbeit, Dreck und Müll zu räumen und das wenige Brauchbare zu sortieren war schon immer eine Aufgabe derer, die am Rande der Gesellschaft stehen. Die weit mehr als 50 000 Zabbalin, die allein in Mokattam leben, werden geflissentlich übersehen. Sie müssen sich zuweilen buchstäblich vom Müll ernähren, nachdem die Stadtregierung eine neue Müllentsorgung beauftragt hat und die vom Abfall lebenden Schweine schlachten ließ, die eine Form des Lebensunterhaltes der überwiegend koptischen Müllmenschen waren.

Mama Maggie sät Hoffnung und Zuversicht, dass es eine bessere Zukunft geben kann unter den Familien, denen nichts bleibt als ihr Glaube. Sie lindert die materielle Not, gibt Hilfe zur Selbsthilfe – aber wichtiger noch, sie spendet Liebe und Nähe, erinnert an die Anwesenheit Gottes in der Welt. Sie lebt die tätige Nächstenliebe, die caritas, und verweist damit auf ihren Glauben, auf ihre Gottesliebe. Mama Maggie kennt keine Grenzen dieser Liebe und schenkt sie Christen und Muslimen gleichermaßen.

Ich habe die Müllstadt bei meinem ersten Besuch in Kairo kennengelernt, als ich die Simon geweihte Höhlenkirche besucht habe. Ich habe das Elend und die Not der Zabbalin gesehen und bewundere den Mut, die Entschlossenheit und die Liebe, die Mama Maggie dazu gebracht haben, nicht mehr wegzuschauen, sondern sich dieser Not zu stellen.

Die Geschichte von Mama Maggie zeigt, was geschieht, wenn ein Mensch sich nicht mit den Gegebenheiten abfinden will. Maggie Gobran hat sich bewusst als Werkzeug Gottes in der Welt verstanden und sich gegen das Übersehen, gegen das

Wegschauen entschieden. Sie hat sich und die Grenzen der Gesellschaft überwunden und teilt das Leid, das Elend und die Not der Müllmenschen. Ihre Geschichte findet sich in diesem Buch bewegend nacherzählt. Keinen Menschen kann dieser Lebensbericht unberührt zurücklassen. Ich wünsche mir, dass das Beispiel Mama Maggies Schule macht.

Volker Kauder MdB,
Vorsitzender der CDU/CSU-Fraktion im Deutschen Bundestag

Maggie Gobran,
Jahrgang 1949, Gründerin und Leiterin der Hilfsorganisation Stephen's Children. Sie wuchs in einer wohlhabenden Familie auf. Eine Begegnung mit einem jungen Mädchen und deren Mutter veränderte ihr Leben. 1989 gab die Informatikprofessorin ihre akademische Laufbahn auf, um fortan für die Menschen in den Slums von Kairo, den sogenannten „Müllmenschen", wie eine Mutter da zu sein.

Judith Kubitscheck
Jahrgang 1983, Islamwissenschaftlerin und Redakteurin beim Evangelischen Pressedienst in Stuttgart.

Judith Kühl
Jahrgang 1986, freie Journalistin. Sie arbeitet in Berlin bei einer internationalen Menschenrechtsorganisation und war weltweit mehrfach als Berichterstattende in Krisen- und Katastrophengebieten unterwegs.

Beide reisten für ihre Recherchen in die Slums von Kairo und trafen Maggie Gobran.

Christoph Jorda
Jahrgang 1979. Seine fotografische Karriere begann schon als Kind, als er zum Geburtstag Opas alte Sucherkamera geschenkt bekam. 2005 machte sich der Autodidakt selbstständig und fotografiert seitdem für diverse namhafte Magazine, Agenturen und Unternehmen. Vier Jahre lang reiste er immer wieder nach Kairo, um in der Müllstadt zu fotografieren.
www.christophjorda.com

*

In die Buchdecke ist ein koptisches Kreuz aus dem Sankt-Makarios-Kloster (in der Nähe von Kairo gelegen) eingeprägt. Die vier Enden des Kreuzes weisen auf die vier Evangelien und auch auf die vier Himmelsrichtungen hin, in die sich die Botschaft des Evangeliums ausbreitet. Die jeweils dreifache Verästelung an den vier Enden steht für die Trinität Gottes. Vier mal drei ergibt zwölf – ein Hinweis auf die zwölf Apostel.

Wer Mama Maggie und ihre Arbeit finanziell unterstützen will, kann das über folgende deutsche Organisationen machen:

Hilfe für Brüder International e.V.
www.gottes-liebe-weltweit.de
IBAN DE89 5206 0410 0000 4156 00
BIC GENODEF1EK1
Verwendungszweck: SPC 048 Ägypten

HMK – Hilfe für verfolgte Christen e.V.
www.verfolgte-christen.org
IBAN: DE 27690517250002031417
BIC: SOLADES1SAL
Verwendungszweck: Mama Maggie Kinderhilfe Ägypten

Beide Organisationen sind bei den Finanzämtern Stuttgart bzw. Überlingen als mildtätig anerkannt. Wer bei der Überweisung im Verwendungszweck die Postadresse angibt, erhält eine Spendenbescheinigung.

Hinweis:
Die Namen aller Mitarbeiter von Stephen's Children wurden in diesem Buch aus Sicherheitsgründen geändert.

Verlagsgruppe Random House FSC® N001967
Das für dieses Buch verwendete
FSC®-Papier *Munken Premium Cream*
liefert Arctic Paper Munkedals AB, Schweden.

© 2015 by adeo Verlag
in der Gerth Medien GmbH, Asslar
Verlagsgruppe Random House GmbH, München

1. Auflage Januar 2015
Bestell-Nr. 835046
ISBN 978-3-86334-046-9

Umschlaggestaltung: Gute Botschafter GmbH, Haltern am See
Innengestaltung: Stefan Wiesner
Titelfoto und Fotos im Bildteil: Christoph Jorda (Seite 1 bis 15 und 17 bis 23),
Nazeh Rifaat (Seite 16); Maggie Gobran Privat (Seite 24 des Bildteils und Seite 225);
© Hilfe für Brüder: Seite 24 oben rechts und unten Mitte – zwei Bilder aus dem
Jahr 1994

Wir bedanken uns für die erteilten Abdruckgenehmigungen von:

Einheitsübersetzung der Heiligen Schrift
© 1980 Katholische Bibelanstalt, Stuttgart

Seite 81, Eric-Emmanuel Schmitt, Monsieur Ibrahim und die Blumen des Koran.
© Editions Albin Michel, Paris 2001. Aus dem Französischen von Annette und
Paul Bäcker. © Amman Verlag & Co., Zürich 2002. Alle Rechte vorbehalten.
S. Fischer Verlag GmbH, Frankfurt am Main.

Die Zitate von Mutter Teresa sind entnommen aus „Mutter Teresa, Gedanken
und Zitate", zusammengestellt von Heike Baller (Hrsg.), Leib und Seele Verlag,
Zürich 1995.

Satz: Uhl + Massopust GmbH, Aalen
Druck: GGP Media GmbH, Pößneck
Printed in Germany